经世济民
诚信服务
德法兼修

德法兼修
诚信服务
经世济民

"十四五"职业教育国家规划教材

数字商贸"岗课赛证"融通新形态一体化教材
电子商务数据分析1+X证书制度系列教材

高等职业教育商科类专业群
电子商务类专业新目录·新专标配套教材

新目录
新专标

电子商务数据分析基础

（第二版）

主编　北京博导前程信息技术股份有限公司

中国教育出版传媒集团
高等教育出版社·北京

内容提要

本书是“十四五”职业教育国家规划教材、数字商贸“岗课赛证”融通新形态一体化教材、电子商务数据分析 1+X 证书制度系列教材之一，也是高等职业教育商科类专业群电子商务类专业新目录·新专标配套教材；针对《电子商务数据分析职业技能等级标准》（初级）设计内容，同时配套开发初级实践教材《电子商务数据分析实践》（初级）（第二版）。

本书共包括五个模块，即电子商务数据分析概述、基础数据采集、数据分类与处理、数据描述性分析、基础数据监控与报表制作。本次修订，为体现“岗课赛证”融通的特色，新增了“1+X 考证提要”和“竞赛直达”栏目；为体现数字经济时代特色和育人要求，新增了“数据赋能”和“法治导航”栏目，使内容更加符合数字经济和职业教育新时代的新要求。

本书既可作为高等职业教育本科、专科及中职院校电子商务类、经济贸易类、工商管理类、物流类等专业的配套教材，又可作为电子商务数据分析的培训教材，还可作为从事电子商务数据采集、数据处理、可视化等运营工作的企业工作人员的自学用书。

与本书配套的“电子商务数据分析基础”在线开放课程建设了微课、PPT 课件、习题答案、源数据库等类型丰富的数字资源，精选其中具有典型性、实用性的优质资源在教材中以二维码方式标注，供读者即扫即用。其他资源服务见“郑重声明”页的资源服务提示。

图书在版编目（C I P）数据

电子商务数据分析基础 / 北京博导前程信息技术股份有限公司主编. -- 2版. -- 北京 : 高等教育出版社，2023.1

ISBN 978-7-04-059466-9

Ⅰ. ①电… Ⅱ. ①北… Ⅲ. ①电子商务－数据处理－高等职业教育－教材 Ⅳ. ①F713.36②TP274

中国版本图书馆CIP数据核字(2022)第184633号

电子商务数据分析基础（第二版）
DIANZI SHANGWU SHUJU FENXI JICHU

策划编辑 康　蓉　王　沛　　责任编辑 王　沛　　封面设计 李树龙　　版式设计 杜微言
责任绘图 杨伟露　　责任校对 刁丽丽　　责任印制 田　甜

出版发行 高等教育出版社
社　　址 北京市西城区德外大街 4 号
邮政编码 100120
印　　刷 北京市白帆印务有限公司
开　　本 787mm × 1092mm 1/16
印　　张 16.5
字　　数 280 千字
插　　页 1
购书热线 010-58581118
咨询电话 400-810-0598
网　　址 http://www.hep.edu.cn
　　　　 http://www.hep.com.cn
网上订购 http://www.hepmall.com.cn
　　　　 http://www.hepmall.com
　　　　 http://www.hepmall.cn
版　　次 2019 年 11 月第 1 版
　　　　 2023 年 1 月第 2 版
印　　次 2023 年 11 月第 3 次印刷
定　　价 52.80 元

物 料 号 59466-A0

总 序

随着数字经济与各领域的融合发展，数据已成为全球经济社会所关注的焦点。2019 年 10 月，党的十九届四中全会明确将数据作为一种生产要素。2020 年 4 月，中共中央、国务院印发《关于构建更加完善的要素市场化配置体制机制的意见》，提出要加快培育数据要素市场，推进政府数据开放共享，提升社会数据资源价值，加强数据资源整合和安全保护。这对于推动我国数字经济发展具有重要意义。2021 年 12 月，国务院印发的《"十四五"数字经济发展规划》在推动我国数字经济健康发展的保障措施中提出，提升全民数字素养和技能。当前企业已经意识到数据的重要性，纷纷成立数据分析部门，电子商务应用企业、服务企业一致认为需要设置电子商务数据分析专职岗位，提升利用数据进行决策的能力。2022 年 10 月，党的二十大报告指出："加快发展数字经济，促进数字经济和实体经济深度融合，打造具有国际竞争力的数字产业集群。"2023 年 3 月，中共中央、国务院印发了《国务院机构改革方案》，明确提出要组建国家数据局，负责协调推进数据基础制度建设，统筹数据资源整合共享和开发利用，统筹推动数字中国、数字经济、数字社会规划和建设等职能。

作为数字经济最活跃、最重要的支撑领域，电子商务行业保持持续增长，在创造了大量就业机会的同时，也存在着巨大的人才缺口。数据分析分布于电子商务企业商品采购、视觉设计、网店销售、营销推广、客户服务、物流管理等全链条岗位中，成为电子商务企业各工作岗位必备的核心能力。企业需要大量知识与技能结构完整、能力与要求高度匹配、方法与技能应用灵活的高素质、高技能复合型电子商务数据分析专业人才。巨大的人才缺口使电子商务数据分析人才的培养和教育成为一个亟待解决的问题。

2019 年 1 月，国务院印发的《国家职业教育改革实施方案》（简称"职教 20 条"）明确提出：从 2019 年开始，在职业院校、应用型本科高校启动"学历证书 + 若干职业技能等级证书"制度试点（以下称 1+X 证书制度试点）。2019 年 4 月，教育部等四部门印发了《关于在院校实施“学历证书＋若干职业技能等级证书”制度试点方案》的通知，部署启动 1+X 证书制度试点工作。《关于确认参与 1+X 证书制度试点的第二批职业教育培训评价组织及职业技能等级证书的通知》确定北京博导前程信息技术股份有限公司（简称“博导股份”）入围职业教育培训评价组织，其开发的电子商务数据分析职业技能等级证书入围第二批职业技能等级证书。

在数字经济大发展和 1+X 证书制度试点的大背景下，博导股份对相关企业和院校进行了大量调研，发现企业越来越重视电子商务数据分析，对业务精通、技能娴熟的高素质复合型电子商务数据分析人才需求旺盛，同时对招聘的人才投入了大量培训成本。但院校的电子商务数据分析职业技能人才培养与行业企业需求匹配度不高，不能满足行业、企业对人才的要求。为落实教育部对“X”证书是“1”的“强化、补充、拓展”的精神，博导股份以“精、深、新”为设计理念，与行业、企业及院校专家一起设计了“电子商务数据分析职业技能等级证书”。

该证书在研究院校相关专业课程内容的基础上，在注重强化基础技能的前提下，围绕企业实际工作应用场景，拓展技能范围，提高技能水平，做深技能内涵。为了保证电子商务数据分析职业技能等级证书培训在院校有序开展，提高培训质量和效果，博导股份组建了专门的教材编写团队，开发了电子商务数据分析 1+X 证书制度系列教材。本系列教材共 6 本，包括对应《电子商务数据分析职业技能等级标准》（初级）的《电子商务数据分析基础》和《电子商务数据分析实践（初级）》；对应《电子商务数据分析职业技能等级标准》（中级）的《电子商务数据分析概论》和《电子商务数据分析实践（中级）》；对应《电子商务数据分析职业技能等级标准》（高级）的《电子商务数据分析导论》和《电子商务数据分析实践（高级）》。

系列教材自出版以来，深得全国多所院校师生、企业员工、社会人员的普遍欢迎和认可，在获得了众多高度评价的同时也得到了许多宝贵建议。

本次修订在第一版的基础上，落实立德树人根本任务，依据《职业教育专业目录（2021 年）》和《职业教育专业简介（2022 年修订）》的要求，进一步强化“岗课赛证”融通特色、数字经济时代特色和职业教育育人特色，对系列教材中的案例、数据进行了更新，引入电子商务数据分析行业发展的新技术、新方法、新规范、新标准，保持知识体系的应用性、先进性、创新性，契合电子商务数据分析的快速发展。

百尺竿头，更进一步，一套好的教材需要长期不懈的打磨和提升。感谢使用本系列教材的院校师生、企业员工、社会人员为本系列教材的修订提出了宝贵的意见和建议。本次修订得到了阿里巴巴、宝尊电商、网易考拉、有赞科技等企业，苏州经贸职业技术学院、杭州职业技术学院、武汉职业技术学院、北京信息职业技术学院、北京市商业学校等院校及高等教育出版社的大力支持，在此一并表示衷心感谢。

1+X 证书制度试点、《电子商务数据分析职业技能等级标准》、电子商务数据分析 1+X 证书制度系列教材都是新生事物，会在实践发展中不断完善，博导股份将努力做好 1+X 证书培训支撑工作，帮助院校培养出行业、企业需要的电子商务数据分析人才。

电子商务数据分析职业技能等级证书项目建设委员会

2023 年 6 月

第二版前言

2021 年 12 月，教育部办公厅印发的《“十四五”职业教育规划教材建设实施方案》的通知指出：开展“岗课赛证”融通教材建设，结合订单培养、学徒制、1+X 证书制度等，将岗位技能要求、职业技能竞赛、职业技能等级证书标准有关内容有机融入教材。

由北京博导前程信息技术股份有限公司主编的电子商务数据分析 1+X 证书制度系列教材，作为“十四五”职业教育国家规划教材，自 2019 年出版以来，不仅有力地推动了电子商务数据分析职业技能等级证书试点的落地实施，而且已经广泛地进入课堂，受到广大院校的高度认可。

本次修订以《“十四五”职业教育规划教材建设实施方案》《职业院校教材管理办法》《高等学校课程思政建设指导纲要》《职业教育专业目录（2021 年）》《职业教育专业简介（2022 年修订）》《电子商务数据分析职业技能等级标准》为指导，落实立德树人根本任务，及时反映产业升级和技术变革，进一步强化“岗课赛证”融通特色、数字经济时代特色和职业教育育人特色。

本书依据《电子商务数据分析职业技能等级标准》（初级），体现以下鲜明特色：

1. 落实立德树人根本任务，寓价值观引导于知识传授和能力培养中

党的二十大报告指出：“育人的根本在于立德。全面贯彻党的教育方针，落实立德树人根本任务，培养德智体美劳全面发展的社会主义建设者和接班人。”本书以习近平新时代中国特色社会主义思想为指导，贯彻党的二十大精神，坚持正确的政治方向和价值取向，引导学生树立正确的世界观、人生观和价值观。本书通过知识目标、技能目标、素养目标三维学习目标，文中设置“法治导航”等栏目，课后职业技能训练中融入课程思政考核，来系统体现教材的育人功能。

2. 体现“岗课赛证”融通特色

党的二十大报告明确指出：“统筹职业教育、高等教育、继续教育协同创新，推

进职普融通、产教融合、科教融汇，优化职业教育类型定位。”本书严格遵循电子商务数据分析职业技能等级证书的要求，结合专业教学标准，科学合理地优化教学内容体系。新增了“1+X 考证提要”“竞赛直达”栏目，充分融入电子商务数据分析相关行业竞赛和考证内容，将赛证成果转化为教学资源，形成教学、岗位、标准、比赛“四对接”“四融通”。

3. 紧扣行业发展，体现与时俱进

本书对接电子商务数据分析岗位，紧扣行业最新发展，引入电子商务数据分析行业发展的新技术、新方法、新规范、新标准，设置“数据赋能”栏目，以最新的电子商务数据分析案例为切入点，通过更新实训场景、实训案例、行业数据，保持内容的与时俱进，实现教学内容与职业岗位的无缝对接。

4. 丰富数字化资源，实现线上线下教学融合

本书升级了配套的在线开放课程，同步更新了微课、课件、习题答案等数字化教学资源。通过在线开放课程平台和视频资源，不断更新、扩充相关知识、技能，使教材的数字化教学资源更丰富。

本次修订得到了电子商务数据分析职业技能等级证书项目建设委员会、高等教育出版社、电子商务企业、相关院校的大力支持和帮助，在此一并表示感谢。由于电商行业的发展日新月异，加之编者水平及时间有限，书中难免存在不当之处，恳请广大读者批评指正并提出宝贵意见，以使本书日臻完善。

北京博导前程信息技术股份有限公司

2023 年 6 月

第一版前言

2019 年 4 月，教育部等四部门印发了《关于在院校实施“学历证书 + 若干职业技能等级证书”制度试点方案》的通知，部署启动 1 + X 证书制度试点工作。1 + X 证书制度试点是“职教 20 条”的重要改革部署，也是重大创新。

2019 年 1 月 1 日起实施的《中华人民共和国电子商务法》标志着我国电子商务走向成熟。在电子商务领域，商务数据蕴藏着巨大的商机，通过对商务数据专业而深入的分析，可以挖掘企业内在的商业价值，发现新的商机，电子商务数据分析已是电子商务从业人员不可或缺的一项重要技能。

北京博导前程信息技术股份有限公司依据教育部《职业技能等级标准开发指南》的相关要求，以客观反映现阶段行业水平和对从业人员的要求为目标，在遵循电子商务数据分析相关技术规程的基础上，以专业活动为导向，以专业技能为核心，组织院校、企业专家联合开发了《电子商务数据分析职业技能等级标准》，并在此基础上开发电子商务数据分析 1 + X 证书制度系列教材。

《电子商务数据分析基础》和《电子商务数据分析实践（初级）》依据《电子商务数据分析职业技能等级标准》（初级）编写，通过本书的学习，使读者对电子商务数据分析形成系统而清晰的基础认识。

本书具有以下特点：

1. 课证融合，科学构建知识技能体系，实现《电子商务数据分析职业技能等级标准》与专业教学标准的双覆盖

严格遵循电子商务数据分析职业技能等级证书的要求，结合《电子商务数据分析职业技能等级标准》和专业教学标准，由院校与企业共同组成的团队经过多次研讨、论证确定核心知识技能体系，形成了从标准到培训的教材体系和内容。

2. 探索课程思政特色的实现，落实立德树人根本任务

本书以习近平新时代中国特色社会主义思想为指导，坚持正确的政治方向和价值

取向，通过知识目标、技能目标、素养目标三维学习目标的构建，“素养园地”栏目的开发，课后引入思政考核等措施，系统实现知识体系与价值体系的双轨并建，充分体现社会主义核心价值观的内涵。

3. 以案例为驱动，以职业活动为导向，实现教学做一体化目标

本书将新技术、新知识、新产品、新工艺以案例形式引入教学，以案例为驱动实现边操作边学习，以职业活动为导向设计框架和内容。同时，教材设置了引导案例、想一想、知识链接、实训专区、敲重点等栏目，以及课后的职业技能训练，实现了教学做一体化目标。

4. 建设数字化教学资源，实现线上线下融合的“互联网 +”新形态一体化教材

本书建设了在线开放课程，同步开发了微课、课件、实训专区源数据库、习题答案等类型丰富的数字化教学资源，扫描教材边白处的二维码，可获取重要知识点、技能点对应的优质教学资源。

本书在电子商务数据分析职业技能等级证书项目建设委员会的指导下，由北京博导前程信息技术股份有限公司主持编写，由苏州经贸职业技术学院团队审稿。高等教育出版社康蓉为本书的出版做了大量的组织管理工作。本书的编写还得到了很多一线企业运营人员、院校专业人士的大力支持和帮助，在此一并表示感谢。由于时间及编者水平所限，书中难免存在不当之处，恳请广大读者批评指正并提出宝贵意见，以使本书日臻完善。

北京博导前程信息技术股份有限公司
2019 年 10 月 1 日

目　录

模块一

电子商务数据分析概述

学习目标

知识目标

- 熟悉电子商务数据的含义及分类
- 熟悉电子商务数据分析的含义、作用和应用
- 了解数据分析报告的基本结构
- 掌握电子商务数据分析的各类指标

技能目标

- 能够熟练使用指标计算公式对相应指标进行计算
- 能够初步完成数据分析报告框架的搭建

素养目标

- 具备大数据分析、应用思维与数据保密意识
- 具备在电子商务数据分析过程中，坚持正确道德观的价值导向
- 具备遵守《中华人民共和国电子商务法》等相关法律法规的职业操守

思维导图

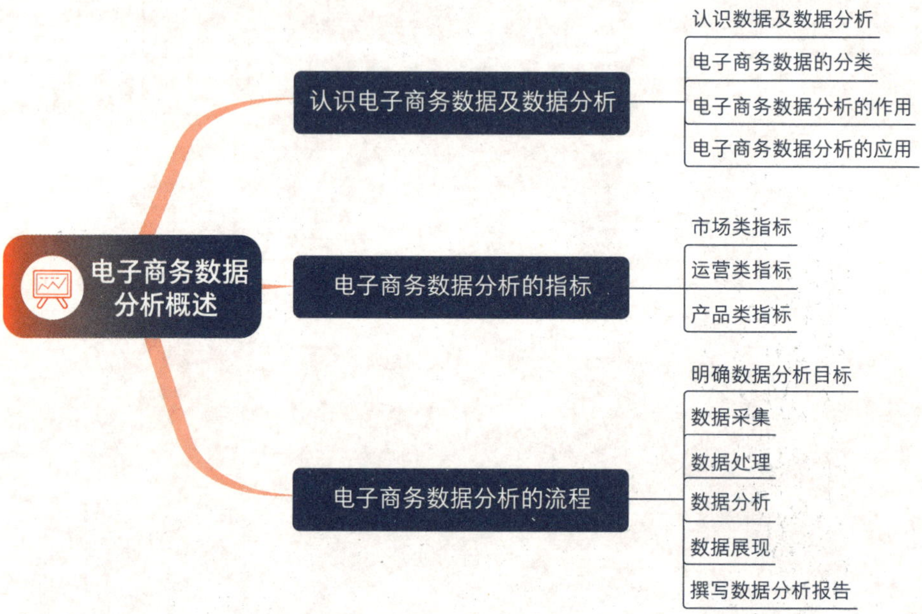
电子商务数据分析概述
认识电子商务数据及数据分析
认识数据及数据分析
电子商务数据的分类
电子商务数据分析的作用
电子商务数据分析的应用
电子商务数据分析的指标
市场类指标
运营类指标
产品类指标
电子商务数据分析的流程
明确数据分析目标
数据采集
数据处理
数据分析
数据展现
撰写数据分析报告

单元一　认识电子商务数据及数据分析

引导案例

电子商务是与数据分析关系尤为紧密的行业，也是数据分析广泛应用的行业之一。对数据的有效整理和分析，可以为电子商务经营决策提供依据。如辽宁营口奥雪公司（简称“奥雪公司”）曾借助数据分析，完成了品牌知名度和企业实力的双重提升。

奥雪公司旗下的冰激凌“珍珠奶茶”“双黄蛋”等仅上市半年就迅速走红网络，仅“双黄蛋”在一二线城市的销量就超过 3 600 万支。奥雪公司成功的重要原因之一是产品特殊口味的选择和线上经营策略的制定，无论是产品定位还是经营策略的选择都有赖于奥雪公司对数据分析的应用。

通过对当年冰激凌市场人物画像的分析可以看出，客户对冰激凌的偏好呈现出两种趋势，分别是：吃得有趣、吃得健康。其中，吃得有趣体现出客户对小众口味雪糕的偏好，图 1-1 所示是不同年代、不同性别的客户对冰激凌口味的偏好度。不难看出，“85 后”是客户口味改变的重要分界线。在此之前，客户对小众口味没有任何偏好；在此之后，客户对小众口味的偏好逐年递增。尤其是“95 后”女性客户，对小众口味的偏好度攀升至 1.17，而在“70 前”女性客户的偏好度只有 -0.43。

冰激凌类别	客户类别											
	70前		70后		80后		85后		90后		95后	
	女性	男性	女性	男性	女性	男性	女性	男性	女性	男性	女性	男性
水果类	-0.9	-0.51	-1.09	1.19	-0.77	2.2	-0.25	2.19	-0.48	2.16	-3	0.34
巧克力类	0.66	0.79	1.83	1.56	1.85	1.46	0.63	-0.28	-1.89	-1.92	-5.58	-3.41
小众口味	**-0.43**	**-0.67**	**-0.96**	**-0.77**	**-0.56**	**-0.45**	**0.27**	**0.28**	**1.11**	**0.5**	**1.17**	**-0.25**
牛奶类	-0.38	-0.25	-0.3	-0.2	0	-0.02	0.05	-0.01	0.5	-0.05	0.79	-0.7
茶类	-0.61	0.34	-1.18	-0.37	-1.21	0.19	-0.46	1.41	0.4	2.13	0.24	2.38
坚果豆类	-0.09	-0.06	-0.05	0.24	0.05	0.29	-0.04	0.16	-0.01	0.06	-0.34	-0.55
咖啡类	-0.05	0.07	-0.08	0.02	-0.04	0.13-0.29	0.05	0.21	-0.03	0.13	-0.09	-0.04

注：偏好度大于 0 为偏好，小于 0 为不偏好。

图 1-1　不同时代、不同性别的客户对冰激凌口味的偏好度

同时，以线上冰激凌客户为主要研究对象，在线上购买一单冰激凌，客户一般会买十多支，花费几百元。尤其是近几年，线上销售不管是客户数还是销售额，都呈现出极快的增长趋势，人均消费也逐年攀升。以淘系线上冰激凌销售为例，在6—8月冰激凌销售旺季，多数客户会在首次购买冰激凌后的1～20天复购，显示了线上冰激凌市场的火爆。

借助数据分析，奥雪公司推出了口味独特的“珍珠奶茶”“双黄蛋”冰激凌，并且确定了线上销售冰激凌的经营策略，在开设天猫旗舰店仅三个月内，便实现了500万元销售额的目标。对奥雪公司来说，数据分析是运营决策的指挥棒，是实现运营优化的关键因素。

结合案例，思考并回答以下问题：

（1）数据分析可以为企业带来哪些好处？

（2）数据分析是如何指导企业制定运营决策的？

一、认识数据及数据分析

1. 数据与电子商务数据的含义

数据是通过科学实验、检验、统计等方式所获得的，用于科学研究、技术设计、查证、决策等的数值，其表现形式是符号、文字、数字、语音、图像、视频等。

电子商务数据是企业进行电子商务活动时产生的行为数据和商业数据。行为数据能够反映客户行为，如客户访问情况、客户浏览情况等；商业数据能够反映企业的运营状况，如企业产品交易量、企业投资回报率等。

2. 数据分析与电子商务数据分析的含义

数据分析是指通过建立分析模型，对数据进行核对、检查、复算、判断等操作，将数据的现实状态与理想状态进行比较，从而发现规律，得到分析结果的过程。

电子商务数据分析是指在电子商务中，运用有效的方法和工具收集、处理数据并获取信息的过程。其目的是从杂乱无章的数据中提炼出有用数据，用于研究指标的内在规律和特点，指导企业运营和优化。

二、电子商务数据的分类

电子商务数据按来源与性质不同，大致可以分为以下三类：

1. 市场数据

市场数据包括行业数据和竞争数据两个部分。行业数据是企业所处行业发展的相关数据，包括：行业总销售额、行业增长率等行业发展数据；需求量变化、品牌偏好等市场需求数据；地域分布、职业分布等目标客户数据。竞争数据是能够揭示企业在行业中竞争力情况的数据，包括：竞争对手的销售额、客单价等交易数据；营销活动形式、营销活动周期等营销活动数据；畅销商品、商品评价等商品运营数据。

2. 运营数据

运营数据是企业在运营过程中产生的客户数据、推广数据、销售数据、供应链数据等。客户数据是客户在购物过程中的行为所产生的数据，如：浏览量、收藏量等数据；性别、年龄等客户画像。推广数据是企业在运营过程中的一系列推广行为所产生的数据，如各推广渠道的展现量、点击量、转化率等数据。销售数据是企业在销售过程中产生的数据，如：销售额、订单量等交易数据；客服平均响应时长、咨询转化率等服务数据。供应链数据是产品在采购、物流、仓储过程中产生的数据，如：采购数量、采购单价等采购数据；物流时效、物流异常量等物流数据；库存周转率、残次库存比等仓储数据。

3. 产品数据

产品数据是围绕企业产品产生的相关数据，包括行业产品数据和企业产品数据两部分。行业产品数据是产品在整个市场中的数据，如行业产品搜索指数、行业产品交易指数等。企业产品数据是产品在具体企业中的数据，如新客点击量、重复购买率等产品获客能力数据，客单件、毛利率等产品盈利能力数据。

三、电子商务数据分析的作用

数据分析最主要的作用是辅助决策。在传统经营模式下，企业运营决策多依赖于以往的经验总结。随着信息化和电子商务时代的到来，企业在经营过程中积累了大量数据，对这些数据进行分析，能够更精准、科学地辅助企业发展。电子商务数据分析的作用有以下三点：

1. 辅助企业运营决策

数据分析通过将企业经营数据处理成便于观察、分析、推断的形式，辅助企业推导出有价值的信息，并以此作为运营决策的依据。

2. 降低企业运营成本

企业可以根据数据分析结果，优化业务流程，减少不必要的成本投入，优化企业资源配置。

3. 优化企业市场竞争力

数据分析能够帮助企业发现其在市场中所处的位置、发展趋势、竞争力情况等，让企业在短时间内快速对业务、产品等做出调整，助力其提升市场竞争力。

四、电子商务数据分析的应用

电子商务数据分析的应用主要有以下四个方面：

1. 流量分析

流量分析主要是对企业网站或网店广告投放及对外营销推广的数据进行分析。常见的分析维度有三个：

（1）分析站内实时流量。站内实时流量是企业网站或网店日常运营产生的流量，如日常新增客户、活跃客户、客户留存等。企业通过对站内流量进行即时统计、整理、分析，能够随时掌握企业网站的日常运营情况，及时发现运营异常，并进行调整或处理。

（2）分析站外营销流量。站外营销流量是企业投放在站外的广告带来的流量，如投放在微信、微博等渠道所带来的流量。通过对站外营销流量的分析，企业可以把控不同渠道带来的流量情况，从而优化站外广告的投放策略。

（3）分析其他流量。其他流量包括网站的访问来源、搜索引擎关键词的情况、App 的下载渠道等，企业通过借助第三方平台或企业自身平台对这些流量来源进行实时监控，获取数据后展开分析，可以明确引流最多的渠道。

2. 客户分析

客户分析是对企业的目标受众群体、实际交易客户群体、潜在客户群体等进行分析。企业通过对客户属性、客户设备属性、客户流量属性、客户行为属性的分析，可以实现对客户的精准运营。

（1）客户属性包括客户年龄、性别、职业、爱好、地域等。

（2）客户设备属性包括客户常用设备（PC 端 / 移动端等）、客户常用平台、客户常用浏览器、客户设备使用习惯（横屏 / 竖屏）等。

（3）客户流量属性包括客户来源页面、客户来源广告、客户来源营销平台、客户来源关键词等。

（4）客户行为属性包括客户下载 / 注册 / 关注、客户下单、客户活跃情况等。

3. 产品分析

产品分析是对产品相应的指标进行分析，如对产品的点击量、订单量、成交量、客户使用反馈等数据进行分析。通过对产品进行分析，能够判断产品的受欢迎程度、受欢迎类型、客户购买情况、产品利润情况等，帮助企业实现产品的升级和优化。

4. 市场分析

市场分析是对企业所在行业及市场中的发展现状、发展趋势等进行分析，比如行业产品销量、行业竞争情况等。结合市场分析的结果，帮助企业确定市场定位、产品定位、发展目标等决策性内容。

想一想

电子商务数据分析对企业有什么意义?

1+X 考证提要

本单元需重点理解与掌握的内容

（1）电子商务数据和电子商务数据分析的含义。

（2）电子商务数据的主要分类：市场数据、运营数据、产品数据。

① 市场数据：行业数据、竞争数据；

② 运营数据：客户数据、推广数据、销售数据、供应链数据；

③ 产品数据：行业产品数据、企业产品数据。

（3）电子商务数据分析的作用：辅助企业运营决策、降低企业运营成本、优化企业市场竞争力。

单元二 电子商务数据分析的指标

引导案例

电子商务数据分析，需要围绕指标进行数据收集、整理、分析等一系列操作。因此，在学习数据分析的具体方法前，需要先明确电子商务数据的指标类型及其对应的核心指标。在了解了指标之后，再针对分析目标，选择合适的指标进行相应操作。

某电子商务企业在2022年妇女节活动结束后，想要对这场活动进行评估，为此需要选择合适的指标来进行数据采集与分析。

为了能够准确地评估活动效果，该企业决定从运营指标和产品指标两个维度采集指标，进行数据分析。

1. 运营指标

企业需要采集的运营指标有订单数量、订单金额、有效订单量、订单转化率、成交数量、成交金额、成交客户数、成交转化率、退货数量、退货金额、订单退货率、送货数量、送货成本、客单价、流量来源等。

2. 产品指标

企业需要采集的产品指标有商品数、商品访客数、商品浏览量、加购件数、收藏次数、客单件、产品搜索指数、产品交易指数、毛利率、重复购买率、跳出率等。

确定好要采集的指标后，该企业安排人员进行数据采集、处理、分析等一系列操作，从中发现了这次活动中存在的问题，并针对分析结果对问题进行了优化。

结合案例，思考并回答以下问题：

（1）为什么要认识电子商务数据分析指标？

（2）电子商务数据分析指标为什么会有不同的类型？

一、市场类指标

市场类指标主要用于描述行业情况和企业在行业中的发展情况，是企业制定经营决策时需要参考的重要内容。

常用的市场类指标如下：

1. 行业销售量

行业销售量是指在一定时间内行业产品的总成交数量。

2. 行业销售量增长率

行业销售量增长率是指行业本期产品销售增长数量与行业上期或同期产品销售量之间的百分比。其计算公式是：

行业销售量增长率 = 行业本期产品销售增长数量 ÷ 行业上期或同期产品销售量 ×100%

=（行业本期产品销售量 − 行业上期或同期产品销售量）÷ 行业上期或同期产品销售量 × 100%

3. 行业销售额

行业销售额是指在单位时间内，行业内与所有成交数量对应的销售金额。同一交易类型，行业成交数量越大，行业销售额就越大。

4. 行业销售额增长率

行业销售额增长率是指行业本期产品销售增长额与行业上期或同期产品销售额之间的百分比。其计算公式是：

行业销售额增长率 = 行业本期产品销售增长额 ÷ 行业上期或同期产品销售额 ×100%

=（行业本期产品销售额 − 行业上期或同期产品销售额）÷ 行业上期或同期产品销售额 × 100%

5. 企业市场占有率

企业市场占有率是指企业销售量（额）在整个行业销售量（额）中所占的百分比。其计算公式是：

企业市场占有率 = 企业销售量（额）÷ 行业销售量（额）× 100%

6. 市场增长率

市场增长率是指产品的市场销售量或销售额在比较期内的增长比率。其计算公式是：

市场增长率 =［本期市场销售量（额）− 上期市场销售量（额）］÷ 上期市场销售量（额）× 100%

7. 竞争对手销售额

竞争对手销售额是指企业竞争对手在单位时间内与所销售产品数量对应的总销售金额。

8. 竞争对手客单价

竞争对手客单价是指企业竞争对手单位时间内每个客户平均购买产品的金额。其计算公式是：

竞争对手客单价 = 竞争对手成交金额 ÷ 竞争对手成交客户数

二、运营类指标

企业在运营过程中会产生大量的客户数据、推广数据、销售数据，以及供应链数据，整理并分析各种运营类指标数据，对企业运营策略的制定与调整有至关重要的作用。

（一）客户指标

客户数据化运营是企业运营的重要基础，客户指标主要用于描述可营销客户的黏度和忠诚度。

从目前的电子商务平台来看，线上客户并不一定是真正意义上的客户，部分只是潜在客户。线上客户一般没有失效期限，但会根据不同的消费金额设定不同的等级。不同的电子商务平台对于高级别客户有着不同的管理方式：有些平台的客户一旦升级便是永久的；有些平台则设定了有效期，时间到了会重新确定客户等级。如京东和唯品会对高级别客户设定了一年有效期，而淘宝客户则是根据消费金额自动升级。

在电子商务数据分析中，常用的客户指标如下：

1. 注册客户数

注册客户数是指在平台上成功注册的客户总数。

2. 活跃客户数

活跃客户数是指在单位时间内有购物消费或登录行为的客户总数，时间周期可以根据商品购买频率设定为 30 天、60 天或 90 天不等。

3. 活跃客户比率

活跃客户比率是指活跃客户数占客户总数的比率。需要注意的是，当客户基数较大时，即便活跃客户比率较低，也意味着活跃客户数较多。

4. 重复购买率

重复购买率，简称“复购率”，是指在某个时期内产生两次及两次以上购买行为的客户数占购买客户总数的比率。复购率越高，客户的忠诚度就越高，反之则越低。复购率是衡量客户忠诚度的一个重要指标，计算复购率有以下两种方法：

（1）按客户数量计算，公式如下：

$$复购率 =（重复购买客户数量 \div 客户总数量）\times 100\%$$

例如，客户总数为 100 人，其中 50 人重复购买（不考虑重复购买了几次），则复购率为 50%。

（2）按交易次数计算，公式如下：

$$复购率 =（重复购买交易次数 \div 交易总次数）\times 100\%$$

例如，共有 100 笔交易，其中 20 人重复购买，这 20 人中有 5 人重复购买 1 次（即共购买 2 次），有 15 人重复购买 2 次（即共购买 3 次），则：

$$复购率 =（5\times 1+15\times 2）\div 100\times 100\%=35\%$$

5. 平均购买次数

平均购买次数是指某时期内每个客户平均购买的次数。平均购买次数的最小值为 1，复购率高的网站平均购买次数就高。

$$平均购买次数 = 订单总数 \div 购买客户总数$$

6. 客户回购率和客户流失率

客户回购率是指上一期期末活跃客户在下一期内有购买行为的客户比率。客户流失率指一段时间内没有消费的客户比率。客户回购率和客户流失率是两个相对的概念。例如，某电子商务网站在 2022 年 3 月底有活跃客户 3 000 名，其中的 1 800 名客户在第二季度有购买记录，则客户回购率为 60%，当期客户流失率为 40%。

7. 客户留存率

客户留存率是指某时间节点的客户在某个特定时间周期内登录或消费过的客户比率，即有多少客户留存下来。统计依据一般分为：电商平台以消费数据为依据，游戏和社交平台以登录数据为依据；时间周期可以是日、周、月、季度、半年等。

8. 消费频率

消费频率是指在单位时间内客户消费的次数，消费频率越高，说明客户的忠诚度及价值越高。

9. 收藏人数

收藏人数是指统计日期内通过对应渠道进入店铺访问的客户中，后续有商品收藏行为的客户去重数。

10. 加购人数

加购人数是指统计日期内将商品加入购物车的客户去重数。

想一想

某商品在 2022 年第一季度共有 500 个客户购买，其中 280 个客户产生了至少两次购买，而这 280 个复购客户中又有 60 个客户产生了第 3 次购买行为（没有 3 次以上的购买客户），这种情况下复购率为多少（按交易次数计算）？

（二）推广指标

流量直接关系着商品的销量，要想取得不错的销量，必须进行适当的运营推广。推广活动做得是否成功，通常从推广效果（收益、影响力）、推广成本，以及活动黏合度（通常以用户关注数、收藏数、加购数、客单价等来衡量）等方面衡量。

在电子商务数据分析中，常用的推广指标如下：

1. 访客数

访客数（Unique Visitor，UV）是指独立访客，即在统计周期内，访问网站的独立客户数。同一个访客（在 cookie 技术下，通常表现为同一客户端 / 浏览器）在统计周期内重复访问网站，会进行去重处理，仅记为一个访客。

访客数分为新访客数和回访客数。新访客数指首次访问网站的客户数，新访客数占访客数（UV）的比例即新访客占比。回访客数指再次光临访问的客户数，回访客数占访客数（UV）的比例即回访客占比。

2. 浏览量

浏览量（Page View，PV）又称访问量，是指在统计周期内，客户浏览网站页面的次数。客户每访问一个网页即增加一个访问量，多次打开或刷新同一个页面，该指标均累加。

3. 平均访问量

平均访问量又称平均访问深度，指在统计周期内，客户每次访问页面的平均值，即平均每个 UV 访问了多少个 PV。

4. 停留时间

停留时间是指客户在同一访问周期内访问网站的时长。在实际应用中，通常取平均停留时间。

5. 入站次数

入站次数是指在统计周期内，客户从网站外进入网站内的次数。在多标签浏览器下，访客对网站的每一次访问均有可能发生多次入站行为。

6. 跳失率

跳失率又称跳出率（Bounce Rate），是指在统计周期内，访客入站后只浏览了一个页面就离开的次数占入站次数的比例。跳失率分为首页跳失率、关键页面跳失率、具体商品页面跳失率等。该指标用来反映页面内容受欢迎的程度，跳失率越大，代表该页面的吸引力越小，其内容越需要优化。

想一想

在同一次访问中，访客有可能发生多次入站，并且有不同的跳失情况。例如，一次访问中，有两次入站，其中一次发生跳失，另一次则继续浏览了多个页面，那么该访问的跳失率是多少？

7. 关注数

关注数是指统计日期内新增店铺关注人数（不考虑取消关注的情况）。

8. 展现量

展现量是指统计日期内通过搜索关键词展现店铺或店铺商品的次数。在网民搜索查询时，如果账户内符合网民搜索需求的关键词被触发，该关键词所对应的创意将出现在搜索结果页，称为关键词和创意的一次展现，一段时间内获得的展现次数称为展现量。

9. 点击量和点击率

点击量是指某一段时间内某个或者某些关键词广告被点击的次数。

与点击量相关的指标是点击率，点击率体现了创意的吸引力。其计算公式是：

点击率 =（点击量 ÷ 展现量）× 100%

10. 注册转化率

注册转化率是指在统计周期内，新增注册客户数占新访客总数的比率。其计算公式是：

注册转化率 =（新增注册客户数 ÷ 新访客总数）× 100%

11. 收藏转化率

收藏转化率是指在统计周期内，将网站或商品添加收藏或使用个人账户关注网站（商品）的客户数占该网站（商品）总访客数的比例。其计算公式是：

收藏转化率 = [添加收藏或关注的客户数 ÷ 该网站（商品）总访客数] × 100%

12. 下单转化率

下单转化率是指在统计周期内，确认订单客户数占该商品总访客数的比率。其计算公式是：

下单转化率 =（确认订单客户数 ÷ 该商品总访客数）× 100%

13. 成交转化率

成交转化率是指在统计周期内，完成付款的客户数占总访客数的比率。其计算公式是：

成交转化率 =（完成付款的客户数 ÷ 总访客数）× 100%

成交转化率和注册转化率、收藏转化率等过程指标不同，它是一个结果指标。为了更精细化分析，成交转化率还可以细分为全网转化率、类目转化率、品牌转化率、单品转化率、渠道转化率和事件转化率等。以渠道转化率和事件转化率为例：

（1）渠道转化率。渠道转化率是用来判断渠道质量的指标。其计算公式是：

渠道转化率 =（从某渠道来的成交客户数 ÷ 从该渠道来的总客户数）× 100%

（2）事件转化率。研究事件转化率（如营销中关键字的投放、其他网站投放广告等），对于制订营销计划、提升销售额等有着精准的策略性作用。其计算公式是：

事件转化率 =（因某事件带来的成交客户数 ÷ 该事件带来的总客户数）× 100%

14. 访问深度

访问深度是指单位时间内，每次访问所带来的页面浏览量的均值，其计算公式是：

访问深度 = 浏览量 ÷ 访问次数

想一想

某电商食品网站最近 7 天的访客数是 5 000 人，其中 1 200 人注册了会员，520 人成功下单，最终 480 人付款完成了交易，该网站的注册转化率、下单转化率、成交转化率分别是多少？

（三）销售指标

销售指标是企业在销售过程中产生的指标合集，能够揭示企业的销售状况。通过对销售指标的分析，企业能够发现销售过程中存在的问题，进而能够及时解决问题或调整原有销售计划。

常见的销售指标如下：

1. 销售量

销售量是指企业在一定时期内实际销售出去的产品数量。它包括按合同供货方式或其他供货方式售出的产品数量，以及尚未到合同交货期提前交货的预交产品数量。

2. 销售额

销售额是指单位时间内所有成交数量对应的金额。同一交易类型，访客数越多，成交转化率越高，客单价越高，销售额就越大。其计算公式是：

销售额 = 访客数 × 成交转化率 × 客单价

3. 销售毛利

销售毛利是指销售收入净额扣除销售成本之后的差额。其计算公式是：

销售毛利 = 销售收入净额 − 销售成本

4. 销售毛利率

销售毛利率是指销售毛利占销售额的百分比，简称为毛利率。其计算公式是：

销售毛利率 =（销售毛利 ÷ 销售额）× 100%

5. 销售利润

销售利润是指企业在全部销售业务中实现的利润，又称营业利润或经营利润。其计算公式是：

销售利润 = 营业收入 − 营业成本 − 税金及附加 − 销售费用 − 管理费用 − 财务费用 + 其他收益（− 投资损失）+ 投资收益（− 投资损失）+ 公允价值变动收益（− 公允价值变动损失）+ 资产处置收益（− 资产处置损失）

6. 销售利润率

销售利润率是指企业利润与销售额的百分比。其计算公式是：

销售利润率 =（企业利润 ÷ 销售额）× 100%

7. 投资回报率（投入产出比）

投资回报率（Return on Investment，ROI），大环境下的投资回报率是指企业投资后所得利润与投资总额的百分比，电商环境下的 ROI 又称投入产出比，是总成交金额与花费的比值。其计算公式是：

投资回报率 =（利润 ÷ 投资总额）× 100%

投入产出比 =（总成交金额 ÷ 花费）× 100%

8. 订单数量

订单数量是指客户向企业采购商品、物资或服务的订单总量。订单数量通常以日、周、月、季度、半年、年等为时间单位进行计算。

9. 订单金额

订单金额是指客户向企业发起采购订单后需要支付的总金额，可以是单笔订单金额、多笔订单金额，也可以是某一时间段发生订单数量的总金额（比如年订单金额）。

10. 有效订单

有效订单是指客户访问企业网站后，达成实际交易的订单。

11. 无效订单

无效订单是指客户向网站提交订单要求后，由于某种原因使订单中断，未形成最终交易的订单。

12. 订单转化率

订单转化率是指把访问网站的客户转化为网站的常驻客户，进而再转化为网站的消费客户，由此产生的转化率。其计算公式是：

订单转化率 =（有效订单数 ÷ 访客数）× 100%

13. 客服转化率

客服转化率主要考察的是在统计周期内的咨询转化率和付款转化率。其计算公式为：

咨询转化率 =（最终下单人数 ÷ 询单人数）× 100%

付款转化率 =（最终付款人数 ÷ 下单人数）× 100%

14. 客服平均响应时长

客服平均响应时长是指客服在回复客户的过程中，从客户咨询到客服每次回应时间差的均值，这个数值越小越好，可以帮助店铺分析客服的响应时间够不够及时。

15. 成交客户数量

成交客户数量是指在单位时间内成功下单并完成支付的客户总数量。

16. 退货数量

退货数量是指企业产品、物资或服务在售出后，由于某种原因被退回的数量。在进行数据分析时，常以单位时间进行统计和计算。

17. 退货金额

退货金额是指单位时间内与退货数量对应的总金额。

18. 退货用户数量

退货用户数量是指在单位时间内发生退货行为的用户总数量。

19. 订单退货率

订单退货率是指退货数量与同期产品成交总数量之间的比率。其计算公式是：

订单退货率 =（退货数量 ÷ 同期产品成交总数量）× 100%

20. 客单价

客单价即平均交易金额，指单位时间内每个客户平均购买产品的金额。其计算公式是：

客单价 = 成交总金额 ÷ 成交客户总数

21. 件单价

件单价是指平均每件产品的成交单价。其计算公式是：

件单价 = 成交总金额 ÷ 总成交件数

22. 连带率

连带率是指销售量和交易总次数相除后的数值，能够反映客户平均单次消费的商品件数。其计算公式是：

连带率 =（销售量 ÷ 交易总次数）× 100%

23. 动销率

动销率是评价企业综合得分的指标。动销率不一定越高越好，需要结合企业情况具体分析。其计算公式是：

动销率 =（动销产品数 ÷ 企业总产品数）× 100%

24. 滞销率

滞销率是与动销率相对的指标，指滞销产品数占企业总产品数的比例。其计算公式是：

滞销率 =（滞销产品数 ÷ 企业总产品数）× 100%

想一想

某电商企业近 1 个月成交了 1 132 件产品，产品总额为 21 036 元，成交客户数为 132 人，该企业近一个月的件单价和客单价分别是多少？

（四）供应链指标

供应链指标是企业在采购、物流、仓储环节产生的指标合集，能够反映企业供应链环节的情况和存在的问题。通过对供应链指标的分析，企业能够对采购计划、物流计划和仓储计划进行优化。

常见的供应链指标如下：

1. 采购金额

采购金额是指企业在一定时间内采购产品、物资或服务的总金额。根据采购时长不同，一般可以分为月采购金额、季度采购金额、年度采购金额等。

2. 采购数量

采购数量是指企业阶段性从供应市场获取产品、物资或服务的总数量。根据采购时长不同，一般可以分为周采购数量、月采购数量、季度采购数量、年采购数量等。

3. 库存金额

库存金额是指企业仓库中保管的产品所对应的金额。其计算公式是：

库存金额 = A 类产品库存金额 + B 类产品库存金额 + ……+ N 类产品库存金额

某类产品库存金额 = 库存产品数量 × 库存产品单位成本

4. 库存量

库存量是指单位时间内，存放在企业产品仓库中暂时没有被出售的产品数量。库存产品包括本企业生产且检验合格的入库产品、已有销售对象但尚未发货的产品、已入库的有瑕疵但暂未办理出库的产品等多种类型。

5. 库存天数

库存天数是指产品在企业仓库中存放的天数。每天以 24 小时计算。库存时间越长，库存成本就越大。

6. 库存周转率

库存周转率是指单位时间内库存商品周转的次数。库存周转率能够反映库存周转的快慢，库存周转率越大，说明企业销售情况越好。其计算公式是：

库存周转率 = 360 ÷ 库存周转天数

库存周转天数 = 某时间单位天数 ×（1/2）×（期初库存数量 + 期末库存数量）÷ 某时间单位销售量

7. 售罄率

售罄率是指单位时间内一类产品销售量占其库存总量或采购总量的比率。其计算公式是：

售罄率 = 销售量 ÷ 库存总量（或采购总量）× 100%

8. 送货数量

送货数量是指单位时间内客户下单后，企业为客户配送的实际产品或服务的总数量。

9. 平均配送成本

平均配送成本是指企业单位时间内花费在每个订单上的平均配送成本。其计算公式是：

平均配送成本 = 单位时间内配送货物总成本 ÷ 单位时间内配送货物总数量

10. 订单响应时长

订单响应时长是指从客户下单到收货的时长。订单响应时长越短，说明客户满意度越高。

11. 订单满足率

订单满足率是衡量订单效率的指标，是指单位时间内已完成订单数量与单位时间内已接收的总订单数之间的比率。其比值越接近 1 越好。其计算公式是：

订单满足率 =（单位时间内已完成订单数量 ÷ 单位时间内已接收的订单总数量）×100%

12. 平均送货时间

平均送货时间是指单位时间内平均每次送货的时长。其计算公式是：

平均送货时间 = 单位时间内总送货时间 ÷ 单位时间送货次数

想一想

供应链指标对企业供应链优化有什么作用？

三、产品类指标

产品分析需要通过对产品在流通运作中的各项指标进行统计与分析，来指导产品的结构调整、价格升降，由此决定产品的库存系数，以及引进和淘汰的决策。它直接影响店铺的经营效益，关系到采购、物流和运营等多个部门的有效运作。常用的产品类指标如下：

1. 库存量单位

库存量单位（Stock Keeping Unit, SKU）即库存进出计量的基本单元，以件、盒、托盘等为单位。SKU 现已作为产品统一编号的简称，每种产品均对应唯一的 SKU，以便电商品牌识别产品。一款产品多色，则有多个 SKU。例如，同一样式的衣服有红色、白色、蓝色，则 SKU 编码也不相同。

2. 标准化产品单元

标准化产品单元（Standard Product Unit，SPU）是一组可复用、易检索的标准化信息的集合。该集合描述了一个产品的特性。一个 SPU 可以对应多个 SKU。例如，长袖连衣裙是一个 SPU，SKU 就是红色长袖连衣裙、粉色长袖连衣裙。

3. 商品数

商品数是指在统计时间内，每项分类对应的在线商品去重数。它只针对所有终端。

4. 商品访客数

商品访客数是指商品详情页被访问的去重人数。一个人在统计时间内访问多次只记为一个。

5. 商品浏览量

商品浏览量是指商品详情页被访问的次数。一个人在统计时间内访问多次记为多次。

6. 加购件数

加购件数是指统计时间内，访客将商品加入购物车的件数总和。

7. 收藏次数

收藏次数是指统计时间内，商品被来访者收藏的总次数。一件商品被同一个人收藏多次记为多次。

8. 客单件

客单件是指统计时间内，平均每位客人一次购买的件数。

$$客单件 = 交易总件数 \div 交易笔数$$

9. 产品搜索指数

产品搜索指数是指产品指数化的搜索量，即选定日期内该产品通过搜索进入产品详情页的访客数经指数化后的指标。它能够反映搜索趋势，但不等同于搜索次数。

10. 产品交易指数

产品交易指数是指根据产品交易过程中的核心指标（如订单数、买家数、支付件数、支付金额等），进行综合计算得出的数值。数值越大，反映交易的热度越大。产品交易指数不等同于交易金额。

11. 毛利率

毛利率是毛利与销售收入（或营业收入）的百分比，其中毛利是收入和与收入相对应的营业成本之间的差额。其计算公式是：

$$\begin{aligned}毛利率 &= (毛利 \div 营业收入) \times 100\% \\ &= (主营业务收入 - 主营业务成本) \div 主营业务收入 \times 100\%\end{aligned}$$

想一想

请谈谈对 SKU 和 SPU 的认识，举例说明在电商平台中两个指标的应用情况。

1+X 考证提要

本单元需重点理解与掌握的内容

电子商务数据分析重点指标的含义及计算公式，重点指标如表 1-1 所示。

表 1-1 电子商务数据分析指标

市场类指标	运营类指标	产品类指标
行业销售量 行业销售量增长率 行业销售额 行业销售额增长率 企业市场占有率 市场增长率 竞争对手销售额 竞争对手客单价	注册客户数 活跃客户数 活跃客户比率 重复购买率 平均购买次数 客户回购率和客户流失率 客户留存率 消费频率 收藏人数 加购人数 访客数（UV） 浏览量（PV） 平均访问量 停留时间 入站次数 跳失率 关注数 展现量 点击量和点击率 注册转化率 收藏转化率 下单转化率 成交转化率 访问深度 销售量 销售额	库存量单位 (SKU) 标准化产品单元 (SPU) 商品数 商品访客数 商品浏览量 加购件数 收藏次数 客单件 产品搜索指数 产品交易指数 毛利率

续表

市场类指标	运营类指标	产品类指标
	销售毛利 销售毛利率 销售利润 销售利润率 投资回报率 订单数量 订单金额 有效订单 无效订单 订单转化率 客服转化率 客服平均响应时长 成交客户数量 退货数量 退货金额 退货用户数量 订单退货率 客单价 件单价 连带率 动销率 滞销率 采购金额 采购数量 库存金额 库存量 库存天数 库存周转率 售罄率 送货数量 平均配送成本 订单响应时长 订单满足率 平均送货时间	

单元三　电子商务数据分析的流程

引导案例

日常工作和生活中处处都有数据分析的存在。比如，消费者在购买不同商品前，经常会对其性价比进行简单分析。价格表现为固定的货币数字。性能则具体体现在商品质量、客户服务等客观因素和客户对该商品的需求程度等主观因素上。如果目标是购买性价比高的商品，并且可以量化各种影响因素，如商品的品牌、评价、销量、价格、优惠活动等，那么通过分析就可以直接做出购买决策。从这个例子可以大致了解数据分析中的一些要素，如分析目标、影响因素等。

那么，电子商务企业又是如何做数据分析的呢？接下来就以某一入驻淘宝平台的商家为例，来看该商家在数据分析的时候具体要做哪些工作，并且如何一步一步实现。

（1）在做店铺数据分析的时候，数据分析师第一步要做的是明确数据分析的目标和内容框架，梳理思路，然后把目标分解开来，确定想要达到的效果、应该通过哪种方法实现、做哪些图表、用哪些分析方法等。

（2）明确了目标后，接着要做淘宝平台的数据采集工作。一般情况下，采用手动复制数据或者下载数据表的方法，如果上述方法无法实现，也可以利用爬虫工具采集。采集数据的途径很多，最常见的有生意参谋、店铺订单数据、淘宝排行榜数据等。

（3）把采集到的数据进行加工整理，删除空值和无用值，并通过计算形成特定的数据形式，为数据分析做好准备。

（4）利用数据分析工具建立模型，把数据更直观地展示出来，更加有效地传递信息并表达数据分析师的观点。经常做的各种 Excel 图表就属于数据展示和分析。

（5）把得出的结论通过图文并茂的形式呈现出来，让店铺运营人员容易理解。好的分析报告一定要有解决问题的方案。数据分析人员需协助运营人员将这些方案推动落实，达到数据分析的目的。

结合案例，思考并回答以下问题：

（1）日常生活中哪些场景是需要借助数据分析来实现的？

（2）总结数据分析人员是按照怎样的流程完成数据分析的？

电子商务数据分析是基于商业分析目标，有目的地进行数据收集、整理、加工和分析，提炼有价值的信息的过程。电子商务数据分析的一般流程如图 1-2 所示。

图 1-2 电子商务数据分析的一般流程

一、明确数据分析目标

数据分析要有目标性，漫无目的的分析很可能得到的是无用的分析结果。因此，在进行数据分析前，首先要明确数据分析目标，然后根据数据分析目标选择需要分析的数据，进而明确数据分析想要达到的效果。带着清晰的目标进行数据分析才不会偏离方向，才能为企业决策者提供有意义的指导建议。明确数据分析目标是确保数据分析过程有序进行的先决条件，同时为后续的数据采集、处理、分析提供清晰的方向。

在电商企业的日常工作中，数据分析目标主要包括以下三点：

（1）将数据转换成便于观察、分析、传送或进一步处理的形式。

（2）从大量的原始数据中提取、推导出对企业运营有价值的信息，以此作为企业后续运营和决策的依据。

（3）科学保存和管理已经处理过的大量数据，以便能够方便而充分地利用这些信息资源。

明确数据分析目标后，首先需要梳理分析思路并搭建分析框架，把数据分析目标分解成若干个不同的分析要点，即如何具体开展数据分析；然后针对每个分析要点确定分析方法和具体分析指标，即需要从哪几个维度进行分析，采用哪些分析指标。

二、数据采集

数据采集是建立在数据分析目标之上的，按照确定的数据分析框架收集相关数据的过程，为数据分析提供了素材和依据。例如，想要分析转化率和流量之间有没有相关性，就要调取与访客数和转化率相关的数据。

数据采集方式大体上可以分为两类：直接获取和间接获取。直接获取是指通过统计调查或科学实验得到第一手或企业内部直接的统计数据；间接获取是指通过查阅资料、数据统计工具等获取数据。

在数据采集阶段，数据分析师需要更多地注意数据生产和采集过程中的异常情况，从而更好地追本溯源。这在很大程度上能够避免因采集的数据无代表性而引起数据分析结果不可用的情况发生。

三、数据处理

数据处理是指对采集到的数据进行加工整理，其基本目的是从大量的、散乱的、难以理解的数据中抽取出对解决问题有价值的部分，并根据数据分析目标加工整理，形成适合数据分析的样式，保证数据的一致性和有效性。数据处理是数据分析前必不可少的阶段。

数据处理不是一个简单的整理和罗列过程，它需要数据分析人员在选取的数据中利用数据处理方法，将各种原始数据加工得更直观。数据处理主要包括以下几种方法：

（1）数据清洗。数据清洗是对数据进行重新审查和校验的过程，其目的在于删除重复信息，纠正存在的错误，以确保数据的一致性。

（2）数据转化。数据转化是将数据从一种表现形式变为另一种表现形式的过程，即将原始数据转换成为适合数据分析的形式。

（3）数据提取。数据提取是从数据源中抽取数据的过程。

（4）数据计算。数据计算是对数据表中的数据有目的地进行加、减、乘、除等计算，以求最大化地开发数据价值，提取有用信息。

四、数据分析

数据分析是用适当的分析方法和工具，对处理过的数据进行分析，提取有价值的信息，形成有效结论的过程。通过对数据进行分析，对整个数据集形成全面的认识，以便后续选择恰当的分析策略。

要想驾驭数据、开展数据分析，就要使用数据分析工具和方法。一方面，要熟悉常用的数据分析方法，如描述性统计分析、趋势分析、对比分析、频数分析、分组分析、平均分析、结构分析、交叉分析等；另一方面，要熟练掌握数据分析工具，便于进行专业的统计分析、数据建模等。常用的数据分析工具包括 Ecxel、SPSS、SAS、Python、R 语言等，其中，Excel 中涵盖了大部分数据分析功能，能够有效地对数据进行整理、加工、统计、分析及呈现。掌握 Excel 的基础分析功能，就能解决大多数数据分析问题。

五、数据展现

数据展现即数据可视化的部分，即如何把数据观点展示出来的过程。数据展现除了遵循各企业已有的规范原则外，具体形式还要根据实际需求和场景而定。

一般情况下，数据是通过图表的方式来呈现的，因为图表能更加有效、直观地传递出分析师所要表达的观点。常用的数据图表包括饼图、柱形图、条形图、折线图、气泡图、散点图、雷达图等。还可对数据图表进一步加工整理，变成需要的图形，如金字塔图、矩阵图、漏斗图等。

图表制作一般分为以下六个步骤：

（1）确定图表的表达主题。

（2）选择合适的图表类型。

（3）选择数据制作图表。

（4）完成图表的美化。

（5）检查是否真实反映数据。

（6）检查是否完整表达观点。

六、撰写数据分析报告

数据分析报告是对整个数据分析过程的总结与呈现。通过数据分析报告，把数据分析的思路、过程、得出的结论及建议完整地呈现出来，供决策者参考。

数据分析报告的要点包括，首先需要结构清晰、主次分明，能使读者正确理解报告内容；其次，要图文并茂，让数据的表现形式更加生动活泼，提高视觉冲击力，帮助读者更形象、直观地看清楚问题和结论，从而产生思考；最后，要注重科学性和严谨性，通过报告中对数据分析方法的描述、对数据结果处理与分析过程的展示，让读者感受到整个数据分析过程的科学性和严谨性。

一般情况下，数据分析报告分为引入部分、正文部分、结论部分，其一般结构如图 1-3 所示。图 1-4 为数据分析报告的示例。

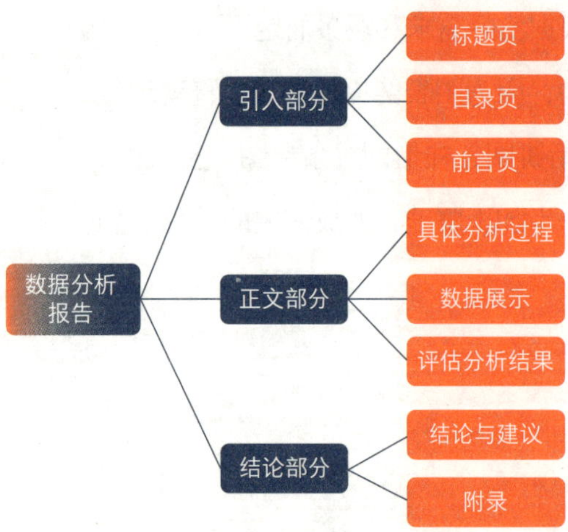

图 1-3　数据分析报告的一般结构

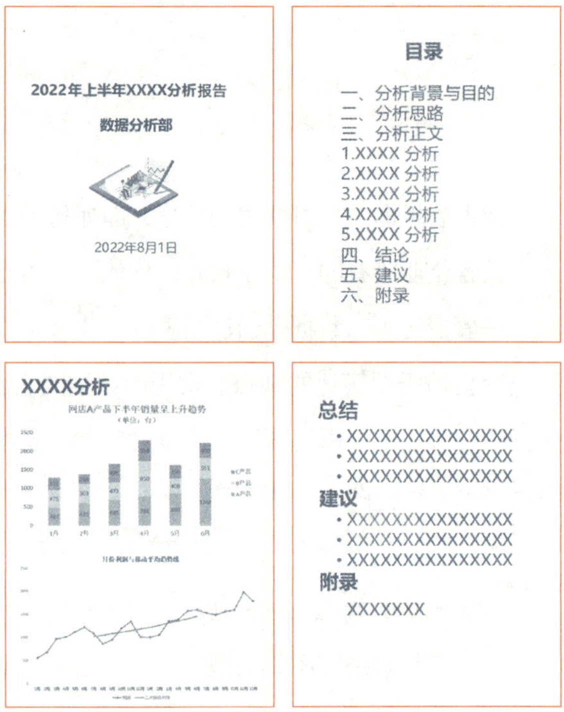

图 1-4　数据分析报告示例

总结各部分的撰写方法如下：

1. 引入部分

（1）标题页。标题页一般要写明报告的名称、数据来源、呈现日期等内容，需简洁明了，抓住读者的兴趣。标题是标题页的核心，需要有体现数据分析目标的效果，还应具有较强的概括性，可以用简洁、准确的语言表达出数据分析报告的核心分析内容，还可以直接将报告中的基本关系展现出来，从而加快读者对分析报告内容的了解。

（2）目录页。目录页是报告中各部分内容索引和附录的顺序提要，方便读者了解报告的内容名目，目录页需要清晰地体现出报告的分析思路。

（3）前言页。前言页一般包括数据分析背景、分析目标、分析思路等内容。其中，分析背景主要说明此项分析报告的背景和意义；分析目标展示分析报告要实现的目标；分析思路展示数据分析报告的内容和指标。

知识链接

数据分析报告标题的基本类型

（1）交代型，即交代分析主题，展现出时间等客观现象，如“2022年国内手机市场运行情况及发展趋势分析”。

（2）提问型，即以提问的形式来点明数据分析报告的问题，如“年货消费升级，谁在崛起？”。

（3）概括型，即叙述报告反映的事实，概括分析报告的中心内容，如“企业2022年总销售额增长了20%”。

（4）直接型，即用标题来展示分析报告的基本观点，如“年轻客户群体是企业的目标人群”。

2. 正文部分

正文部分是数据分析报告的核心部分，要以严谨科学的论证，确保观点的合理性和真实性。正文部分要以图文并茂的方式展示数据分析过程与数据分析结果，不仅需要美观，而且需要统一，不要加入太多的样式，给人留下不严谨的印象。读者通过正文部分了解数据反映的情况，以便进一步分析和研究问题所在。

3. 结论部分

（1）结论与建议。数据分析报告要有明确的结论、建议和解决方案，可以作为决策者在决策时重要的参考依据，其措辞须严谨、准确。结论对整篇报告起到总结的作用，应该有明确、简洁、清晰的数据分析结果。报告的建议部分立足数据分析的结果，针对企业面临的问题提出改进方法，建议主要关注在保持优势及改进劣势等方面，要密切联系企业的业务，提出切实可行的建议。

（2）附录。在数据分析报告中，附录并不是必备的，可以根据需要决定是否撰写。附录一般补充正文应用到的分析方法、展示图形、专业术语、重要原始数据等内容，以帮助读者更好地理解数据分析报告中的内容。

1+X 考证提要

本单元需重点理解与掌握的内容

（1）电子商务数据分析的一般流程：明确数据分析目标、采集数据、处理数据、分析数据、展现数据、撰写数据分析报告。

（2）数据分析报告的一般结构：

① 引入部分，包括标题页、目录页、前言页；

② 正文部分，包括具体分析过程、数据展示、评估分析结果；

③ 结论部分，包括结论、建议、附录。

竞赛直达

赛题一：电子商务数据分析的指标

背景：结合所学指标分类及指标计算公式，研读题干并回答问题。

要求：将选项中给出的指标归类，分别归入市场类指标、运营类指标、产品类指标中，如例题 1 所示；结合已知信息，运用指标公式进行计算，如例题 2 所示。

例题 1：下列指标中属于运营类指标的有（　　）。

A. 展现量　　B. 下单转化率　　C. 点击率　　D. 件单价

例题 2：某店铺 30 天内销售收入为 40 000 元，销售成本为 25 000 元，则该店铺的毛利率为（　　）。

A. 25%　　B. 37.5%　　C. 50%　　D. 62.5%

赛题二：电子商务数据分析的流程

背景：结合所学电子商务数据分析的流程，研读题干回答问题。

要求：描述正确的电子商务数据分析流程。

数据赋能

大数据让网络营销更精准

阿里巴巴携手云南白药开展了一系列营销活动，此次营销活动以大数据为引擎，以阿里巴巴生态为舞台，通过加热度、挖深度、拓广度三大模式，创新了日化行业的营销模式。

利用阿里巴巴强大的数据技术来收集和分析淘宝用户，云南白药主要从用户搜索量、浏览量、点击率和购买率，深入分析用户的使用习惯和购物偏好，根据用户年轻化特征，提出将明星粉丝转变为店铺粉丝的营销理念。云南白药邀请代言人，组织系列营销活动，在短短几天内，将超过 30 万名粉丝带到了旗舰店，取得了非常好的成绩。借代言人带热度和黏度，阿里巴巴与云南白药一起探索并优化了“大数据 +”赋能新店开业的全新营销形态。

在此基础上，云南白药持续发力，借热播剧与其作者合作，推出了“春风十里”旅行套装。以此为契机，云南白药和阿里巴巴开始了 IP 价值深度变现的探索之旅。

以 IP 合作款产品为引爆点，通过大数据对品牌兴趣人群、牙膏类目兴趣人群、作者粉丝人群、热播剧观看人群实现精准触达，品牌当月总销量同比去年增长超过 50%，环比上月增长超过 25%。

以大数据为催化剂，配合公益主题，阿里巴巴首次应用大数据智能算法，助力云南白药公益行动，并深度对接阿里生态，进行了一次“生态级”的品牌大促，把大促场景拓展到了全新的广度。

法治导航

两大热点问题在《中华人民共和国电子商务法》中有了明确规定

2018年8月31日，第十三届全国人大常委会第五次会议表决通过了《中华人民共和国电子商务法》(以下简称《电子商务法》)。个人信息保护和大数据杀熟两大热点问题在《电子商务法》里有了明确规定。

1. 个人信息保护是大众关注的焦点之一

第一条　为了保障电子商务各方主体的合法权益，规范电子商务行为，维护市场秩序，促进电子商务持续健康发展，制定本法。

第五条　电子商务经营者从事经营活动，应当遵循自愿、平等、公平、诚信的原则，遵守法律和商业道德，公平参与市场竞争，履行消费者权益保护、环境保护、知识产权保护、网络安全与个人信息保护等方面的义务，承担产品和服务质量责任，接受政府和社会的监督。

第二十三条　电子商务经营者收集、使用其用户的个人信息，应当遵守法律、行政法规有关个人信息保护的规定。

第二十五条　有关主管部门依照法律、行政法规的规定要求电子商务经营者提供有关电子商务数据信息的，电子商务经营者应当提供。有关主管部门应当采取必要措施保护电子商务经营者提供的数据信息的安全，并对其中的个人信息、隐私和商业秘密严格保密，不得泄露、出售或者非法向他人提供。

第六十九条　国家维护电子商务交易安全，保护电子商务用户信息，鼓励电子商务数据开发应用，保障电子商务数据依法有序自由流动。

国家采取措施推动建立公共数据共享机制，促进电子商务经营者依法利用公共数据。

第七十九条　电子商务经营者违反法律、行政法规有关个人信息保护的规定，或者不履行本法第三十条和有关法律、行政法规规定的网络安全保障义务的，依照《中华人民共和国网络安全法》等法律、行政法规的规定处罚。

2. 制约大数据杀熟

第十八条　电子商务经营者根据消费者的兴趣爱好、消费习惯等特征向其提供商品或者服务的搜索结果的，应当同时向该消费者提供不针对其个人特征的选项，尊重和平等保护消费者合法权益。

电子商务经营者向消费者发送广告的，应当遵守《中华人民共和国广告法》的有关规定。

第七十七条　电子商务经营者违反本法第十八条第一款规定提供搜索结果，或者违反本法第十九条规定搭售商品、服务的，由市场监督管理部门责令限期改正，没收违法所得，可以并处五万元以上二十万元以下的罚款；情节严重的，并处二十万元以上五十万元以下的罚款。

党的二十大报告明确提出："坚持全面依法治国，推进法治中国建设。"相关法律法规的不断完善，对保障电子商务的健康发展和交易的公平具有重要作用。

职业技能训练

一、单项选择题

1. 下列说法错误的是（　　）。

A. 市场数据包括两个部分：行业数据和竞争数据

B. 运营数据是企业在运营过程中产生的客户数据、推广数据、销售数据、供应链数据等

C. 产品数据是围绕企业产品产生的相关数据，包括行业产品数据和企业产品数据两部分

D. 企业产品数据是产品在整个市场中的数据

2. 制定《电子商务法》为了保障（　　）的合法权益，规范电子商务市场，促进电子商务持续健康的发展。

A. 电子商务各方主体　　B. 消费者

C. 网络用户　　D. 人民群众

3. 下列数据指标中不属于市场类指标的是（　　）。

A. 行业销售量　　B. 竞争对手销售额

C. 市场增长率　　D. 店铺销售额

4. 数据分析报告是对整个数据分析过程的总结与呈现。针对数据分析报告的撰写，下列说法错误的是（　　）。

A. 数据分析报告需图文并茂，让数据的表现形式更加生动活泼

B. 数据分析报告需要结构清晰、主次分明，使读者能正确理解报告内容

C. 数据分析报告需要注重科学性和严谨性

D. 数据展示内容一般在结论部分进行

5. 下列数据指标中不属于供应链指标的是（　　）。

A. 订单满足率　　B. 平均配送成本

C. 库存周转率　　D. 下单转化率

二、多项选择题

1. 下列关于电子商务数据表述正确的是（　　　）。

A. 市场数据包括两个部分，行业数据和竞争数据

B. 运营数据是企业在运营过程中产生的客户数据、推广数据、销售数据、供应链数据等

C. 产品数据包括行业产品数据和企业产品数据两部分

D. 电子商务数据包括市场数据、运营数据、产品数据

2. 数据分析报告的正文部分包括（　　　）。

A. 数据分析过程　　B. 原始数据

C. 附录　　D. 数据分析结果

3. 下列关于电子商务数据分析的应用，表述正确的是（　　　）。

A. 企业通过对站内流量进行即时统计、整理、分析，能够随时掌握企业网站的日常运营情况，及时发现运营异常，并进行调整或处理

B. 借助电子商务数据，企业可以对所在行业及市场中的发展现状、发展趋势等进行分析

C. 电子商务数据分析的应用可分为流量分析、客户分析、产品分析和市场分

析四类

D. 借助电子商务数据分析，可以对产品进行分析，判断产品的受欢迎程度、受欢迎类型、客户购买情况、产品利润情况等

4. 下列关于撰写数据分析报告的要点中，表述正确的是（　　　）。

A. 数据分析报告需要结构清晰、主次分明，使读者能正确理解报告内容

B. 数据分析报告需要图文并茂，让数据的表现形式更加生动活泼，提高视觉冲击力，帮助读者更形象、直观地看清楚问题和结论

C. 需要注重科学性和严谨性，通过报告中对数据分析方法的描述，对数据结果处理与分析过程的展示，让读者感受到整个数据分析过程的科学性和严谨性

D. 数据分析报告的标题页一般要写明报告的名称、数据来源、呈现日期等内容

5. 下列关于电子商务数据分析的一般流程表述正确的是（　　　）。

A. 电子商务数据分析的一般流程包括：明确数据分析目标、数据采集、数据处理、数据分析、数据展现、撰写数据分析报告六个环节

B. 数据分析要有目标性，漫无目的的分析很可能得到的是无用的分析结果

C. 数据采集方式大体上可以分为两类：直接获取和间接获取

D. 数据分析是用适当的分析方法和工具，对处理过的数据进行分析，提取有价值的信息，形成有效结论的过程

三、判断题

1. 产品数据是围绕企业产品产生的相关数据，包括行业产品数据和企业产品数据两部分。（　　）

2. 电子商务数据是企业进行电子商务活动时产生的行为数据和商业数据。（　　）

3. 行业数据和竞争数据属于市场数据。（　　）

4. 运营数据是企业在运营过程中产生的客户数据、推广数据、销售数据、供应链数据。（　　）

5. 市场类指标主要用于描述行业情况和企业在行业中的发展情况，是企业制定经营决策时需要参考的重要内容。（　　）

四、案例分析题

1. 电子商务数据分析指标分类

请将以下运营类指标按照不同细分类别进行归类，填入表 1–2 中。

表 1–2　电子商务数据分析指标分类表

电子商务数据分析指标			
活跃客户数、跳失率、销售量、客户留存率、展现量、投资回报率、滞销率、动销率、件单价、客单价、订单退货率、销售利润率、点击量、订单响应时长、客户回购率、库存周转率、平均配送成本、访客数、浏览量			
客户指标	推广指标	销售指标	供应链指标

2. 电子商务数据分析指标的理解与计算

在电子商务运营过程中，当买家在访问过程中产生疑问，会通过通信工具（如阿里旺旺）与客服交流。如果客服解决了买家的相关问题，有一部分买家就会选择购买商品。在此过程中，客服的响应速度、咨询转化率会影响销售额。

（1）咨询转化率除了影响销售额外，还影响哪些指标？

（2）请根据表 1–3 的数据，完成该网店各时期的旺旺咨询转化率的计算。

注：旺旺咨询转化率是指通过阿里旺旺咨询客服成交的人数与咨询总人数的比值。

$$旺旺咨询率 = (旺旺咨询总人数 \div 访客数) \times 100\%$$

$$旺旺咨询转化率 = (旺旺咨询成交人数 \div 旺旺咨询总人数) \times 100\%$$

表 1–3　网店的旺旺咨询情况

日期	浏览量 / 次	访客数 / 人	访问深度	旺旺咨询成交人数	旺旺咨询率 /%
09.25	2 399	610	2.34	35	36.22
09.24	1 999	553	1.89	21	29.13
09.18	2 039	400	1.62	13	25.75
周日均值	2 142	571	1.75	22	29.56

（3）结合以上数据，总结一下访问深度和咨询成交人数、咨询转化率之间的关系。

模块二

基础数据采集

学习目标

知识目标

- ◆ 了解数据采集的概念
- ◆ 熟悉数据采集的原则
- ◆ 掌握数据采集的方法和步骤

技能目标

- ◆ 能够熟练使用数据采集工具
- ◆ 能够独立完成电子商务市场、运营、产品数据采集

素养目标

- ◆ 在数据采集的过程中能够严格遵守《中华人民共和国个人信息保护法》和《中华人民共和国数据安全法》等相关法律法规
- ◆ 通过学习、积累自身的信息安全知识，遵守职业道德，尊重公民隐私，具备数据保密意识
- ◆ 弘扬社会主义价值观，推动形成良好的网络生态

思维导图

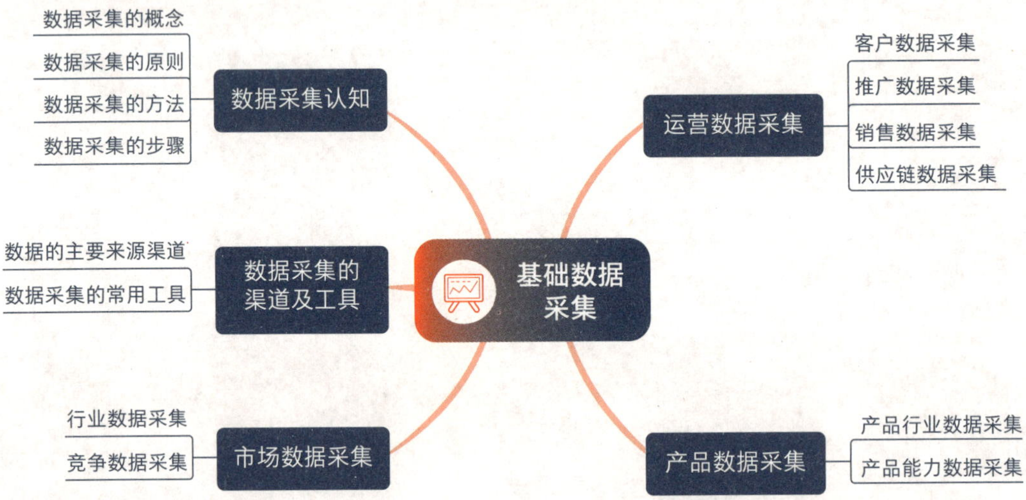
基础数据采集
数据采集认知
数据采集的概念
数据采集的原则
数据采集的方法
数据采集的步骤
数据采集的渠道及工具
数据的主要来源渠道
数据采集的常用工具
市场数据采集
行业数据采集
竞争数据采集
运营数据采集
客户数据采集
推广数据采集
销售数据采集
供应链数据采集
产品数据采集
产品行业数据采集
产品能力数据采集

单元一　数据采集认知

引导案例

某品牌是一家专注于健康饮食电器的研发、生产和销售的现代化企业，多年来一直保持着健康、稳定、快速的增长，现已成为小家电行业的著名企业，规模位居行业前列。

随着电子商务的快速发展，该品牌在各大电商平台（如天猫、京东等）均开设了旗舰店，并且有多家授权店铺。近期，该品牌发现授权店铺向非授权店铺窜货、低价出售的现象时有发生，导致销售价格不统一、市场混乱，严重影响该品牌新品的市场销售。

为此，该品牌决定采集各大电商平台的相关数据，通过采集的数据甄别非授权店铺，筛选低价店铺，惩治电商平台的价格混乱现象。

在采集数据前，需要结合数据分析的需求确定采集范围和采集指标，该品牌计划采集淘宝、天猫、京东、苏宁易购等主流电商平台卖家及销售价格。因要采集的数据量大，该品牌与提供数据采集服务的第三方公司合作，合法采集有效数据，并对采集的数据按照平台进行归类、检查和分析，第一时间筛选低价、禁售店铺和电子商务网站，通过通知调整、知识产权维权、行政干预等手段整治渠道乱价。

结合案例，思考并回答以下问题：

（1）该案例中进行数据采集的原因是什么？

（2）该案例中数据采集经历了哪几个步骤？

一、数据采集的概念

数据采集是进行电子商务数据分析的基础，电子商务数据分析的后续所有工作内容均围绕这一环节所采集的数据展开。

数据采集也叫数据获取，是指通过在平台源程序中预设工具或程序代码，获取商品状态变化、资金状态变化、流量状态变化、用户行为和信息等数据内容的过程，为后续进行数据分析提供数据准备。数据伴随消费者和企业的行为实时产生，类型多种多样，包含消费者的交易信息和基本信息、评论信息、行为信息、社交信息和地理位置信息等，也包括企业的产品信息与交易信息。在大数据环境下，电商平台中的数据是公开、共享的，但数据间的各种信息传输和分析需要经过采集与整理。通过数据采集与整理，可以将大量离散的数据有目的地整合在一起，从而发现隐藏在数据背后的规律。

二、数据采集的原则

在进行电子商务数据采集的过程中，只有及时、有效、准确、合法的数据，才能分析出对电子商务运营和决策有帮助的结果。

1. 及时性

进行数据采集需要尽可能地获取到电子商务平台的最新数据，只有将最新数据与往期数据进行对比，才能更好地发现当前的问题并预测变化趋势。

2. 有效性

在进行数据采集过程中，需要注意数值期限的有效性。比如，采集某商品的采购价由于市场行情变化，供应商的价格都有相应的报价时效，一旦超过时效，价格就可能发生变化，从而影响采购预算。

3. 准确性

在数据分析过程中，每个指标的数据可能都需要参与各种计算，有些数据的数值本身比较大，一旦出错，参与计算之后就可能出现较大偏差。在进行数据采集时，需要确保所摘录的数据准确无误，避免数据分析时出现较大偏差。

4. 合法性

数据采集还需要注意合法性。比如，在进行竞争对手数据采集的过程中，只能采集相关机构已经公布的公开数据，或是在对方同意的情况下获取的数据，而不能采用通过商业间谍或不正当窃取等非法手段获取的数据。

想一想

某电子商务企业为了能够让更多的客户了解并浏览自己的网店，通过第三方渠道购买客户资料获取客户联系信息，并通过短信、邮件等方式向客户进行营销。请问，这种数据采集方式会不会受到法律保护？请说明原因。

三、数据采集的方法

根据需求不同，数据采集的方法也多种多样。在电子商务运营领域，数据采集的方法大致可以分为以下几类：

1. 网页数据采集

在采集行业及竞争对手的数据时，电商平台上的一些公开数据，诸如商品属性数据（商品结构和标题、品牌、价格、销量、评价），可以直接摘录或使用火车采集器、八爪鱼采集器等爬虫采集工具进行采集。

对于淘宝、京东等电子商务平台的卖家，电商平台提供类似生意参谋、京东商智等工具，对店铺及平台的市场数据进行网页呈现，电子商务企业同样可以采用这种方法采集数据。

2. 系统日志数据采集

在网站日志中记录了访客 IP 地址、访问时间、访问次数、停留时间、访客来源等数据。通过对这些日志信息进行采集、分析，可以挖掘电子商务企业平台日志数据中的潜在价值。

3. 数据库采集

每个电商平台都有自己的数据库，在数据库中记录着访客在平台上的注册时间、用户名、联系方式、地址，以及订单的交易时间、购买数量、交易金额、商品加购等信息。通过数据库采集系统直接与企业业务后台服务器链接，将企业业务后台每时每刻产生的大量业务记录到数据库中，最后由特定的处理系统进行数据分析。

4. 报表采集

一些独立站点可能没有如每天咨询客户数、订单数等数据指标统计功能，在进行数据采集时可以通过每日、每周的工作报表进行相应的数据采集。例如，售前客服咨询销售报表见图 2-1。

时间		汇总+询单						
		咨询人数/人	接待人数/人	询单人数/人	询单流失人数/人	销售额	销售量(付款商品数)/件	销售人数/人
1月16日	星期一	11	11	9	7	1 109	2	2
1月17日	星期二	5	5	5	4	464	1	1
1月18日	星期三	25	25	14	7	5 175	15	7
1月19日	星期四	35	35	29	25	5 358	26	4
1月20日	星期五	10	10	6	6	0	0	0
1月21日	星期六	10	10	6	6	0	0	0
1月22日	星期日							
总和		96	96	69	55	12 106	44	14

注：如无特别说明，本书所提及的金额单位均为“元”。

图 2-1　售前客服咨询销售报表

5. 调查问卷采集

在对用户需求、习惯、喜好、产品使用反馈等数据进行采集时，常常会用到调查问卷，数据采集人员通过设计具有针对性的问卷，采用实地走访、电话沟通、网络填表等方式进行信息采集。

四、数据采集的步骤

数据采集是一项烦琐而又有难度的工作，快速、准确地进行数据采集是数据分析人员的必备技能。

1. 确定采集范围及人员分工

进行数据采集前，首先需要对数据采集目标进行分析，明确数据采集的指标范围和时间范围。接着明确这些数据需要从哪些途径及部门采集，最后确定参与部门和人员配备。

2. 建立必要的数据指标规范，并完成数据采集

在进行数据采集前，还需要用数据指标对数据进行唯一性标识，并且贯穿在之后的数据查询、分析和应用过程中。建立数据指标规范是为了使后续工作有可以遵循

的原则，也为庞杂的数据分析工作确定了可以识别的唯一标识。比如，UV（Unique Visitor）也被称为独立访客，如果对其不规范使用，后期进行数据分析时，就可能出现数据不完整或重复计算等现象，从而使结果产生偏差。

3. 数据检查

数据采集后还需要进行数据的检查，确保数据的完整性、准确性和规范性。

（1）完整性检查。完整性即记录数据是否完整。完成数据采集后，对数据进行复查或计算合计数据，并将其和历史数据进行比较。同时还要检查字段的完整性，保证核心指标数据完整。

（2）准确性检查。在进行数据采集录入的过程中，可能会有个别数据出现录入错误，可以通过平均、求和等操作与原始数据进行比对，如发现比对结果不匹配，则需要检查出相应的错误数据。

（3）规范性检查。检查采集的数据中是否存在多个商品标识编码相同或同一数据出现多个数据指标等情况。

在进行数据检查的过程中，数据采集人员需要及时记录并通报出现的问题，避免在后续工作中出现同样的问题，降低工作效率。

1+X 考证提要

本单元需重点理解与掌握的内容

（1）数据采集的原则：及时性、有效性、准确性、合法性。

（2）数据采集的方法：网页数据采集；系统日志数据采集；数据库采集；报表采集；调查问卷采集。

（3）数据采集的步骤：确定采集范围及人员分工；建立必要的数据指标规范，并完成数据采集；数据检查（完整性检查、准确性检查、规范性检查）。

单元二　数据采集的渠道及工具

引导案例

某生鲜电商企业准备在淘宝平台上架几款不同价位的陕西苹果，为了价位能够迎合淘宝平台的用户群体，决定对淘宝平台的陕西苹果相关商品的价格进行综合评比，从而决定这几款产品的销售价格。

数据采集人员使用店侦探数据采集工具，在淘宝网搜索“陕西苹果”关键词，按销量排序后，对前三页商品销售价格进行采集，如图 2-2 所示。

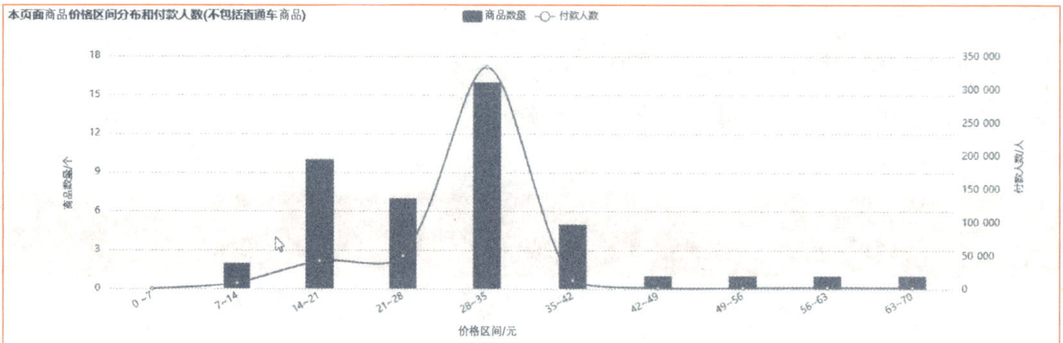

价格区间/元	0~7	7~14	14~21	21~28	28~35	35~42	42~49	49~56	56~63	63~70
商品数量/个	0	2	10	7	16	5	1	1	1	1
付款人数/人	0	9 068	42 153	50 177	333 662	12 873	1 300	1 520	2 056	1 810

图 2-2　陕西苹果的销售价格分布

通过对淘宝网“陕西苹果”销量前三页的商品价格、付款人数等数据进行采集，发现价格在 28～35 元的商品数量和付款人数最多。

结合案例，思考并回答以下问题：

（1）需了解“陕西苹果”更多信息，还可以采集哪些数据？

（2）除上述店侦探外，还有哪些数据采集工具？

一、数据的主要来源渠道

电子商务数据的有效性、准确性与及时性建立在可靠数据来源的基础上，常见的数据来源渠道有内部数据和外部数据。

1. 内部数据

内部数据渠道主要指在电子商务项目运营过程中，电子商务网站、店铺自身所产生的数据信息，如站点的访客数、浏览量、收藏量，商品的订单数量、订单信息、加购数量等数据。这些数据可通过电子商务网站、店铺后台或类似生意参谋、京东商智等数据工具获取。对于独立站点流量数据，还可使用百度统计、友盟等工具进行统计采集。

2. 外部数据

在进行行业及竞争对手数据采集时，通常需要借助外部数据。在选择外部数据时，尤其需要注意的是数据的真实性和有效性。常用的外部数据渠道有：

（1）政府部门、行业协会、新闻媒体、出版社等。政府部门、行业协会、新闻媒体、出版社等发布的统计数据、行业调查报告等，如国家统计局每个阶段都会发布宏观经济、居民消费价格指数等数据报告，见图 2-3。

（2）权威网站、数据机构。权威网站、数据机构发布的报告、白皮书等。常见的网站和数据机构有易观数据、艾瑞咨询等，这些平台提供的行业或行业类龙头企业数据的参考性较强，是重要的行业及企业数据采集渠道，艾瑞咨询 2021 年中国生鲜电商行业研究报告见图 2-4。

（3）电子商务平台。电子商务平台上聚集着众多行业卖家和买家，也是电子商务数据产生的重要来源，如本单元引导案例中通过工具对淘宝网特定商品的销售价格、付款人数等数据进行采集，来分析最受消费者欢迎的价格区间。这就直接利用了

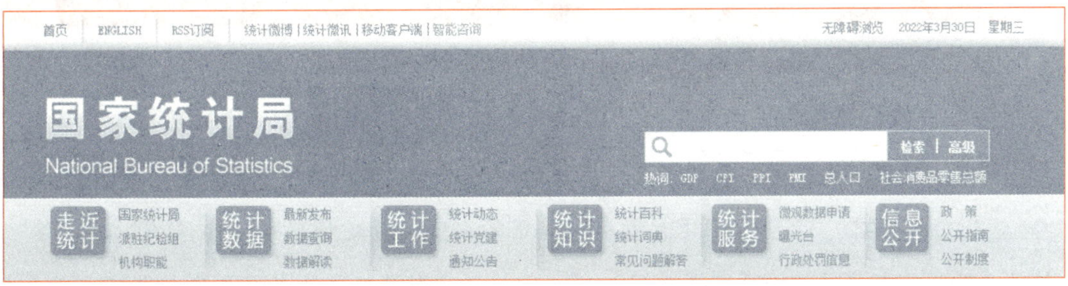

图 2-3 国家统计局网站

图 2-4 艾瑞咨询 2021 年中国母婴行业研究报告

电子商务平台所展示的数据。

（4）指数工具。如百度指数、360 趋势等工具依托平台海量用户行为数据，将相应的搜索数据趋势、需求图谱、用户画像等数据通过指数工具向用户公开，该类型数据可为市场行业、用户需求和用户画像数据分析提供重要参考依据。

除上述几种指数工具外，还有微信提供的微信指数、今日头条提供的巨量算数等，可为移动电子商务开展提供数据参考。

知识链接

（1）微信指数。微信指数是微信官方提供的基于微信大数据分析的移动端指数。微信指数提供的关键词的热度变化，可以间接获取用户的兴趣点及变化情况，如日常消费、娱乐、出行等，从而为企业进行精准营销和广告投放提供决策依据。

（2）巨量算数。巨量算数是巨量引擎旗下的内容消费趋势洞察品牌。以今日头条、抖音、西瓜视频等内容消费场景为依托，并承接巨量引擎先进的数据与技术优势，输出内容趋势、产业研究、广告策略等前沿的洞察与观点，同时开放算术指数、算术榜单、数据分析工具，满足企业、营销从业者等数据洞察需求。

二、数据采集的常用工具

数据采集工具是使用数据采集技术，通过识别数据渠道中所需数据指标，将数据进行摘录整理，形成数据文档的工具。掌握数据采集工具的使用是数据采集人员快速准确获取数据的基础。常用的数据采集工具有以下几种：

1. 生意参谋

生意参谋是淘宝网官方提供的综合性网店数据分析平台，为淘宝 / 天猫卖家提供流量、商品、交易等网店经营全链条的数据展示、分析、解读、预测等功能，它不仅是店铺和市场数据的重要来源渠道，而且是淘宝 / 天猫平台卖家的重要数据采集工具。通过生意参谋，数据采集人员不仅可以采集自己店铺的各项运营数据（流量、交易、服务、产品等），而且可以通过市场行情板块获取淘宝 / 天猫平台的行业销售数据，见图 2-5。

视频：生意参谋数据采集

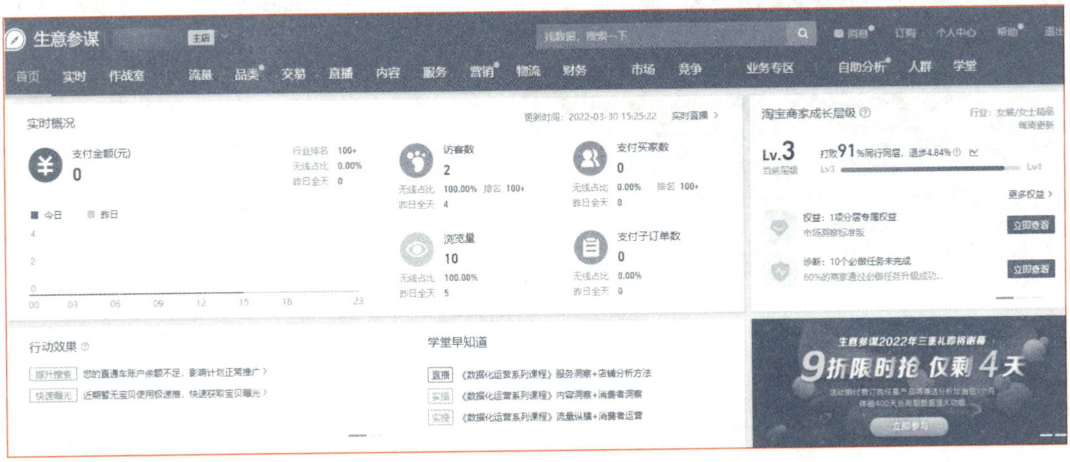

图 2-5 生意参谋首页

2. 店侦探

店侦探是一款专门为淘宝及天猫卖家提供数据采集、数据分析的数据工具，如图 2-6 所示。通过对各个店铺、商品运营数据的采集分析，可以快速掌握竞争对手店铺的销售数据、引流途径、广告投放、活动推广、买家购买行为等数据信息。

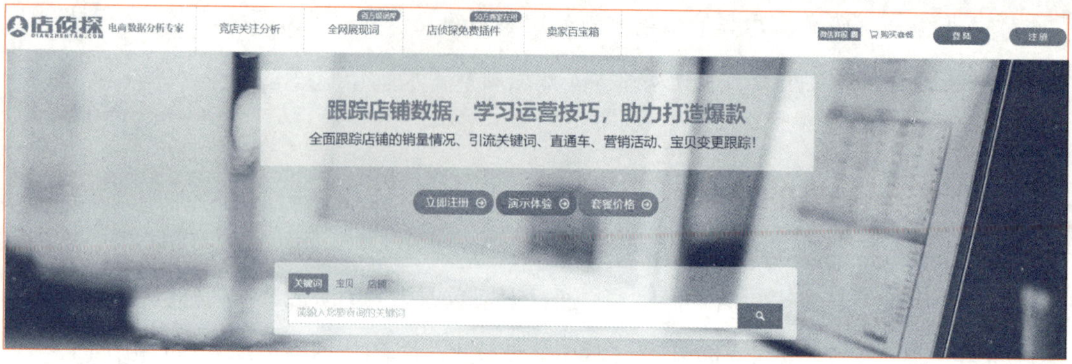

图 2-6　店侦探

视频：八爪鱼数据采集

3. 京东商智

京东商智（见图 2-7）是京东向第三方商家提供数据服务的产品。从 PC 端、App、微信、手机 QQ、移动端五大渠道，提供店铺与行业的流量、销量、客户、商品等数据。

图 2-7　京东商智

4. 八爪鱼采集器

八爪鱼采集器是一款通用网页数据采集器，使用简单，可进行完全的可视化操作；功能强大，任何网站均可采集，数据可导出为多种格式。它可以用来采集商品的价格、销量、描述等数据内容，如图 2-8 所示。

5. 火车采集器

火车采集器（LocoySpider）是一个供各大主流文章系统、论坛系统等使用的多线程内容采集发布程序，如图 2-9 所示。其应用于数据采集领域有两个功能：一是采集数据，二是发布数据。借助火车采集器，可以根据采集需求，在目标数据源网站采集相应数据，并整理成表格或文本（TXT）格式导出。

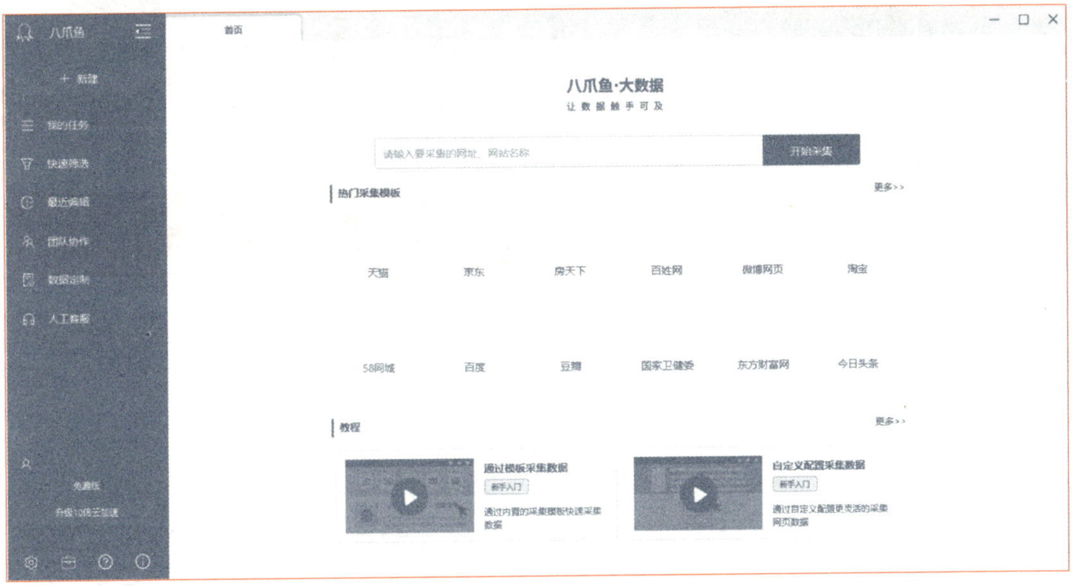

图 2-8　八爪鱼采集器

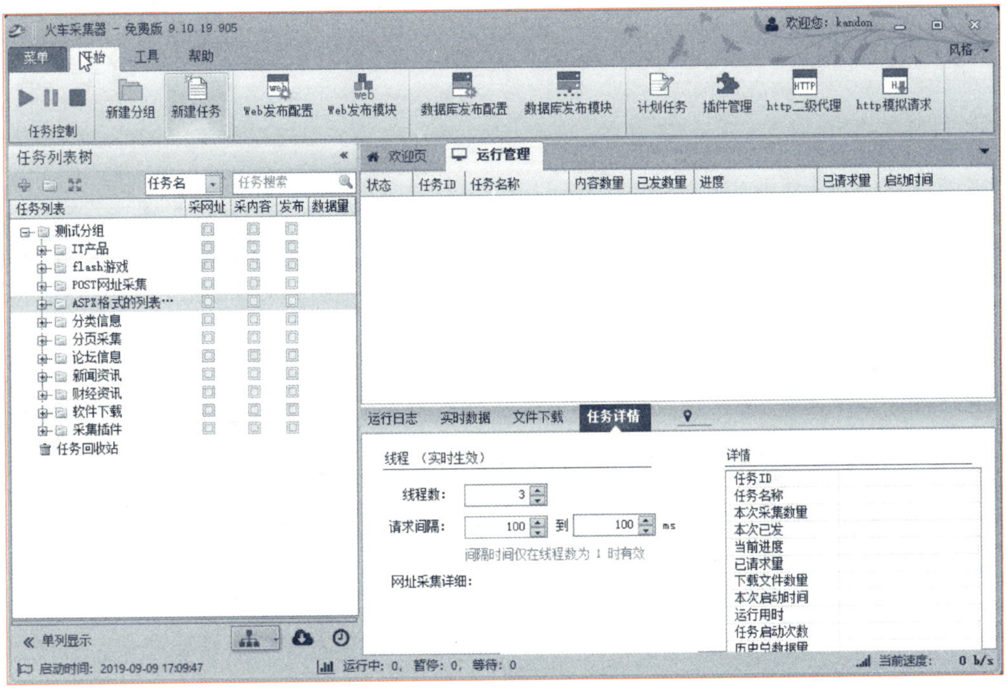

图 2-9　火车采集器

除此之外，还可以使用 Python、R 语言等工具进行数据采集，但需要采集人员具备编程基础，使用难度较大。

实训专区 2-1

选择任一数据采集工具，采集淘宝网“陕西苹果”关键词下销量前三页的商品销售价格。

1+X 考证提要

本单元需重点理解与掌握的内容

（1）数据的主要来源渠道：

① 内部数据：电子商务网站、店铺自身所产生的数据信息。

② 外部数据：政府部门、行业协会、新闻媒体、出版社、权威网站、数据机构、电子商务平台、指数工具等。

（2）数据采集的常用工具：生意参谋、店侦探、京东商智、八爪鱼采集器、火车采集器等。

单元三　市场数据采集

引导案例

小刘从某职业院校电子商务专业毕业后，一直在某品牌电商部负责运营工作，近期，同班同学小王邀请小刘加入创业大军，共同开设网店，销售家乡的螃蟹、鲜虾、扇贝等生鲜水产，积极响应党的二十大报告提出的“全面推进乡村振兴”战略。

运营经验丰富的小刘决定，在创业开始前，先对市场数据进行综合分析，明确行业发展现状及市场需求，衡量这个创业想法的可行性。

随后，两人着手市场数据的采集。通过易观、艾瑞咨询等网站获取最新的行业报告，了解整个行业的发展动态。图 2-10 摘自艾瑞咨询发布的《2022 年中国生鲜电商行业研究报告》。

通过行业分析报告了解到，生鲜零售市场规模每年增加超 3000 万亿元，未来发展空间巨大。

此外，还选取了几个竞争对手，通过升业绩等工具对其进行月营业额、成交人数、客单价、推广渠道、营销活动等信息的分析，如图 2-11 所示。

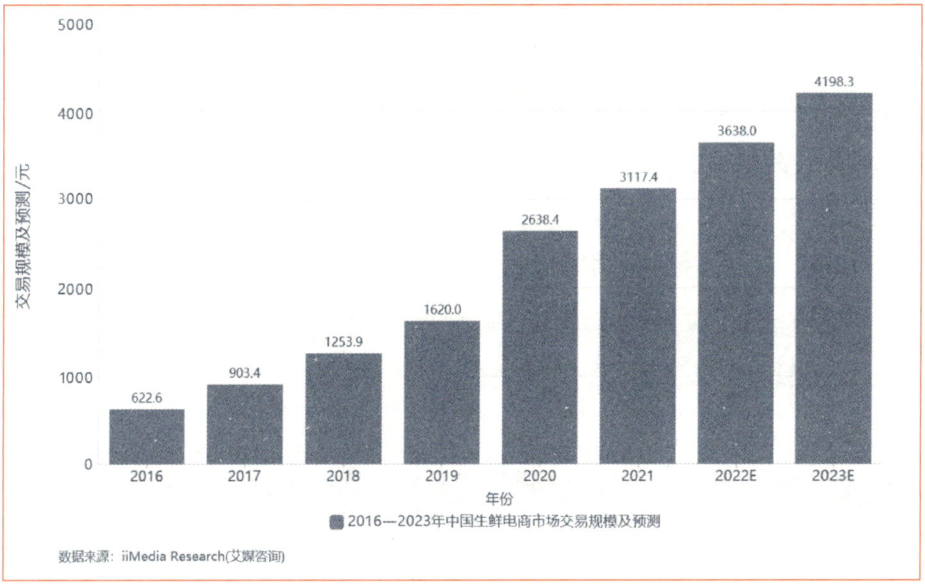

图 2-10　2022 年中国生鲜电商行业研究报告

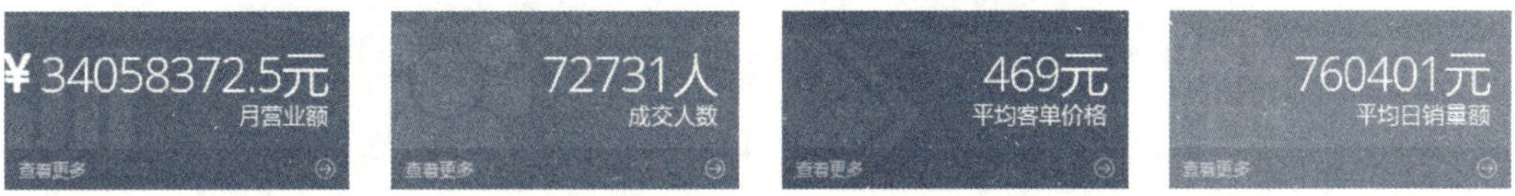

图 2-11　竞争对手交易数据

结合案例，思考并回答以下问题：

（1）以上案例中进行了哪些数据采集与分析？有何意义？

（2）如何注册店侦探工具，采集淘宝网销量前三页的智能手表商品销售价格与付款人数数据？

一、行业数据采集

市场分析的结果是决策者进行创投项目、制定发展战略的支撑和依据，而市场数据采集则是进行市场数据分析的前提。

1. 行业发展数据采集

行业发展数据采集通常会涉及行业总销售额、增长率等数据指标，行业发展数据来源主要依托于国家统计局、行业协会、数据公司发布的行业统计数据、行业调查报告等。如图 2-12 所示，艾瑞咨询发布的《2022 年中国零糖健康饮食市场研究报告》提供了零糖饮食行业 2016—2021 年行业年度总销售额（即交易规模）数据和对 2022—2026 年数据的预测，同时也提供行业增长率及增长率预测。

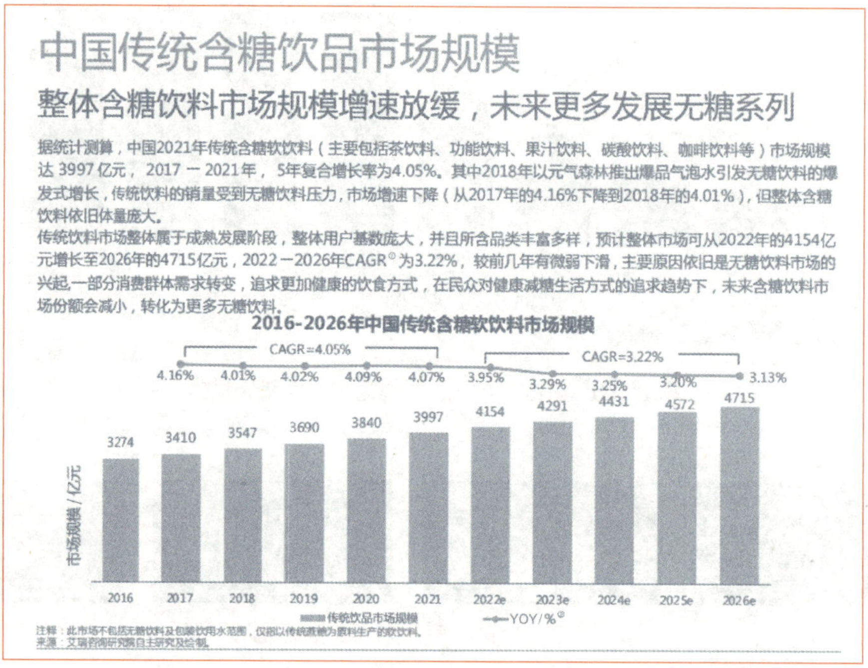

注：① CAGR(Compound Annual Growth Rate，复合年均增长率，是指一项投资在特定时期内的年度增长率。

② YOY，英文全称为 Year-on-year Percentage，一般是指当期数据较去年同期的变动比率。

图 2-12　2022 年中国零糖健康饮食市场研究报告

2. 市场需求数据采集

市场需求数据采集通常会涉及需求量变化、品牌偏好等数据指标，除了可以通过行业调查报告获取外，还可以通过对用户搜索指数的变化趋势分析来把握用户的需求变化和品牌偏好。如手机品牌用户偏好的百度搜索指数见图 2-13。

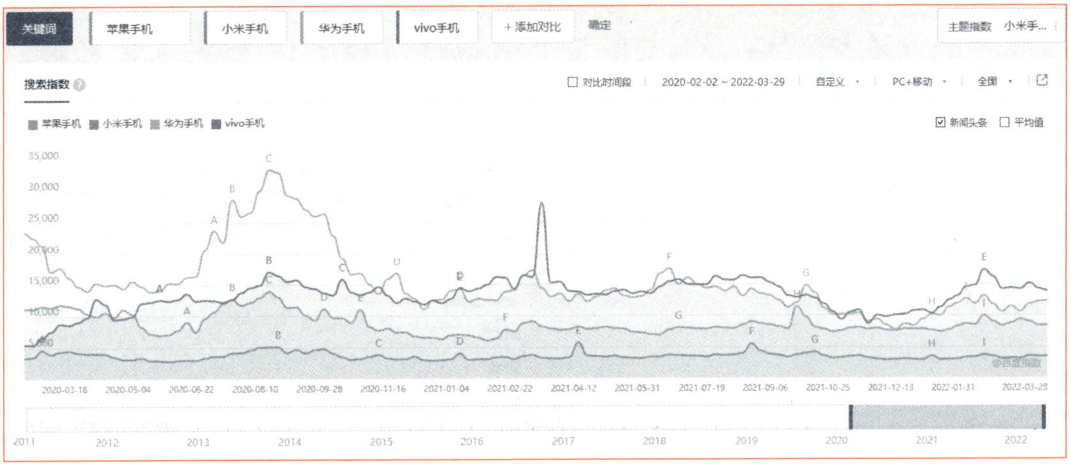

图 2-13　手机品牌用户偏好的百度搜索指数

3. 目标客户数据采集

目标客户数据通常会涉及目标客户的地域分布、性别占比、年龄结构占比、职业领域占比等数据指标，可以借助行业调查报告、指数工具等对整个行业的目标客户数据进行采集。

在第三方电子商务平台开店的卖家，还可以通过平台提供的数据工具进行平台中行业目标客户数据采集。以在淘宝 / 天猫平台为例，可以通过平台提供的生意参谋工具，在“行业客群”板块采集目标用户的性别、年龄、地域分布、职业特征等数据，各省份不同商品关键词点击数据和不同商品用户职业数据分别如图 2-14 和图 2-15 所示。

TOP 省份

排名	省份	客群占比
1	江苏省	9.10%
2	山东省	7.27%
3	广东省	7.22%
4	浙江省	6.61%
5	河南省	5.99%
6	四川省	5.39%
7	湖北省	4.88%
8	北京市	4.36%
9	河北省	4.32%
10	安徽省	4.18%

图 2-14　各省份不同商品关键词点击数据

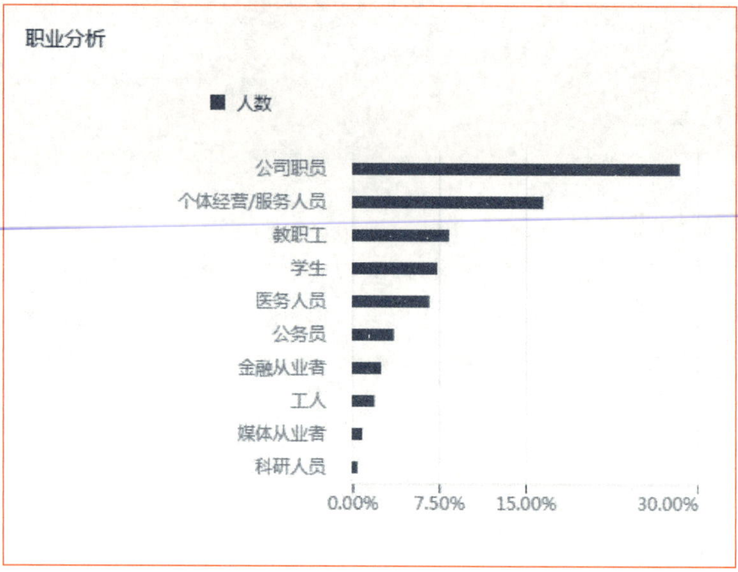

图 2-15　不同商品用户职业数据

想一想

某电子商务网站准备上架一款智能窗帘设备，应该如何进行行业发展、市场需求、目标客户数据采集？

二、竞争数据采集

竞争数据是对在电子商务业务中彼此存在竞争关系的商家、品牌、产品（即竞争对手）等各项运营数据的总称。在电子商务企业经营过程中，对竞争对手进行分析可以帮助决策者和管理层了解竞争对手的发展势头，为企业战略制定和调整提供数据支持。

1. 竞争数据采集内容

在进行竞争数据采集时，通常需要采集竞争对手店铺的商品结构、商品构成、畅销商品、商品销量、交易额、销售价格、客单价、活动信息、活动内容、活动周期、商品评价、服务政策、店铺流量、推广渠道、搜索排名等数据。

通过对以上竞争数据变化和规律的分析，运营者可以从中发现竞争对手的运维习惯、销售策略，从而制定更有针对性的营销方案和运营策略。

2. 竞争数据采集

虽然进行竞争数据采集可以借助一些工具（如采集淘宝、天猫平台的竞争对手数据可以采用升业绩、店侦探等数据采集工具），但平台规则不断变化和限制，经常会遇到历史数据无法采集或采集异常的情况，数据采集工具采集失效如图 2-16 所示。竞争对手策划的营销活动内容，通常无法使用数据采集工具来采集数据。因此，最有效的方法就是对竞争对手进行数据监控，制作竞争对手数据采集表，如图 2-17 所示。

最近30天流量构成

序号	检测时间	推广来源	销量	单价
1	2022-09-09	未检测到	未检测到	
2	2022-09-07	未检测到	未检测到	
3	2022-09-06	未检测到	未检测到	
4	2022-09-04	未检测到	未检测到	

图 2-16　数据采集工具采集失效

竞争对手数据采集表

序号	店铺名称(链接)	产品分类	店铺类别	热销产品(链接)	累计评价	成交量	售价	评价特色	评价缺陷	促销方式(活动)	备注

图 2-17　竞争对手数据采集表

1+X 考证提要

本单元需重点理解与掌握的内容

（1）行业数据采集的常见指标有行业总销售额、增长率等行业发展数据指标，需求量变化、品牌偏好等市场需求数据指标；地域分布、性别占比、年龄结构占比、职业领域占比等目标客户数据指标。

（2）竞争数据采集的常见指标有竞争对手店铺商品结构、商品构成、畅销商品、商品销量、交易额、销售价格、客单价、活动信息、活动内容、活动周期、商品评价、服务政策、店铺流量、推广渠道、搜索排名等数据指标。

单元四　运营数据采集

引导案例

王某在淘宝网经营着一个水果销售店铺，经过一年多的运营和推广，店铺生意并无起色，而推广费用却没有少花。为此，王某准备对店铺的客户数据进行分析，他采集了网店从开业到目前店铺的已有客户数据，并与行业客户人群画像进行比对，希望从中找到问题所在。

王某通过生意参谋分析店铺现有客户群体发现：

（1）从性别来看，店铺客户的男女性别比例为7:3，而行业搜索人群的男女性别比例为4:6。

（2）从年龄构成来看，店铺客户的年龄占比情况是：36～40岁的用户占比约为22%，41～50岁的用户占比为18%；而行业主力消费人群中26～30岁和31～35岁的人群占整个消费人群的60%左右。

通过对人群画像的分析，王某意识到店铺的设计风格与推广目标人群存在差距，可能与主流消费群体背离，从而导致店铺业绩毫无起色。

结合案例，思考并回答以下问题：

王某在进行店铺运营问题诊断过程中，采集了哪些数据内容？如果让你给王某建议，你会建议他采集哪些数据？为什么？

运营数据采集通常包含客户数据采集、推广数据采集、销售数据采集和供应链数据采集等内容，具体采集内容视数据分析的目的而定。

一、客户数据采集

客户数据采集是根据企业各部门对于客户数据的需求，通过可靠的数据源，采用合适的采集方式，获得客户的操作、行为、属性等数据信息，为后续的客户数据分析提供数据支持。

1. 客户数据采集指标

与客户相关的数据指标多种多样，常用于分析的数据指标大致可分为客户行为数据和客户画像数据两大类。

（1）客户行为数据。客户行为数据通常是指客户商品消费记录下的数据，如购买商品名称、购买数量、购买次数、购买时间、支付金额、评价、浏览量、收藏量等。

（2）客户画像数据。客户画像数据是指与客户购买行为相关的，能够反映或影响客户行为的相关信息数据，如客户的性别、年龄、地址、品牌偏好、购物时间偏好、位置偏好、商品评价偏好等。

2. 客户数据采集实施

如果是电子商务独立站点，客户画像数据采集可以通过调用客户在网站注册资料中填写的相应信息内容来实现，而客户的行为数据则可以采用百度统计、友盟等工具实现。

对于入驻第三方平台的卖家，以淘宝网为例，可在生意参谋“品类”栏目下“商品 360”的板块数据中查看到商品浏览量、有访问商品数、有支付商品数、商品加购人数、商品加购件数等客户行为数据，如图 2-18 所示。滑动指标还可以看到商品收藏量、支付买家数等其他客户行为数据。

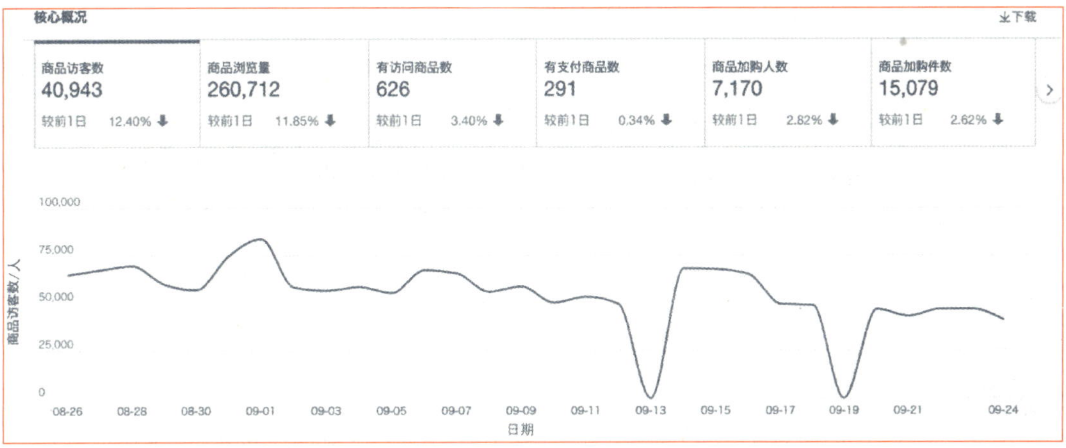

图 2-18　客户行为数据

同样在生意参谋“商品 360”板块可以查看到客户画像数据，还包括搜索人群画像、店铺访问人群、店铺支付人群画像，涵盖数据指标包括新老客户占比、年龄分布、性别占比、兴趣爱好（偏好度）等，如图 2–19 所示。

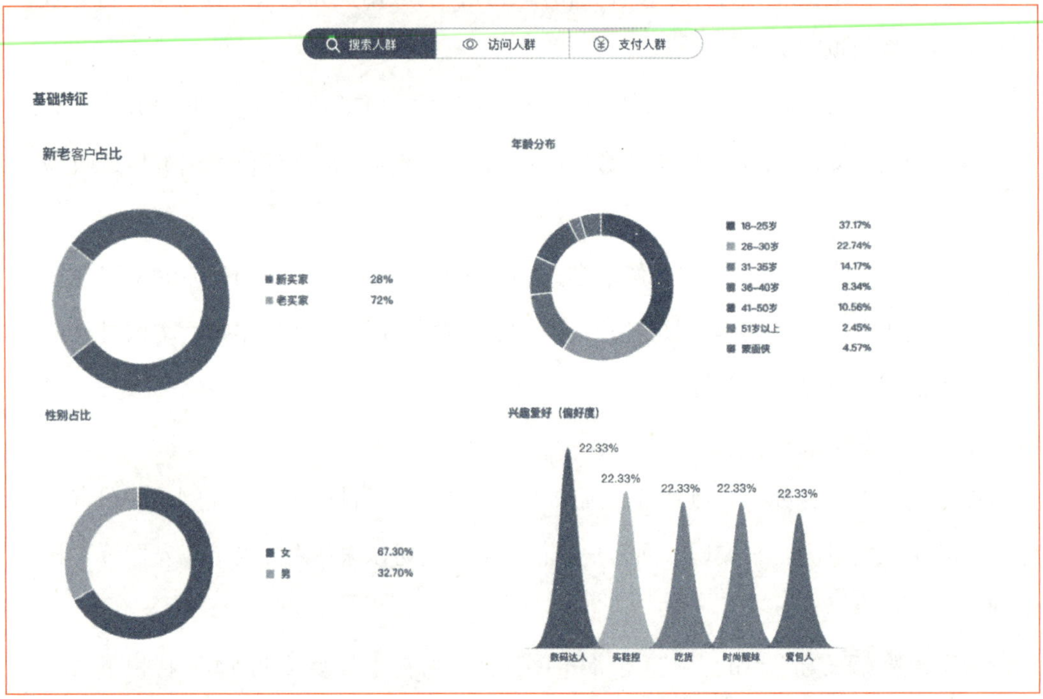

图 2–19　客户画像数据

另外，行业搜索人群画像数据采集，还可以通过指数类工具来搜索行业相关关键词进行采集，如图 2–20 所示。

3. 数据采集表制作及数据采集

确定了数据采集指标及采集渠道，接下来就需要制作数据采集表，采集人员根据之前确定的采集指标建立客户信息采集表，如图 2–21 所示。

信息采集的过程就是将电子商务网站、网店后台的相应数据下载或摘录整理到数据采集表中。

二、推广数据采集

视频：直通车推广数据采集

对推广数据进行有效分析，可以帮助企业找到网店推广中的优势与不足，从而优化调整相关推广策略和内容，提升推广效果。

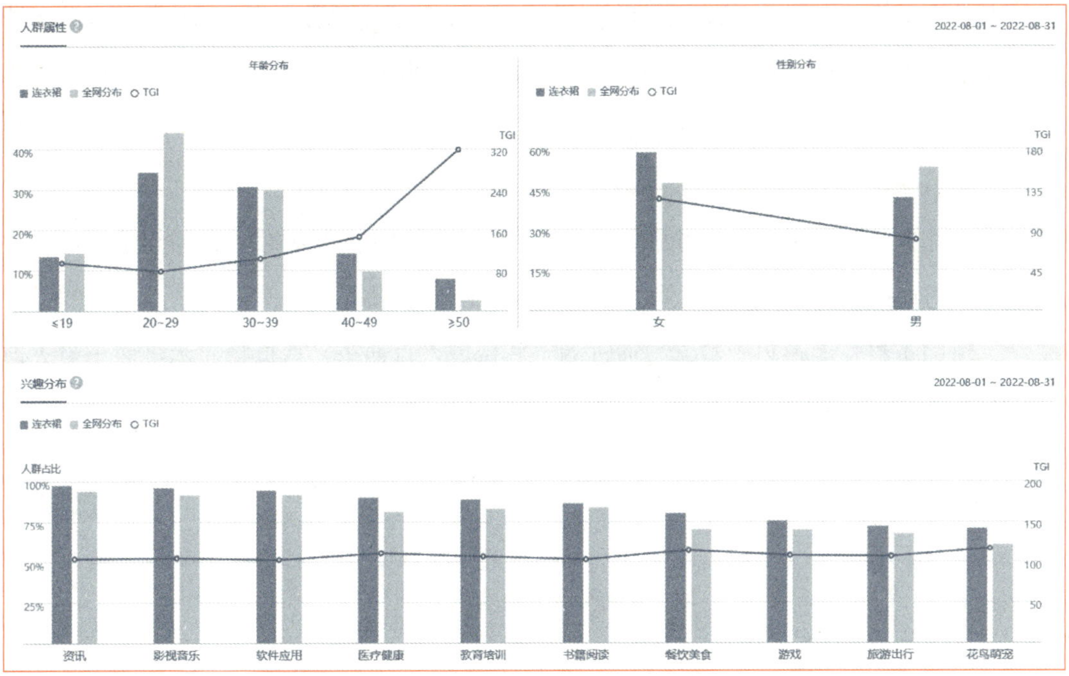

图 2-20　行业搜索人群画像

客户信息采集表														
客户基本信息				购买行为信息							联系信息			
ID	用户名	姓名	所在地区	产品	类型	数量	价格	下单时间	支付金额	收货地址	QQ	微信	手机号	邮箱

图 2-21　客户信息采集表

1. 推广数据采集指标

网店推广的核心目标是促进商品销售，但推广的方式却千差万别，不同的推广方式往往有不同的推广侧重点。比如，对于淘宝网店，通过直通车、淘宝客等形式进行推广，侧重点是产品销售；而免费试用、智钻等更多的是为了提升品牌影响力，增强客户对于产品、品牌的认可度，进而提升商品销量。

针对不同的推广方式，需要明确推广的直接目标，围绕直接目标确定数据采集指标，进而进行后续的数据分析。

推广效果数据指标通常包括展现量、点击量、花费、点击率、平均点击花费、直接成交金额、直接成交笔数、间接成交金额、间接成交笔数、收藏商品数、收藏店铺数、投入产出比、总成交金额、总成交笔数、总收藏量、点击转化率、直接购物车数、间接购物车数、总购物车数等。

2. 推广数据采集渠道及采集

在电子商务平台中，推广工具通常都会提供相应的数据报表，需要采集推广数据，可通过所使用的推广工具进行报表下载并整理摘录。

（1）推广渠道自有数据。通过淘宝后台进入直通车，首页将显示直通车当天推广的重要数据指标，如图 2-22 所示。

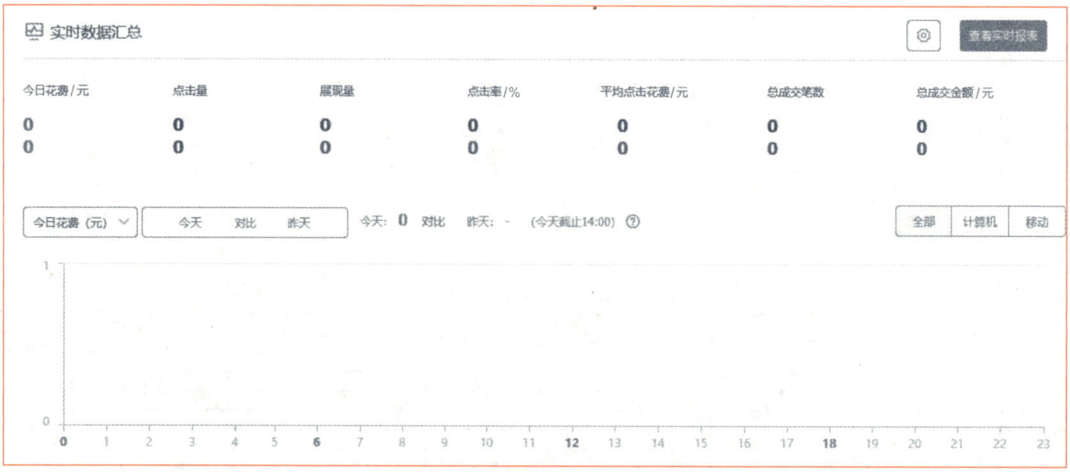

图 2-22　直通车实时数据汇总

在报表页面，可以根据数据采集需求查询所需数据，如图 2-23 所示。

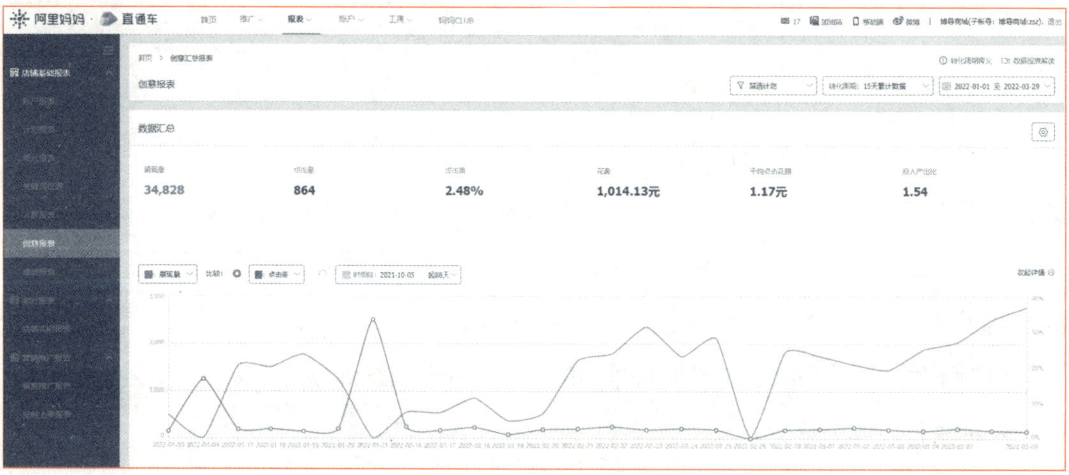

图 2-23　直通车数据报表

单击右上角的“设置图标”，可以选择所需指标，如图 2-24 所示。单击右上角的日期，可以选择具体日期及时间段数据，如图 2-25 所示选择了 2022 年 2 月 16 日当天的数据。

图 2-24　数据指标选择

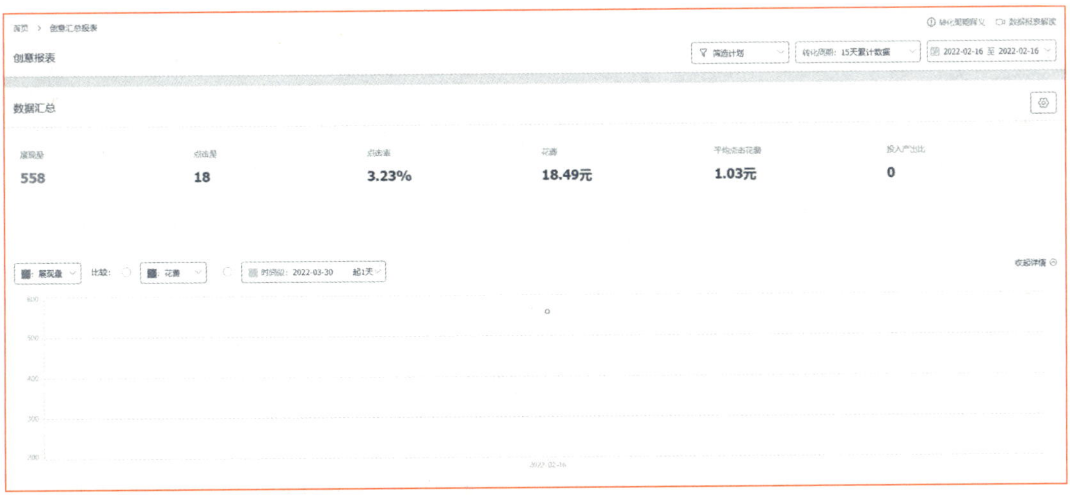

图 2-25　具体时间段或时间节点的数据

（2）第三方监控数据。电子商务独立站点通过使用邮件营销、搜索引擎优化（SEO）等方式进行推广，推广渠道本身能够提供的数据指标较少。比如，进行邮件营销，多数情况下只能采集邮件的发送量，而对于邮件的链接点击率、转化率等都无法直接采集，这就需要借助第三方网站流量统计工具，如友盟、百度统计等工具。根据流量来源渠道采集流量相关的数据，在第三方统计工具中通过筛选各类邮箱地址来源的数据，即可采集邮件营销的访客量，在邮件发送时设置“邮件打开提醒”可以采集展现数据，再通过访客的详细访问路径，查看是否有在支付成功页面停留的记录可以采集访客的购买数据。对以上几个核心数据的采集和简单计算即可获取邮件营销展现、点击和转化的相关推广数据。流量来源域名数据如图 2-26 所示。

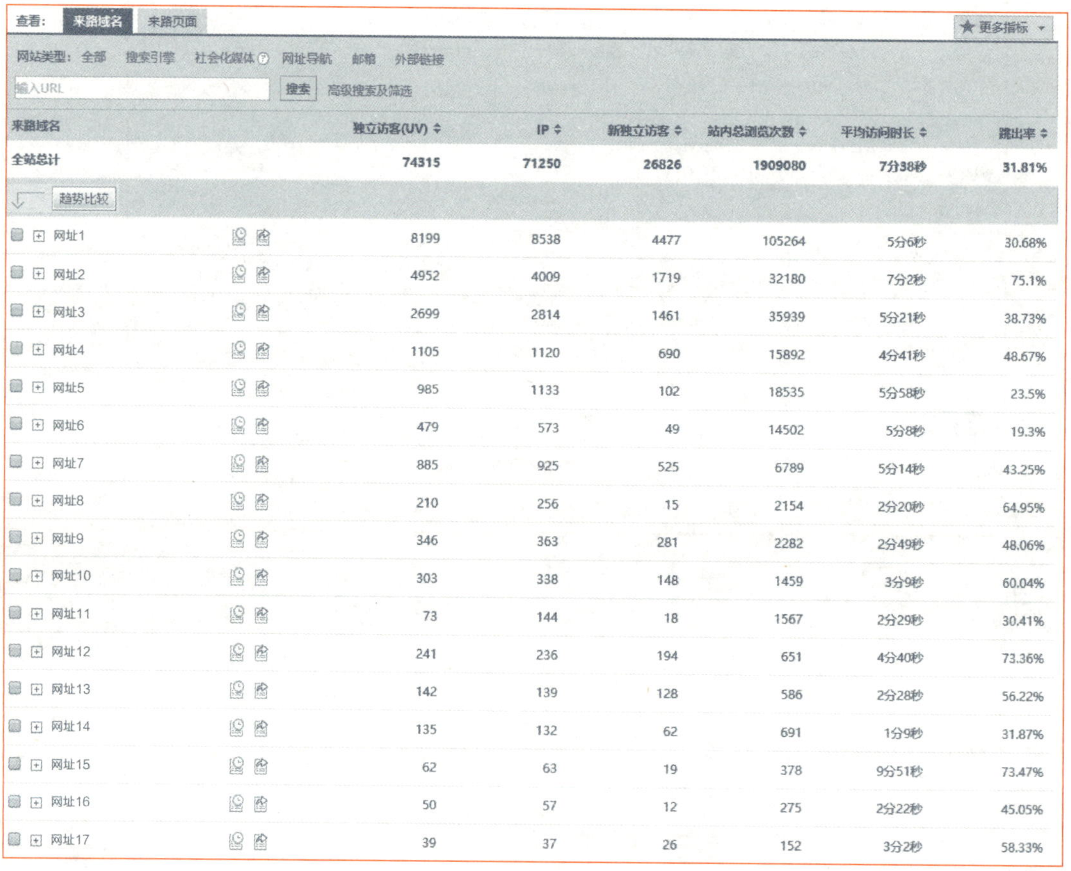

来路域名	独立访客(UV)	IP	新独立访客	站内总浏览次数	平均访问时长	跳出率
全站总计	74315	71250	26826	1909080	7分38秒	31.81%
网址1	8199	8538	4477	105264	5分6秒	30.68%
网址2	4952	4009	1719	32180	7分2秒	75.1%
网址3	2699	2814	1461	35939	5分21秒	38.73%
网址4	1105	1120	690	15892	4分41秒	48.67%
网址5	985	1133	102	18535	5分58秒	23.5%
网址6	479	573	49	14502	5分8秒	19.3%
网址7	885	925	525	6789	5分14秒	43.25%
网址8	210	256	15	2154	2分20秒	64.95%
网址9	346	363	281	2282	2分49秒	48.06%
网址10	303	338	148	1459	3分9秒	60.04%
网址11	73	144	18	1567	2分29秒	30.41%
网址12	241	236	194	651	4分40秒	73.36%
网址13	142	139	128	586	2分28秒	56.22%
网址14	135	132	62	691	1分9秒	31.87%
网址15	62	63	19	378	9分51秒	73.47%
网址16	50	57	12	275	2分22秒	45.05%
网址17	39	37	26	152	3分2秒	58.33%

图 2-26　流量来源域名数据

三、销售数据采集

在网店运营过程中，会产生大量的销售数据，需要企业根据前期的销售数据和市场变化来制定销售目标、调整销售策略。

视频：淘宝店铺销售数据采集

1. 销售数据采集指标

网店销售数据分析的核心指标分别是订单数量、销售额、成交客户数量等交易数据和客服平均响应时长、咨询客户数、咨询转化率等服务数据。

2. 销售数据采集实施

（1）交易数据采集。根据交易数据采集需求及所分析出的指标制作网店销售数据采集表，如图 2-27 所示。

网店销售数据采集表

订单日期	订单号	商品名称	商品规格	商品单价	商品数量	折扣率	实际收款	交易状态	买家ID	收件人	联系电话	收件地址	快递

图 2-27　网店销售数据采集表

在网店后台交易管理板块，可以查看网店的销售数据。很多电子商务平台都提供了数据工具与交易订单的下载功能，数据采集人员可在“交易管理”板块下载或摘录所需的订单信息。

以淘宝网店为例，进入网店后台单击“交易管理”中的“已卖出的商品”，即可查看网店的订单数据，如图 2-28 所示。数据采集人员可以通过筛选功能筛选出所需订单，如“等待买家付款”订单，或者具体某个时间段的订单信息。

（2）服务数据采集。销售服务数据主要围绕客服岗位展开，其中响应时长数据需要使用具备统计功能的平台在线咨询工具，而咨询人数和咨询转化率等数据也可以通过前文所述的客服工作人员每日、每周的工作报表进行采集。以生意参谋为例，在“服务洞察”板块实时咨询、店铺绩效等项目可进行客服销售额、客服销售人数、询单转化率等数据的采集，如图 2-29 所示。

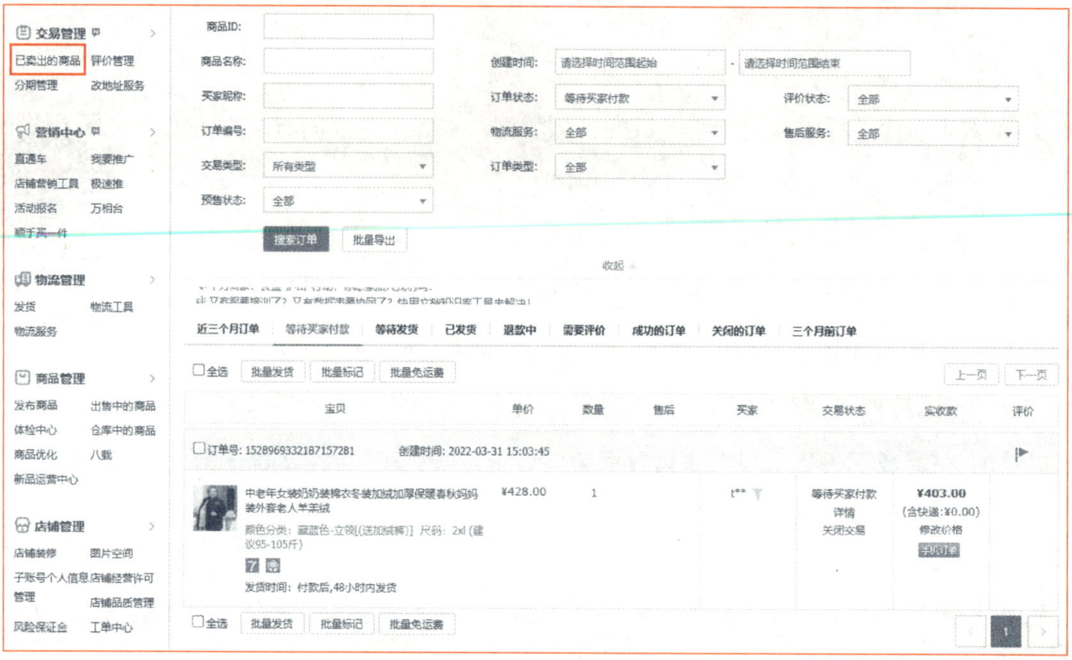

图 2-28　已卖出的商品

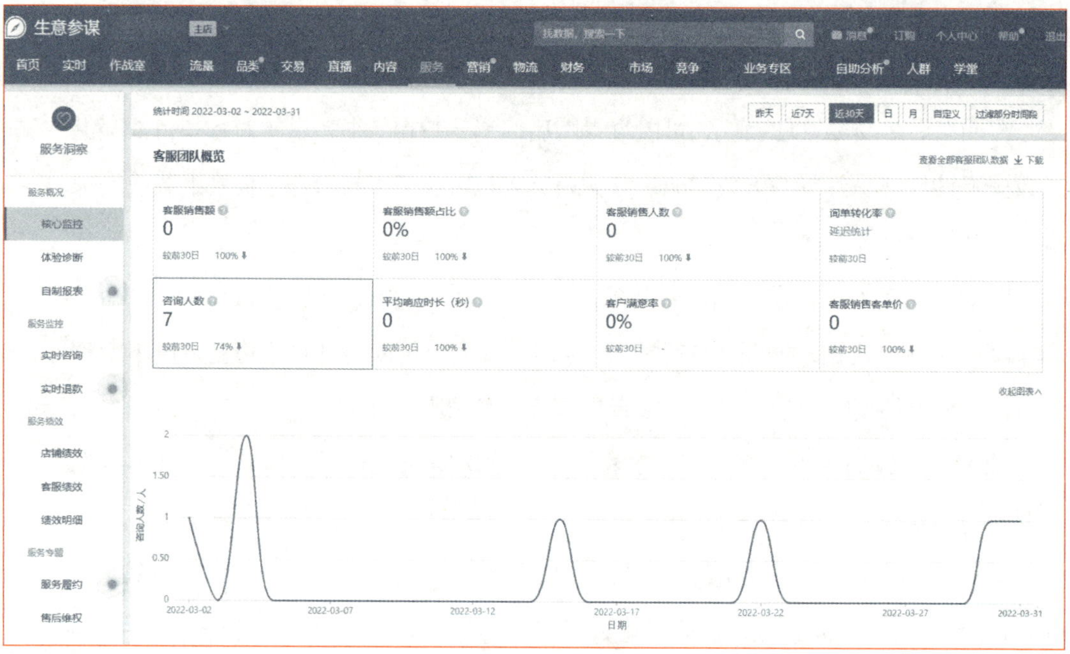

图 2-29　生意参谋服务数据

四、供应链数据采集

在中华人民共和国《物流术语》（GB/T 18354—2021）中，供应链是指生产及流通过程中，围绕核心企业的核心产品或服务，由所涉及的原材料供应商、制造商、分销商、零售商直到最终用户等形成的网链结构。供应链管理的经营理念是从消费者角度出发，通过企业间的协作，谋求供应链参与者的利益最大化。

通过对供应链数据分析的管理，可以大大增强企业开展业务的能力，提高网店的客户服务满意度，降低运营成本，增加店铺利润空间。

根据电子商务企业从商品生产到提供给消费者的不同环节，可将供应链数据分为三大类：采购数据、库存数据和物流数据。供应链数据采集，就是对这三种数据进行采集。

1. 采购数据采集

网店商品采购人员作为消费者的采购代理，不仅要知道如何以最低价格、最优惠的条件采购到所需的商品，而且必须具备销售数据分析和消费者分析能力，从而洞悉目标客户的消费特性，进而提升采购效率和消费者满意度。

同时，采购人员也是网店经营者中的一员，只有采购到有合理利润空间、损耗率低、断货风险低的产品，才能够保证企业在经营过程中持续获利。

因此，在进行采购数据分析的过程中，有几项关键数据必不可少，包括产品供应商、产品名称、产品规格、采购数量、采购单价、产品生产周期、产品周期内供货量等。同时，还需要采集商品在运输配送期间的坏损率及在销售过程中的退换货率等指标。

可接受的采购数量、供货量、供货周期等是网店与供货商合作的必要条件，较低的坏损率、退换货率及优秀的产品供应商是产品品质的保证。确定产品类型后，采购人员需要对能够生产该产品的企业进行综合对比，从而选择出符合自身网店需求的供货商合作。

根据以上分析，数据采集人员确定了数据采集指标后，可以制作出如图 2-30 所示的产品采购数据采集表。

产品采购数据采集表

序号	产品供应商	产品名称	产品规格	采购数量	产品进货价	产品市场价	产品生产周期	产品周期内供货量	产品坏损率	退换货率

图 2-30　产品采购数据采集表

数据采集目标确定后，就需要根据相应的数据指标进行数据采集。其中，产品供应商、产品名称、产品规格、采购数量、产品进货价、产品生产周期、产品周期内供货量等数据指标需要通过网络信息收集、电话沟通、实际企业走访等方式进行采集。采购过程中实际的采购数据、采购单价等数据可以通过查阅商品采购合同、财务或采购部门的采购记录进行采集。商品坏损率需要对商品的仓储数据进行统计分析获取。退换货率则需要对一段时间内产品销售过程中的退换货数据进行采集并计算得出。

如果企业使用了 ERP 软件，可以直接从 ERP 软件中获取所需数据，如图 2–31 所示。

送货日期	供应商存货编码	存货			单位	数量/件	含税单价/元	价税合计/元
		编码	品名	规格型号				
		001B0-421A				100	51.00	5120.00
		001B0-347B				9	51.00	510.00
		001B0-347D				1	51.00	51.00
		001B0-347C				5	51.00	255.00

图 2–31　ERP 软件数据

2. 库存数据采集

分析库存数据可以帮助网店在经营过程中合理制定营销和销售策略，也有利于提升仓库的使用率。比如，某款商品一段时间内销量持续下降，而库存量又较高，通过对该商品仓储数据的分析就可以建议决策者针对该商品进行产品分析并做出合理决策。

通常，进行库存数据采集需要采集产品库存数、发货量、库存周转率、残次库存比等数据。这些数据可以通过对产品出入库数据进行监控来采集。通常仓储部门每月会有相关的数据报表，月度库存统计表如图 2–32 所示，数据采集人员对相应的报表数据进行摘录即可。

月度库存统计表								
品 名	规 格	单位	当月出库总数	月初库存量	月末库存量	残次商品量	库存周转率	目标值

图 2–32　月度库存统计表

3. 物流数据采集

物流是电子商务的重要环节，在交易过程中扮演着将商品送达买家手中的重要角色。物流服务的优劣关系到用户对于品牌、产品、卖家的印象。对物流数据进行分析，选择更优质的物流合作伙伴是卖家提升自身形象，更好地服务买家的有效手段。

在物流数据中，物流时效、物流异常量、物流服务满意度等是采集的重点。物流时效、物流异常量通常需要售后客服人员对客户反馈的异常数据进行记录获取，或通过对订单物流信息进行监控获取。

1+X 考证提要

本单元需重点理解与掌握的内容

（1）常见的客户数据采集指标包括浏览量、收藏量等客户行为数据，以及性别、年龄等客户画像数据。

（2）常见的推广数据采集指标包括展现量、点击量、点击转化率等推广效果数据。

（3）常见的销售数据采集指标包括订单量、销售额等交易数据，响应时长、询单转化率等服务数据。

（4）常见的供应链数据采集指标包括采购数量、采购单价等采购数据，库存周转率、残次库存比等库存数据，物流时效、物流异常量等物流数据。

单元五　产品数据采集

引导案例

张某经营的网店主推各类当季水果，包括烟台的苹果、海南的芒果、四川的蜜橘、新疆的哈密瓜等。今年他打算扩大网店的产品品类，经比较，他觉得临潼的石榴品质不错，但该款产品是否受欢迎？经济效益如何？张某心中充满疑问。他计划采集产品的相关数据，进行整体评估。

张某首先在百度指数里进行了查询，如图 2-33 所示，2019 年 2 月 2 日—2022 年 3 月 29 日的数据显示，临潼石榴在每年的 9 月搜索指数攀升，在 10 月达到高峰，季节性比较强，可在水果成熟前期安排上架，采取预售的方法吸引客户。

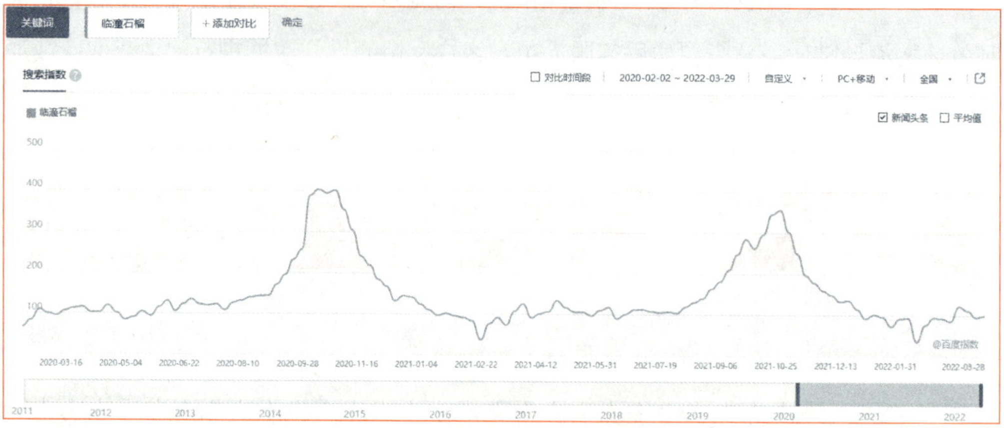

图 2-33　临潼石榴搜索指数

并且，张某还注意到，临潼石榴的受众人群以 20—29 岁、30—39 岁为主流，如图 2-34 所示，他们的购买能力较强，属于消费主力。随后，张某以淘宝平台为例，采集临潼石榴的交易指数数据，衡量临潼石榴的受欢迎程度。

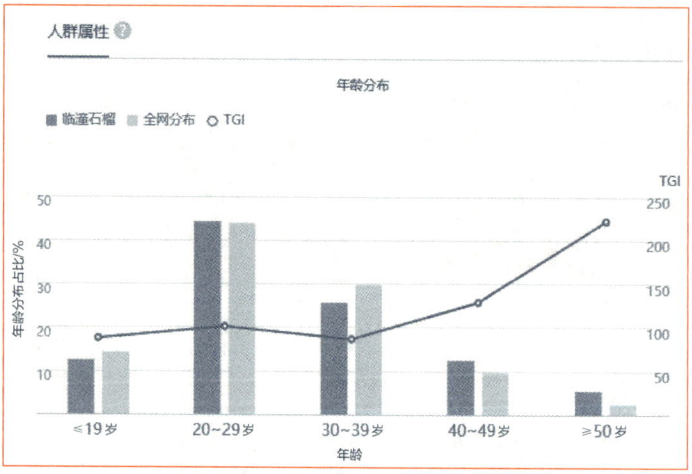

注：TGI(Target Group Index) 指数，是反映目标群体在特定研究范围（如地理区域、人口统计区域、媒体受众、产品消费者）内的强势或弱势的指数。

图 2-34　人群属性

通过采集以上数据，张某对计划上新的临潼石榴有了初步判断。

结合案例，思考并回答以下问题：

（1）通过百度指数采集的行业数据，可以反映出哪些问题？

（2）张某目前采集的数据可辅助进行初步判断，为了使决策更准确，张某还需要采集哪些产品数据？

电子商务平台中最基本的元素是一个个的产品，通过对产品的分析可以有效发掘用户需求，优化店铺产品结构，提升客户黏性、客单价、销售利润等。

一、产品行业数据采集

采集产品行业数据的核心目的是了解该产品的市场需求变化情况，常用的数据采集指标包括产品搜索指数和产品交易指数两项。

1. 产品搜索指数采集

产品搜索指数是用户在搜索相关产品关键词热度的数据化体现，从侧面反应用户对产品的关注度和兴趣度。

以百度指数为例，百度指数是以海量网民的行为数据为基础的数据分享平台。通过某个关键词一段时间内搜索指数的涨跌态势，可以解读相关产品客户关注程度的变化，同时还可以分析关注这些关键词的客户群特征，帮助卖家优化营销方案。图 2-35 为百度指数中近 1 个月内关注关键词“连衣裙”的用户年龄分布和性别分布情况。

视频：百度指数数据采集

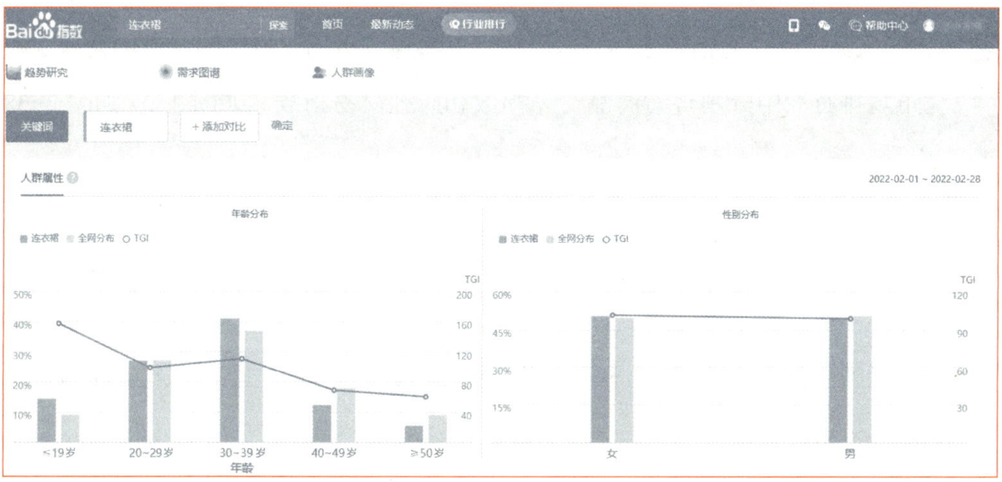

图 2-35　百度指数

通过百度指数搜索产品关键词，即可查看相应产品关键词在该平台的搜索指数数据，如图 2-36 所示。数据采集人员通过选择时间段、地域等指标，采集相应时间段和地域的产品搜索指数。

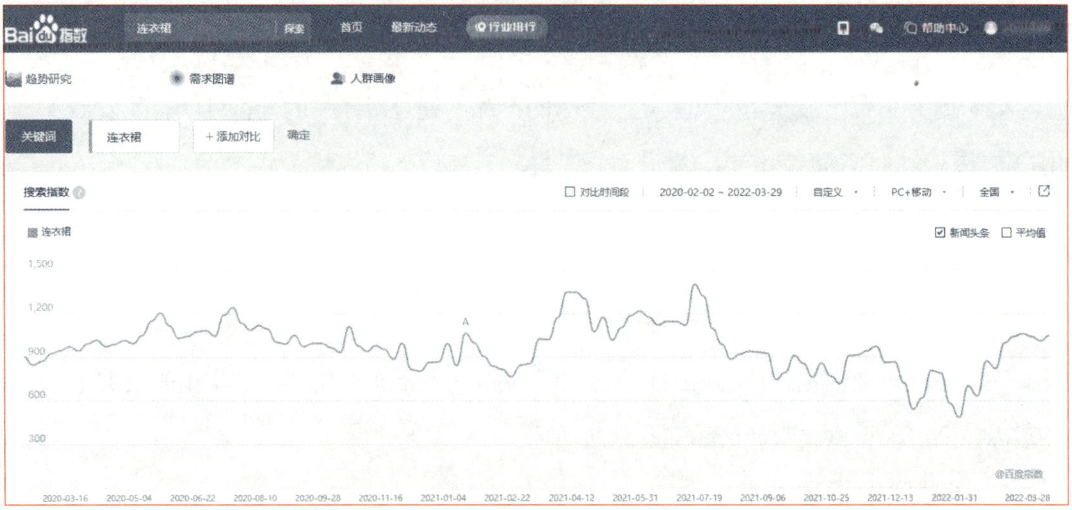

图 2-36　产品关键词百度搜索指数

数据采集人员在产品搜索指数采集的过程中一般需要使用多组关键词进行数据查询和采集，以提高数据的精准度。此外，通过同一产品不同关键词的搜索指数趋势的变化分析用户对于产品需求和喜好的变化。常用的搜索指数工具除百度指数外，还有 360 趋势等，进行多个工具数据获取及比对可以更精准地了解用户需求。

2. 产品交易指数采集

视频：交易指数数据采集

产品交易指数是产品在平台交易热度的体现，是衡量店铺、产品受欢迎程度的一个重要指标，即交易指数越高，该产品越受消费者欢迎。以淘宝平台为例，采集产品交易指数数据，可以在生意参谋“市场”板块的“市场大盘”和“市场排行”中分别查看商品交易指数和店铺交易指数，如图 2-37 和图 2-38 所示。

二、产品能力数据采集

产品能力分为产品获客能力和产品盈利能力两类，产品能力数据采集就是对这两类数据进行采集。

图 2-37　商品交易指数

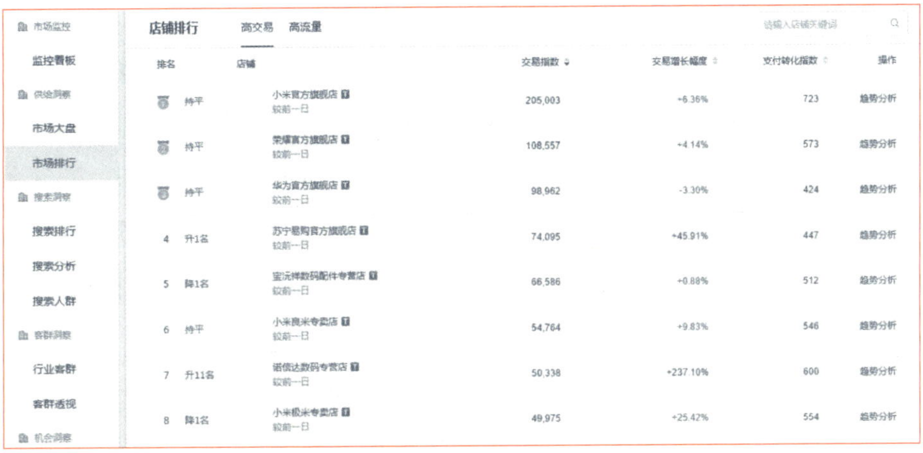

图 2-38　店铺交易指数

1. 产品获客能力数据采集

产品获客能力是对产品对店铺或平台获取新客户的能力的衡量，主要指标包括客户关注量、收藏量、客户注册量、新客点击量和重复购买率等。

该类型的数据一般通过站点后台或第三方工具获得。通常情况下，站点后台或第三方工具会在运营过程中持续，对访客的浏览路径进行跟踪，对产品关注、网站收藏、网站注册等重点行为进行记录，进而生成相应的数据报表，并提供文本或 Excel 表格导出。

以淘宝网店某推广产品所带来的店铺收藏量为例，进入推广平台后台，获取产品推广数据报表（如图 2-39 所示），采集指标选择产品带来的店铺收藏数（如图 2-40

所示），即可获取该数据。

日期	推广计划	商品名称	商品类型	商品id	花费/分	点击率	平均点击	千次展现	商品收藏	店铺收藏	总收藏数	投入产出	直接购物	间接购物	总购物车
2022/7/13	马克杯	创意个性附	商品推广	5.9176E+11	1355	0.47	169.38	791.93	5	1	6	0	1	0	1
2022/7/13	1.22E+09	创意个性玻	商品推广	5.9149E+11	937	0.13	117.13	150.57	8	1	9	0	1	0	1
2022/7/15	马克杯	你的名字屌	商品推广	5.9159E+11	986	0.21	140.86	295.21	1	0	1	0	1	0	1
2022/7/15	hubo123	创意个性附	商品推广	5.9176E+11	2905	0.22	152.89	339.57	1	3	4	0	2	0	2
2022/7/15	马克杯	创意个性附	商品推广	5.9176E+11	5307	0.52	241.23	1253.13	2	0	2	0	2	0	2
2022/7/15	马克杯	创意个性附	商品推广	5.9176E+11	7201	3.51	313.09	10977.13	9	3	3	0	1	0	1

图 2-39 产品推广数据报表

图 2-40 产品带来的店铺收藏数

2. 产品盈利能力数据采集

产品盈利能力是对产品对店铺销售或利润贡献能力的衡量，主要指标包括客单件、毛利率、成本费用利润率等。该类型的数据一般无法直接获取，需要通过公式计算。根据数据采集的步骤，产品盈利能力数据的采集具体分为以下三步：

（1）分析拆解数据采集指标。客单件、毛利率等是产品盈利能力的衡量指标，要得到这些数据，首先需要明确其计算公式，进而得到具体的数据采集指标。

① 客单件，指每位成交客户的平均购买数量。其计算公式为：

$$客单件 = 商品销售数量 \div 订单数$$

通过公式可以确定需要采集的指标有销售数量和订单数。

② 毛利率，指商品毛利润占销售额的百分比。其计算公式为：

$$毛利率 = (销售收入 - 销售成本) \div 销售收入 \times 100\%$$

通过公式进一步分析可得，需要采集的指标包括商品销售收入、商品采购价格、商品物流费用、商品包装费用等数据。

（2）确定数据采集渠道。根据对收集到的采集指标分析可得：一方面，指标数据产生于产品运营过程中，通过站点后台追踪记录或借助第三方采集工具即可获取，如销售额、销售量及订单数等；另一方面，指标数据来源于企业的 ERP 软件、进价表、损益表等，通过下载导出或摘录即可获取，如采购成本、推广费用、物流费用等。

（3）数据采集。通过不同渠道完成指标数据采集、数据清洗后，根据公式计算出结果，得到客单件、毛利率、成本费用利润率等数据，完成产品盈利能力数据采集。

1+X 考证提要

本单元需重点理解与掌握的内容

（1）产品搜索指数是用户在搜索相关产品关键词热度的数据化体现，从侧面反应用户对产品的关注度和兴趣度。通常通过百度指数、360 趋势等途径进行采集。

（2）产品交易指数是产品在平台交易热度的体现，是衡量店铺、产品受欢迎程度的一个重要指标，即交易指数越高，该产品越受消费者欢迎。

（3）产品能力数据总体分为客户关注量、收藏量、客户注册量、新客点击量和重复购买率等产品获客能力数据和客单件、毛利率、成本费用利润率等产品盈利能力数据。

竞赛直达

赛题一：行业数据采集

背景：某零食网店主要经营面包、蛋糕、点心等小零食，近期店铺准备上架一批新品，需提前分析最新的市场情况。

要求：了解整个行业的销售情况和整个市场的增长情况，能更好地指导店铺优化产品。每年的第三季度是零食行业的销售旺季，尤其是 8 月和 9 月，运营人员计划统计 2022 年 9 月零食行业的市场销售情况。请调取源数据 2-1，选择关键的行业数据指标，完成网店行业数据采集（采集店铺所有终端的整体数据）。

赛题二：产品喜好程度数据采集

背景：真新鲜食品网店主要经营鸡腿、鸡胸肉、鸡翅等生肉制品，网店推出了两款新品，经过一段时间的销售，产品逐渐积累了一些销量和评价，现运营部门计划对这两款产品进行付费推广，在推广之前，需要分析这两款产品的销售数据和客户喜好程度。

要求：客户对商品的喜好程度可以通过客户的行为，如收藏、加购和支付来体现，明确商品的销售数据和客户的喜好程度，可以有针对性地制定商品的推广策略。现要完成商品 1 和商品 2 所有终端 2022 年 8 月 17 日—8 月 23 日一周的销售数据和客户喜好程度的数据采集，请结合源数据 2-2，选择包括客户对产品的访问、加购、收藏、支付、转化等方面的 8 个主要指标。

数据赋能

人工智能在网络安全领域中的应用场景

人工智能在各个行业中被广泛应用，且应用场景不相同，并且对很多行业都起到了一定的改善作用。人工智能在网络安全领域的应用场景如下：

1. 网络威胁分析

对于大规模企业，数字化既是巨大的发展机遇，又存在数据外泄和被盗的风险。人工智能的存在可以帮助企业很好地规避风险。不仅如此，人工智能还会监控所有传输的网络流量，分析诊断可疑活动并对风险流量进行分类处理。

2. 恶意软件检测

人工智能会实时分析大量数据，包括事件类型、监控流量来源等，并会在文件被打开前检测到是否有恶意软件的存在。随着技术的进步，木马病毒、僵尸网络、恶意广告、勒索软件等恶意软件层出不穷，但人工智能可以准确识别恶意软件类型，有效保护网络安全。

3. 扩大安全分析的范围

网络安全领域的人工智能最大的优势是及时发现潜在的威胁媒介，不过是否算是真正的威胁，还需要人类最终判断，这也说明人类才是控制、解释和判断威胁的终结者。

4. 基于人工智能的反向攻击

人工智能既能保护网络，也能破坏网络，任何技术的正反两方面的发展趋势都是同步的。因此，企业必须提高机器学习算法，实时更新监控，以识别其他基于机器学习算法发起的攻击。

法治导航

105 款 App 违规收集个人信息被通报

网信办、工信部等部门近年连续开展 App 侵害用户权益专项整治行动，重点整治了如 App 违规收集使用个人信息、欺骗误导用户下载等四方面十大类问题。2021 年 6 月，网信办发布通报，包括“抖音”“快手”在内的 105 款 App 涉及违法违规收集使用个人信息，被责令限期完成整改。

《中华人民共和国个人信息保护法》第十条规定：任何组织、个人不得非法收集、使用、加工、传输他人个人信息，不得非法买卖、提供或者公开他人个人信息；不得从事危害国家安全、公共利益的个人信息处理活动。

《中华人民共和国数据安全法》第三十二条规定：任何组织、个人收集数据，应当采取合法、正当的方式，不得窃取或者以其他非法方式获取数据。

法律、行政法规对收集、使用数据的目的、范围有规定的，应当在法律、行政法规规定的目的和范围内收集、使用数据。

在 2021 年“3·15”晚会上，央视曝光了智能清理大师、内存优化大师等手机垃圾清理类 App，称这些手机 App 会窃取大量手机里的信息，诱导用户下载流氓垃圾软件，推广低俗和诈骗内容等。在被点名后，北京市通信管理局对开发“智能清理大师”的北京胜达讯科技有限公司做出“予以警告，并处 2 万元罚款，向社会公告”的行政处罚；对开发“内存优化大师”的北京慧点共赢科技有限公司做出“予以警告，向社会公告”的行政处罚。

党的二十大报告明确提出：“加强个人信息保护。”根据《中华人民共和国个人信息保护法》第六十六条第一款：违反本法规定处理个人信息，或者处理个人信息未履行本法规定的个人信息保护义务的，由履行个人信息保护职责的部门责令改正，给予警告，没收违法所得，对违法处理个人信息的应用程序，责令暂停或者终止提供服务；拒不改正的，并处一百万元以下罚款；对直接负责的主管人员和其他直接责任人员处一万元以上十万元以下罚款。

国家计算机病毒应急处理中心提醒广大手机用户，首先谨慎下载使用以上违法、违规移动 App，同时要注意认真阅读其用户协议和隐私政策说明，不随意开放和同意不必要的隐私权限，不随意输入个人隐私信息，定期维护和清理相关数据，避免个人隐私信息被泄露。

资料来源：人民网，有改写。

职业技能训练

一、单项选择题

1. 下列不属于推广效果数据指标的是（　　）。

A. 展现量　　B. 点击量　　C. 客户地址　　D. 投入产出比

2. 根据数据采集的需求不同，采集的方法也多种多样。其中，系统日志数据采集是指在网站日志中记录了____、访问时间、访问次数、____、____等数据。通过对这些日志信息进行采集、分析，可以挖掘电子商务企业业务平台日志数据中的潜在价值。（　　）

A. 访客 IP 地址、停留时间、访客来源

B. 访客 IP 地址、离开时间、联系方式

C. 访客注册时间、停留时间、访客来源

D. 访客性别、离开时间、联系方式

3. 数据采集是数据分析人员的必备技能。在数据采集之后，数据检查也是至关重要的一步。以下不属于数据检查内容的是（　　）。

A. 完整性检查　　B. 保密性检查　　C. 规范性检查　　D. 准确性检查

4. 电子商务常见的数据来源渠道主要有内部数据和外部数据，以下属于外部数据的是（　　）。

A. 店铺后台订单系统　　B. 企业 ERP

C. 360 趋势　　D. 独立站的百度统计数据

5. 下列采集行为属于违法行为的是（　　）。

A. 使用生意参谋工具导出自己店铺运营数据

B. 使用百度指数工具获取关键词搜索指数及用户画像数据

C. 在网页中弹出广告或福利链接引导用户进行点击下载等操作，获取用户信息

D. 使用数据采集工具采集其他网站公开数据信息用于数据分析

二、多项选择题

1. 数据采集也叫数据获取，是指通过在平台源程序中预设工具或程序代码，获取____变化、____变化、流量状态变化、用户行为和信息等数据内容的过程，为后续进行数据分析提供数据准备。(　　　　)

   A. 商品状态　　B. 资金状态　　C. 经营状态　　D. 产品生产

2. 在进行电子商务数据采集的过程中，应该遵循的原则有(　　　　)。

   A. 有效性　　B. 及时性　　C. 地域性　　D. 全面性

3. 数据采集的方法有(　　　　)。

   A. 数据库采集　　B. 调查问卷采集　　C. 报表采集　　D. 网页数据采集

4. 下列属于电子商务数据采集工具的是(　　　　)。

   A. 火车采集器　　B. 京东商智　　C. 梨视频　　D. 生意参谋

5. 竞争数据采集主要涉及竞争对手店铺的(　　　　)。

   A. 畅销产品　　B. 商品结构　　C. 员工学历　　D. 商品评价

三、判断题

1. 市场需求数据分析除了可以通过行业调查报告获取外，还可以通过对用户搜索指数的变化趋势分析来把握用户的需求变化和品牌偏好。(　　)

2. 运营数据采集通常包含客户数据采集、推广数据采集、销售数据采集、供应链数据采集、市场需求数据采集等内容，具体采集内容视数据分析的目的而定。(　　)

3. 根据电子商务企业从商品生产到提供给消费者的不同环节，可将供应链数据分为四大类：采购数据、库存数据、物流数据和售后数据。(　　)

4. 产品交易指数是对产品为店铺或平台获取新客户的能力的衡量，主要指标包括客户关注量、收藏量、客户注册量、新客点击量和重复购买率等。(　　)

5. 客户的性别、年龄、地址、品牌偏好、购物时间偏好、位置偏好、商品评价偏好等属于客户的行为数据。(　　)

四、案例分析题

1. 图 2-41 为某天猫店铺的推广数据，其中包含展现量、花费、点击量、平均点击花费、点击率、总成交额、投入产出比、直接成交额、间接成交额、点击转化率等数据，试从分析推广效果的角度分析并制作数据采集表。

图 2-41　某天猫店铺的推广数据

2. 小雨在一家电子商务公司从事网店选品工作，夏季新品上新工作即将开始，公司要求小雨从 T 恤、衬衫、裙子等产品中分别选择几个款式。小雨应采集哪些数据进行选品分析？

模块三

数据分类与处理

学习目标

知识目标

- ◆ 了解数据分类与处理的作用和原则
- ◆ 掌握数据分类统计的常用方法
- ◆ 熟悉数据清洗的内容
- ◆ 了解电子商务数据计算的常用方法

技能目标

- ◆ 能够采用 Excel 分类汇总、数据透视表等方法对数据进行分类统计
- ◆ 能够根据数据处理目标对数据进行清洗、转化及排序
- ◆ 能够使用公式对电子商务运营数据进行计算

素养目标

- ◆ 具备守正创新意识，在数据处理和数据分析中创造性地使用更多便捷方法
- ◆ 培养批判性思维能力，在数据处理和数据分析中学会总结反思
- ◆ 具备遵守《中华人民共和国反不正当竞争法》《网络交易监督管理办法》等相关法律法规及平台规则的职业操守

思维导图

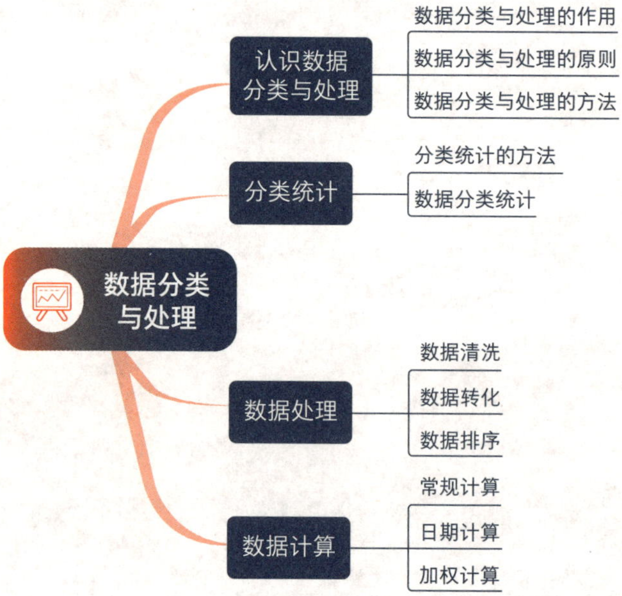

数据分类与处理
认识数据分类与处理
数据分类与处理的作用
数据分类与处理的原则
数据分类与处理的方法
分类统计
分类统计的方法
数据分类统计
数据处理
数据清洗
数据转化
数据排序
数据计算
常规计算
日期计算
加权计算

单元一　认识数据分类与处理

引导案例

随着电子商务逐渐发展成熟，数据已经成为未来商业发展的“利器”，利用数据分类与处理提取有用信息，指导运营决策将会成为商家的必备技能。

某网上眼镜专营店在运营期间，非常注重利用行业数据来挖掘商品的卖点，例如颜色、材质、功能、品牌等。该商家先采集了网上综合排名前 100 名商家的数据，经过数据清洗后，筛选出 5 000 条有效数据进行统计、计算和排序，得到了销量前 5 名的太阳镜的颜色及占比信息，如图 3-1 所示。

	A	B	C	D	E	F	G	H	I	J
1	序号	镜框颜色	销量/个	占比	镜片颜色	销量/个	占比	组合颜色	销量/个	占比
2	1	黑色	1688	33.8%	黑色	2018	40%	黑黑	1320	26.4%
3	2	金色	896	17.9%	灰色	612	12%	黑灰	914	18.3%
4	3	银色	667	13.3%	绿色	241	5%	黑绿	446	8.9%
5	4	枪色	321	6.4%	茶色	240	5%	茶茶	308	6.2%
6	5	茶色	302	6.0%	蓝色	118	2%	枪灰	299	6.0%

图 3-1　销量前 5 名的太阳镜的颜色及占比

结合案例，思考并回答以下问题：

（1）上述案例使用了哪些数据处理方法？

（2）图 3-1 中各销量的占比是如何计算的？

（3）试分析数据处理在数据分析中的作用。

一、数据分类与处理的作用

数据采集完成之后，需要进行一定的加工处理，使大量杂乱无章、难以理解的原始数据变得统一、准确、完整，并根据数据分析目的推导出有价值、适合数据分析的统计结果，这个过程即数据分类与处理。它在整个数据分析中起着承上启下的作用，影响着数据分析的输出价值，是实现数据驱动决策的有效凭证。数据分类与处理的作用主要表现在以下三个方面：

1. 集中、系统地反映客观实际

在电子商务运营过程中，行为与反馈均可通过数据量化。通过数据分类与处理，可以更加清晰地了解当前状况，更加有效地监控运营过程和目标。

2. 确保数据的内容完善和格式统一

更高质量的数据意味着更精准有效的决策。在进行数据分析之前，对收集到的数据进行清洗、加工、关联和聚合，一方面可以确保数据的内容完整、准确、有效，另一方面可以将数据格式化，使其形成适合数据分析的类型或样式。

3. 发现规律，实现深度挖掘

数据本身是杂乱而无意义的，只有通过分类与处理，才能呈现出一定的规律性，挖掘出行为背后潜在的巨大价值。数据分类与处理的维度越多，展示给数据分析的范围就越广，提取到的有用信息就越丰富。

二、数据分类与处理的原则

数据分类与处理的原则主要包括以下五个：

1. 客观性原则

客观性原则就是坚持用数据说话，数据分类与处理的结果应准确、可靠且客观，应能如实反映企业运营现状。

2. 完整性原则

数据分类与处理不是单个数据的整理活动，而是具有相当体量、相互关联、需要进行引用的数据库集成，这一阶段越完整，下一步的数据分析就越全面深入。同时，完整性原则还体现在对数据表中字段属性的约束，包括字段的值域、字段的类型和字段的有效规则等。

3. 针对性原则

无论是数据分类还是数据处理，都有适用的方法和技巧。针对性原则要求紧贴电子商务数据处理方案的要求，依据数据加工的目标，针对不同类型数据的复杂程度和难易程度，选择合适的方法，使结果符合实际需求。

4. 严谨性原则

数据分类与处理是整个数据分析过程中最占时间和精力的环节，同时，由于数据的庞大、烦琐而让这一过程显得枯燥乏味，出错的概率较大。“千里之堤，溃于蚁穴”，数据处理中一个数据能影响一个结果，一个结果能影响一个决策，而一个错误的决策对于企业来说是非常致命的。因此，数据分类与处理应谨慎、细心、敏锐，时刻保持严谨的态度。

5. 便捷性原则

数据分类与处理的结果应便于观察、对比、分析，能简单快速调用，易于发现规律。

三、数据分类与处理的方法

常用的数据分类与处理的方法如下：

（1）分类统计。分类统计是根据统计目的将采集到的原始数据分门别类地进行统计归类。

（2）数据清洗。数据清洗包括缺失值清洗、格式内容清洗、逻辑错误清洗、重复数据清洗、无价值数据清洗。

（3）数据转化。数据转化是数据处理的前期准备，包括数据表的行列互换、文本数据提炼、数据类型的转化等。

（4）数据排序。数据排序是按照一定的规则对数据排列。

（5）数据计算。数据计算是对数据表中的数据有目的地进行加、减、乘、除等计算。

1+X 考证提要

本单元需重点理解与掌握的内容

（1）数据分类与处理的作用主要表现为：集中、系统地反映客观实际；确保数据的内容完善和格式统一；发现规律，实现深度挖掘。

（2）数据分类与处理的原则包括：客观性原则、完整性原则、针对性原则、严谨性原则、便捷性原则。

（3）常用的数据分类与处理的方法包括：分类统计、数据清洗、数据转化、数据排序、数据计算等。

单元二　分类统计

引导案例

某女装网店主打原创元素，吸引了一大批忠实粉丝。该网店固定每周一次上新，商品分为预售与现货，预售用于试探市场风向，现货强推爆款。2022 年 7 月 1 日，该网店准时上新两款预售商品和四款现货商品，一周后从后台导出销售数据，并利用 Excel 分类汇总对其进行了销售额的统计处理，各类商品的销售额一目了然，如图 3-2 所示。

	E	F	K
1	商品标题	销售方式	买家实际支付金额/元
5	2022新品春夏婚礼无袖高腰显瘦白色连衣裙女 汇总		427
16	春秋长袖开衫灯笼袖薄款毛衣针织衫女秋宽松外套 汇总		1352
27	文艺复古优雅气质款刺绣连衣裙2022春秋新款 汇总		2206
37	双面羊绒大衣女秋冬韩版中长款绿色羊驼毛呢外套 汇总		3042
38		现货 汇总	7027
166	火热预售浅蓝白条纹衬衫女2022新款外穿V领宽松衬衣 汇总		8832
202	预售优雅提花连衣裙翻领镶钻时尚女2022早秋新款裙子 汇总		5285
203		预售 汇总	14117
204		总计	21144

图 3-2　商品销售额的分类汇总

结合案例，思考并回答以下问题：

（1）图 3-2 中的数据是按照什么字段进行分类汇总的？

（2）通过统计处理的结果可以得出哪些结论？

（3）在 Excel 中，除了分类汇总还有哪些分类统计的方法？

一、分类统计的方法

通常情况下，分类统计的对象会根据数据的来源分为市场数据、运营数据和产品数据，但无论哪种类型的数据，其分类统计的方法都是相同的。在 Excel 中，分类统计的方法包括分类汇总、合并计算、函数和数据透视表等。

（一）分类汇总

“分类汇总”是对特定类别下的特定信息进行汇总，其步骤是先分类，后汇总，因此汇总前必须先对汇总的数据进行排序。排序完成后，在“数据”选项卡下的“分级显示”功能组中单击“分类汇总”按钮，打开“分类汇总”对话框，选择“分类字段”“汇总方式”和“选定汇总项”，如图 3-3 所示。

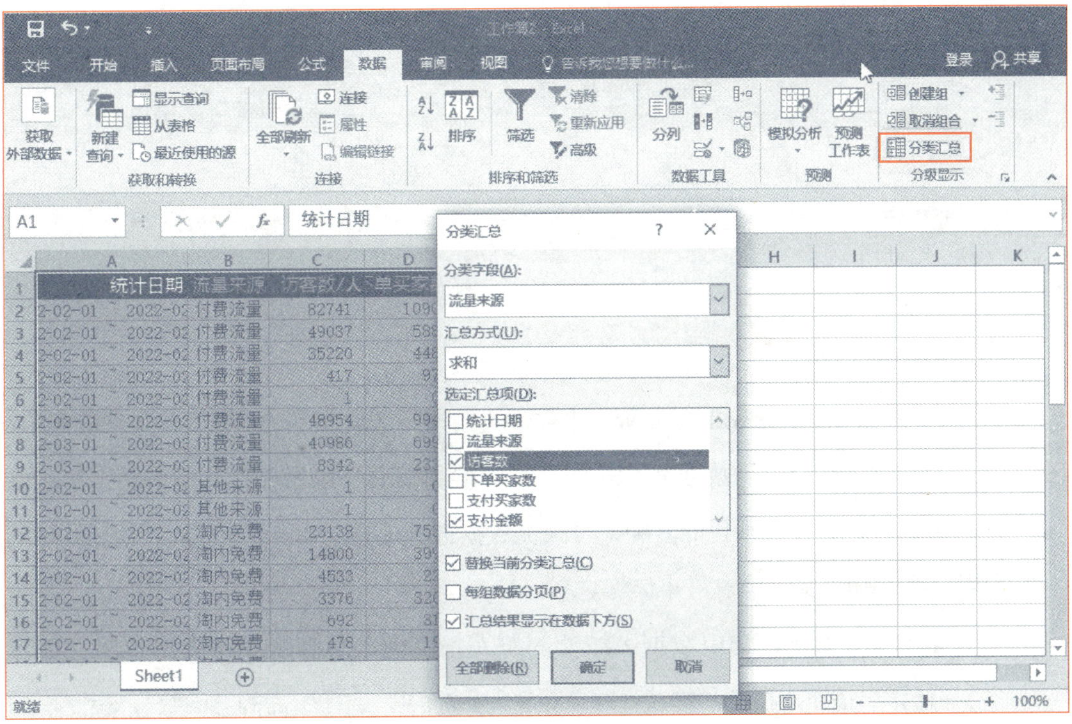

图 3-3 “分类汇总”对话框

分类汇总后的结果如图 3-4 所示，左侧分级显示列表，单击即可显示或隐藏数据明细。

行号	统计日期	流量来源	访客数/人	下单买家数/人	支付买家数/人	支付金额/元
10		付费流量 汇总	265698			94476.37
13		其他来源 汇总	2			0.00
36		淘内免费 汇总	75991			88288.85
39		淘外网站 汇总	4			0.00
44		自主访问 汇总	18579			120959.61
45		总计	360274			303724.83

图 3-4 分类汇总结果

视频：嵌套分类汇总

此外，当需要对多个字段同时进行分类汇总，以达到用不同条件对数据进行汇总的目的时，可以选择使用嵌套分类汇总，即在一个已经进行了分类汇总的工作表中继续创建其他分类汇总，如图 3–5 所示。

行号	统计日期	流量来源	访客数/人	下单买家数/人	支付买家数/人	支付金额/元
7		付费流量 汇总	167416	2223	1969	47650.50
10		其他来源 汇总	2	0	0	0.00
31		淘内免费 汇总	48273	1721	1558	48358.86
34		淘外网站 汇总	4	0	0	0.00
39		自主访问 汇总	18579	3642	3376	120959.61
40	2022-02-01 — 2022-02-28 汇总		234274	7586	6903	216968.97
44		付费流量 汇总	98282	1926	1789	46825.87
47		淘内免费 汇总	27718	1192	1127	39929.99
48	2022-03-01 — 2022-03-31 汇总		126000	3118	2916	86755.86
49	总计		360274	10704	9819	303724.83

图 3–5 嵌套分类汇总

（二）合并计算

“合并计算”在 Excel 2016 版本中位于“数据”选项卡下“数据工具”功能组中，其功能是对多个分散的数据进行汇总计算。“合并计算”能够帮助用户将特定单元格区域中的数据，按照项目的匹配，对同类数据进行汇总。数据汇总的方式包括求和、计数、平均值、最大值、最小值等。

如图 3–6 所示，选中数据区域外的单元格，为汇总结果指定存放位置，单击“合并计算”按钮，在打开的“合并计算”对话框中，选择所需的“函数”，指定引用位置，单击“添加”按钮，多个表格合并计算时需要多次添加，然后在标签位置对“首行”和“最左列”打钩，以便显示标签行和标签列。单击“确定”按钮，完成数据的合并计算，结果如图 3–7 所示。

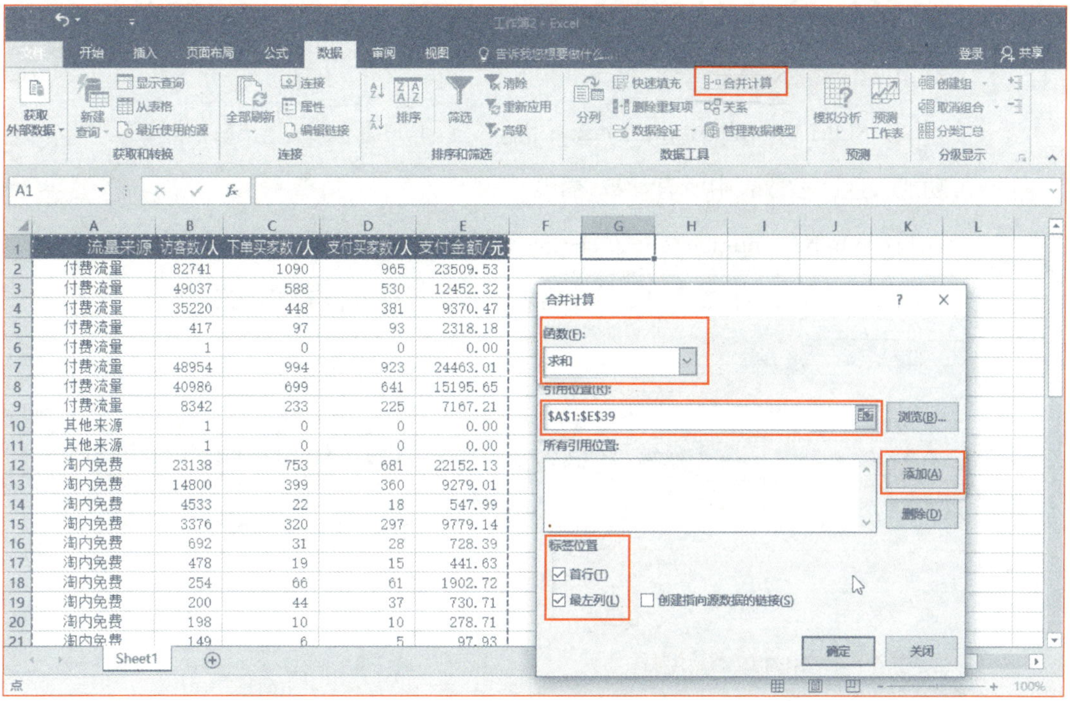

图 3-6 “合并计算”对话框

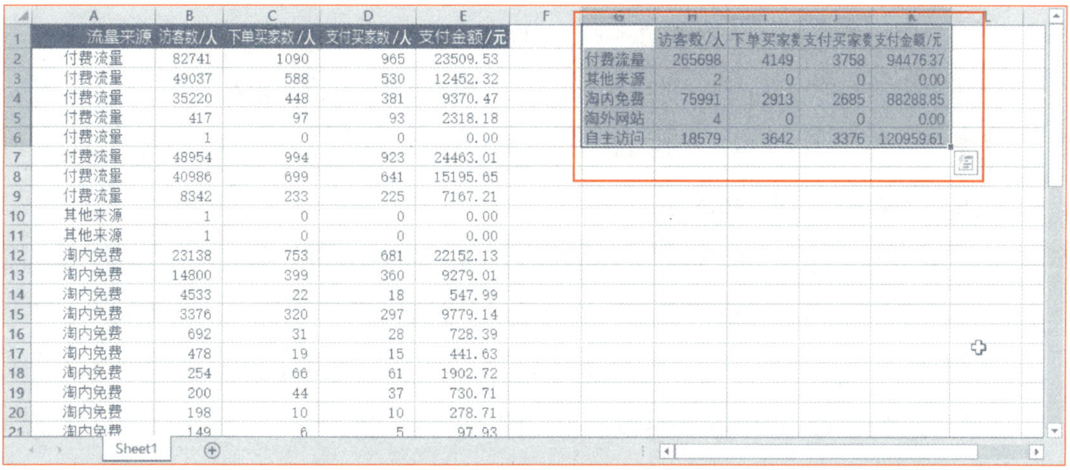

图 3-7 “合并计算”结果

（三）函数

函数是 Excel 预先定义好的特殊公式，在执行数据统计、数据计算、数据分析等任务中功能强大。函数通常是由函数名称、左括号、参数、半角逗号和右括号构成。一个函数只有唯一的名称且不区分大小写，它决定了函数的功能和用途。数据统计中常用以下函数：

1. 求和函数 SUM

语法：SUM（number1, number2, …）。

功能：返回参数表中所有参数之和。

说明：number1, number2…是 1～255 个需要求和的参数。

如图 3-8 所示，对 E2 和 F2 单元格求和，结果存放在 I2 单元格中。

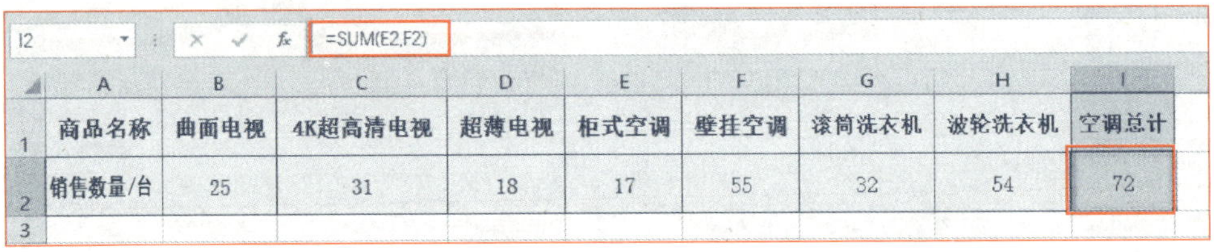
I2 =SUM(E2,F2)

	A	B	C	D	E	F	G	H	I
1	商品名称	曲面电视	4K超高清电视	超薄电视	柜式空调	壁挂空调	滚筒洗衣机	波轮洗衣机	空调总计
2	销售数量/台	25	31	18	17	55	32	54	72
3									

图 3-8　SUM 函数

2. 条件求和函数 SUMIF

语法：SUMIF（range, criteria, sum_range）。

功能：根据指定条件对若干单元格求和。

说明：参数 range 用于条件判断的单元格区域，即求和的原始区域；参数 criteria 是进行累加的单元格应满足的条件，用于筛选哪些单元格满足求和条件，其形式可以为数字、表达式或文本；参数 sum_range 指求和的实际单元格，如果省略该参数，则直接对 range 中的单元格求和。

如图 3-9 所示，B2: B21 单元格区域中的内容为“电视”“冰箱”“空调”和“洗衣机”等商品，C2: C21 单元格区域则是每日商品的销售数量，在 F2 单元格中输入函数 SUMIF(B2: B21 ," 电视 ",C2: C21)，则表示计算 B2: B21 单元区域中内容为“电视”的对应于 C2: C21 单元格区域中的销售数量总和。

3. 算数平均值函数 AVERAGE

语法：AVERAGE（number1, number2, …）。

功能：求其参数的算数平均值。

说明：number1, number2…是 1～255 个需要求平均值的参数。

如图 3-10 所示，对 B2: G2 单元格区域中的数值求平均值，结果存放在 H2 单元格中。

F2 | =SUMIF(B2:B21,"电视",C2:C21)

	A	B	C	D	E	F	G	H	I
1	日期	商品	销售数量/台		商品合计	电视	冰箱	空调	洗衣机
2	2022/8/1	电视	14		销售数量/台	60	59	63	72
3	2022/8/1	冰箱	13						
4	2022/8/1	空调	15						
5	2022/8/1	洗衣机	10						
6	2022/8/2	电视	13						
7	2022/8/2	冰箱	10						
8	2022/8/2	空调	15						
9	2022/8/2	洗衣机	16						
10	2022/8/3	电视	13						
11	2022/8/3	冰箱	10						
12	2022/8/3	空调	7						
13	2022/8/3	洗衣机	17						
14	2022/8/4	电视	14						
15	2022/8/4	冰箱	13						
16	2022/8/4	空调	12						
17	2022/8/4	洗衣机	15						
18	2022/8/5	电视	6						
19	2022/8/5	冰箱	13						
20	2022/8/5	空调	14						
21	2022/8/5	洗衣机	14						
22									

图 3-9　SUMIF 函数

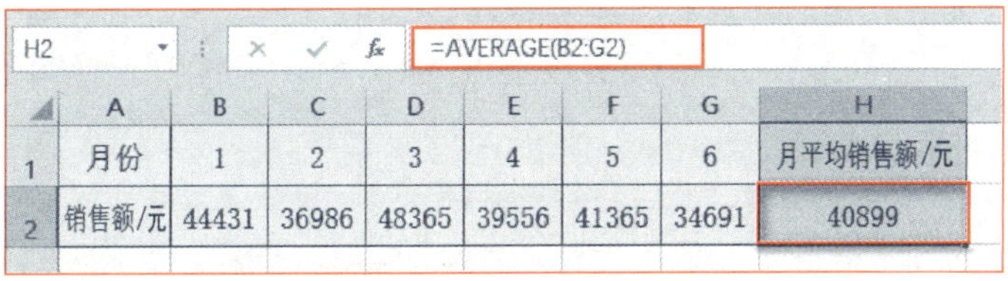

H2 | =AVERAGE(B2:G2)

	A	B	C	D	E	F	G	H
1	月份	1	2	3	4	5	6	月平均销售额/元
2	销售额/元	44431	36986	48365	39556	41365	34691	40899

图 3-10　AVERAGE 函数

4. 计数函数 COUNT

语法：COUNT（value1, value2…）。

功能：计算参数中包含数字的单元格的个数。

说明：value1, value2…是 1～255 个参数，可以包含或引用各种不同类型的数据，但只对数字型数据进行计数。

如图 3-11 所示，统计 E2: E17 单元格区域中的数字项的个数，结果存放在 E19 单元格中。

5. 条件计数函数 COUNTIF

语法：COUNTIF（range, criteria）。

功能：计算某个区域中满足给定条件的单元格数目。

说明：参数 range 是要计算其中非空单元格数目的区域；参数 criteria 是进行计数的单元格应满足的条件，其形式可以为数字、表达式或文本。

E19 =COUNT(E2:E17)

	A	B	C	D	E
1	订单编号	买家会员名	购买数量/台	总金额/元	买家实际付款金额/元
2	171243842174096821	贝贝	1	221.74	221.74
3	169834882682982136	龙林lin	1	10.88	10.88
4	169101441439412612	t_0714	2	110.88	110.88
5	169444163877166929	静静sky	1	815	订单异常
6	148114196301712191	ching1111	1	38.64	38.64
7	168649661443777127	快到山里来mz000	1	20	20
8	168611201319161331	nishuyuwoi	2	113.8	113.8
9	110848877612110009	tb锐锐45377452	1	11.88	11.88
10	168410722761016672	米兰888892	1	12.8	12.8
11	148407239807992897	tbyu_1508318994	1	118	118
12	168230082704448642	看浮华落尽y	2	56.68	56.68
13	167689312847446082	小白狐	2	88.1	88.1
14	167617281727168379	洋and可心	2	54.08	54.08
15	166870624001002910	小huang	3	183.6	183.6
16	166418048061798212	我爱星星04201	1	12.8	12.8
17	166189376848186430	ying2030503	1	60.75	60.75
18					
19	买家完成付款的订单数				15

图 3-11　COUNT 函数

如图 3-12 所示，统计 E2: E17 单元格区域中的数值大于 100 的个数，结果存放在 E19 单元格中。

E19 =COUNTIF(E2:E17,">100")

	A	B	C	D	E
1	订单编号	买家会员名	购买数量/台	总金额/元	买家实际付款金额/元
2	171243842174096821	贝贝	1	221.74	221.74
3	169834882682982136	龙林lin	1	10.88	10.88
4	169101441439412612	t_0714	2	110.88	110.88
5	169444163877166929	静静sky	1	815	订单异常
6	148114196301712191	ching1111	1	38.64	38.64
7	168649661443777127	快到山里来mz000	1	20	20
8	168611201319161331	nishuyuwoi	2	113.8	113.8
9	110848877612110009	tb锐锐45377452	1	11.88	11.88
10	168410722761016672	米兰888892	1	12.8	12.8
11	148407239807992897	tbyu_1508318994	1	118	118
12	168230082704448642	看浮华落尽y	2	56.68	56.68
13	167689312847446082	小白狐	2	88.1	88.1
14	167617281727168379	洋and可心	2	54.08	54.08
15	166870624001002910	小huang	3	183.6	183.6
16	166418048061798212	我爱星星04201	1	12.8	12.8
17	166189376848186430	ying2030503	1	60.75	60.75
18					
19	买家完成付款且金额大于100的订单数				5

图 3-12　COUNTIF 函数

6. 最大值 MAX/ 最小值 MIN 函数

语法：MAX（number1, number2, …）。

MIN（number1, number2, …）。

功能：返回一组数值中的最大值 / 最小值。

说明：number1, number2…是准备从中求取最大值 / 最小值的 1~255 个数值、空单元格、逻辑值或文本数值。

如图 3-13 所示，提取 E2: E17 单元格区域中的最大数值放置在 E19 单元格中，最小数值放置在 E20 单元格中。

E19 =MAX(E2:E17)

	A	B	C	D	E
1	订单编号	买家会员名	购买数量 /台	总金额/元	买家实际付款金额/元
2	171243842174096821	贝贝	1	221.74	221.74
3	169834882682982136	龙林lin	1	10.88	10.88
4	169101441439412612	t_0714	2	110.88	110.88
5	169444163877166929	静静sky	1	815	订单异常
6	148114196301712191	ching1111	1	38.64	38.64
7	168649661443777127	快到山里来mz000	1	20	20
8	168611201319161331	nishuyuwoi	2	113.8	113.8
9	110848877612110009	tb锐锐45377452	1	11.88	11.88
10	168410722761016672	米兰888892	1	12.8	12.8
11	148407239807992897	tbyu_1508318994	1	118	118
12	168230082704448642	看浮华落尽y	2	56.68	56.68
13	167689312847446082	小白狐	2	88.1	88.1
14	167617281727168379	洋and可心	2	54.08	54.08
15	166870624001002910	小huang	3	183.6	183.6
16	166418048061798212	我爱星星04201	1	12.8	12.8
17	166189376848186430	ying2030503	1	60.75	60.75
18					
19				付款金额最多	221.74
20				付款金额最少	10.88

图 3-13　MAX / MIN 函数

（四）数据透视表

数据透视表是一种交互式的表，是计算、汇总和分析数据的强大工具。它不但可以进行数据计算，还可以动态地改变版面布置，组合任意字段，而且在每一次改变版面布置时，都会立即按照新的布置重新计算数据。

创建数据透视表的步骤如下：

步骤 1，选中数据源，在“插入”选项卡下的“表格”功能组中单击“数据透视表”按钮，弹出“创建数据透视表”对话框，选择要分析的数据和放置数据透视表的位置，如图 3-14 所示。

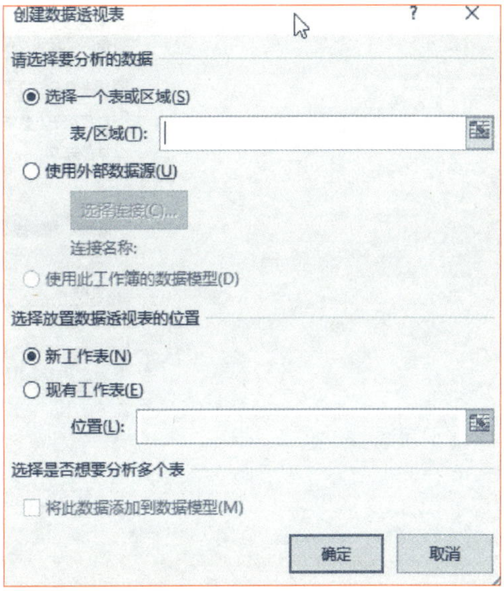

图 3-14　创建数据透视表

步骤 2，单击“确定”后，Excel 自动创建一个空白的数据透视表框架，同时在其右侧展开“数据透视表字段”窗格。将需要汇总的字段拖动至相应的“筛选器”“行”“列”“值”区域，生成报表，如图 3–15 所示。

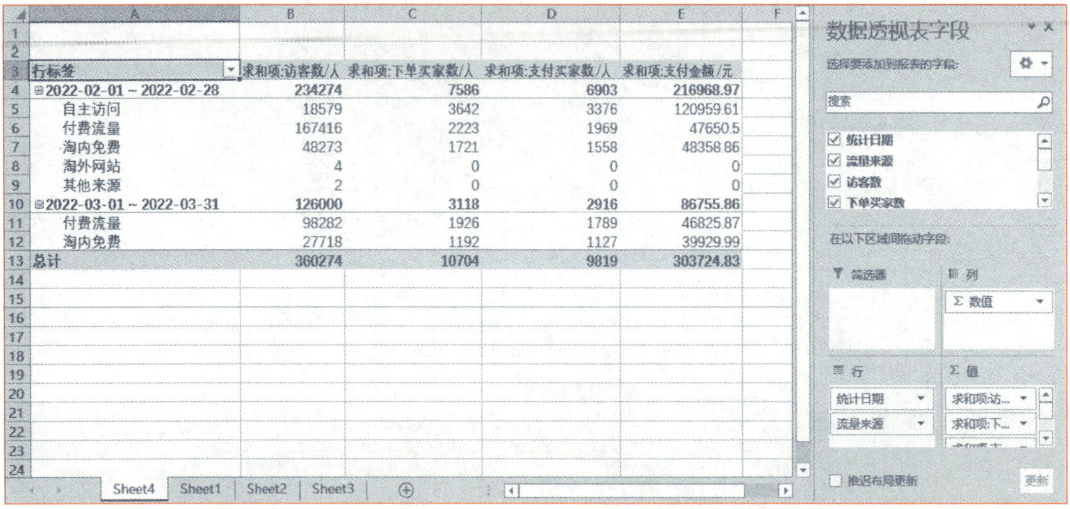

图 3–15　设置数据透视表字段

步骤 3，单击数值汇总区域中需要调整的字段，选择“值字段设置”命令，根据需求修改汇总方式，如图 3–16 所示。

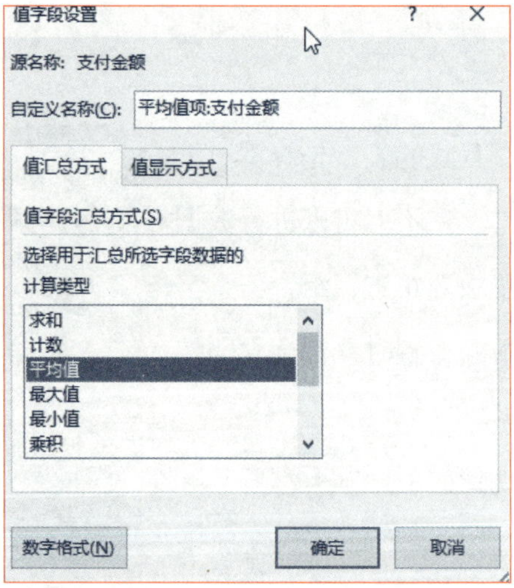

图 3–16　值字段设置

二、数据分类统计

为了获得搜索量和访问量，电子商务网站在运营过程中需要不断进行推广，若合理利用据此产生的推广数据，则能更精准地制定推广方案。例如，选择哪些推广渠道、付费流量应投入多少、免费流量中哪些渠道要重点推广等。

视频：数据分类统计

案例

图 3-17 是某电商平台商家近半年推广所产生的数据，下面将使用数据透视表对各流量来源的具体数据进行分类统计。

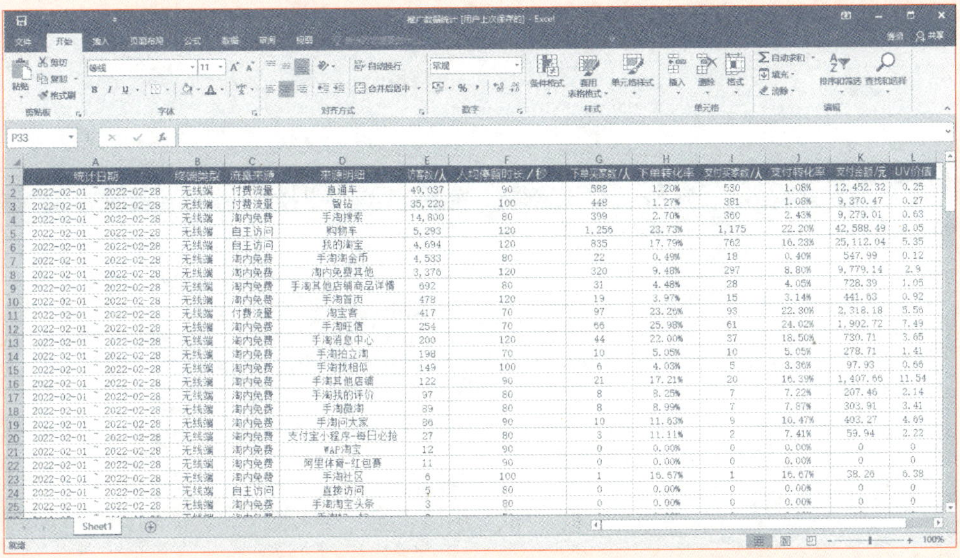

统计日期	终端类型	流量来源	来源明细	访客数/人	人均停留时长/秒	下单买家数/人	下单转化率	支付买家数/人	支付转化率	支付金额/元	UV价值
2022-02-01 ~ 2022-02-28	无线端	付费流量	直通车	49,037	90	588	1.20%	530	1.08%	12,452.32	0.25
2022-02-01 ~ 2022-02-28	无线端	付费流量	智钻	35,220	100	448	1.27%	381	1.08%	9,370.47	0.27
2022-02-01 ~ 2022-02-28	无线端	淘内免费	手淘搜索	14,800	80	399	2.70%	360	2.43%	9,279.01	0.63
2022-02-01 ~ 2022-02-28	无线端	自主访问	购物车	5,293	120	1,256	23.73%	1,175	22.20%	42,588.49	8.05
2022-02-01 ~ 2022-02-28	无线端	自主访问	我的淘宝	4,694	120	835	17.79%	762	16.23%	25,112.04	5.35
2022-02-01 ~ 2022-02-28	无线端	淘内免费	手淘淘金币	4,533	80	22	0.49%	18	0.40%	547.99	0.12
2022-02-01 ~ 2022-02-28	无线端	淘内免费	淘内免费其他	3,376	120	320	9.48%	297	8.80%	9,779.14	2.9
2022-02-01 ~ 2022-02-28	无线端	淘内免费	手淘其他店铺商品详情	692	80	31	4.48%	28	4.05%	728.39	1.05
2022-02-01 ~ 2022-02-28	无线端	淘内免费	手淘首页	478	120	19	3.97%	15	3.14%	441.63	0.92
2022-02-01 ~ 2022-02-28	无线端	付费流量	淘宝客	417	70	97	23.26%	93	22.30%	2,318.18	5.56
2022-02-01 ~ 2022-02-28	无线端	淘内免费	手淘旺信	254	70	66	25.98%	61	24.02%	1,902.72	7.49
2022-02-01 ~ 2022-02-28	无线端	淘内免费	手淘消息中心	200	120	44	22.00%	37	18.50%	730.71	3.65
2022-02-01 ~ 2022-02-28	无线端	淘内免费	手淘拍立淘	198	70	10	5.05%	10	5.05%	278.71	1.41
2022-02-01 ~ 2022-02-28	无线端	淘内免费	手淘找相似	149	100	6	4.03%	5	3.36%	97.93	0.66
2022-02-01 ~ 2022-02-28	无线端	淘内免费	手淘其他店铺	122	90	21	17.21%	20	16.39%	1,407.66	11.54
2022-02-01 ~ 2022-02-28	无线端	淘内免费	手淘我的评价	97	80	8	8.25%	7	7.22%	207.46	2.14
2022-02-01 ~ 2022-02-28	无线端	淘内免费	手淘微淘	89	80	8	8.99%	7	7.87%	303.91	3.41
2022-02-01 ~ 2022-02-28	无线端	淘内免费	手淘问大家	86	90	10	11.63%	9	10.47%	403.27	4.69
2022-02-01 ~ 2022-02-28	无线端	淘内免费	支付宝小程序-每日必抢	27	80	3	11.11%	2	7.41%	59.94	2.22
2022-02-01 ~ 2022-02-28	无线端	淘内免费	WAP淘宝	12	90	0	0.00%	0	0.00%	0	0
2022-02-01 ~ 2022-02-28	无线端	淘内免费	阿里体育-红包赛	11	90	0	0.00%	0	0.00%	0	0
2022-02-01 ~ 2022-02-28	无线端	淘内免费	手淘社区	6	100	1	16.67%	1	16.67%	38.28	6.38
2022-02-01 ~ 2022-02-28	无线端	自主访问	直接访问	5	80	0	0.00%	0	0.00%	0	0
2022-02-01 ~ 2022-02-28	无线端	淘内免费	手淘淘宝头条	3	80	0	0.00%	0	0.00%	0	0

图 3-17　某电商平台商家 2022 年 2—7 月的推广数据（部分）

步骤 1，选择数据源与要存放的位置。

打开“创建数据透视表”对话框，正确选中数据区域，然后勾选“新工作表”，若选择的是“现有工作表”，则需要在当前工作表中为其指定放置位置，如图 3-18 所示。

步骤 2，生成报表。

在生成的空白数据透视表框架中，将“统计日期”字段拖动至“筛选器”，将“流量来源”“来源明细”字段拖动至“行”区域，将“访客数”“下单买家数”“支付买家数”“支付金额”“人均停留时长”字段拖动至“值”区域，报表随之同步生成，如图 3-19 所示。

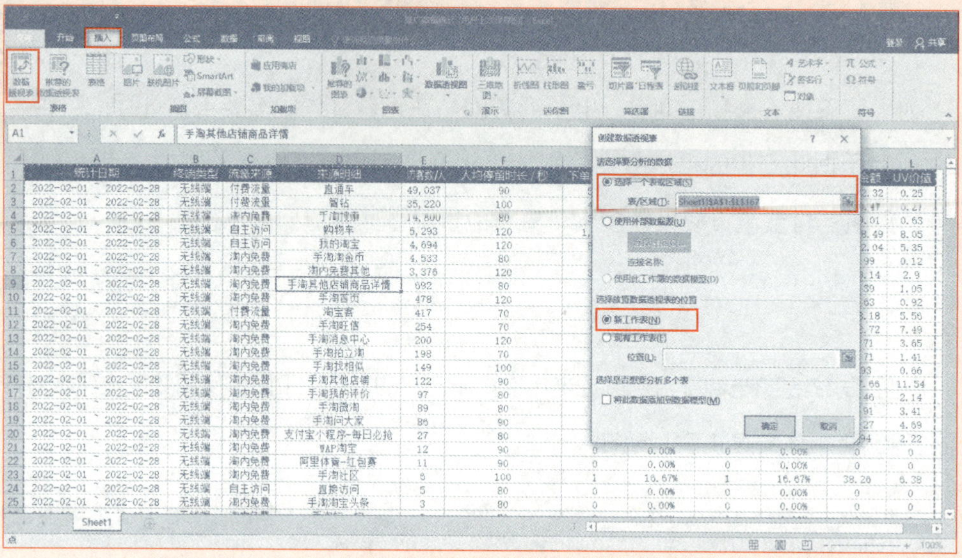

图 3-18　选择数据源

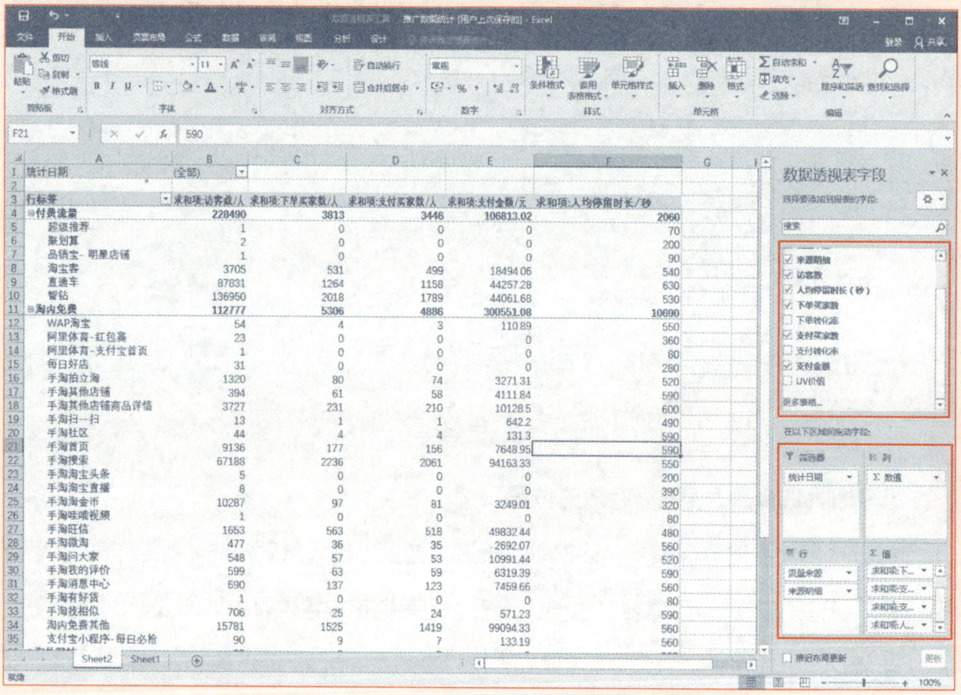

图 3-19　添加字段

步骤 3，值字段设置。

检查各字段的汇总方式，需要将“人均停留时长”的“求和”统计修改为“平均值”

统计。在“值”区域内，单击“求和：人均停留时长”的下拉三角按钮，选择“值字段设置”，打开对话框，将计算类型修改为“平均值”，单击“确定”完成，报表随之更新，如图 3-20 和图 3-21 所示。

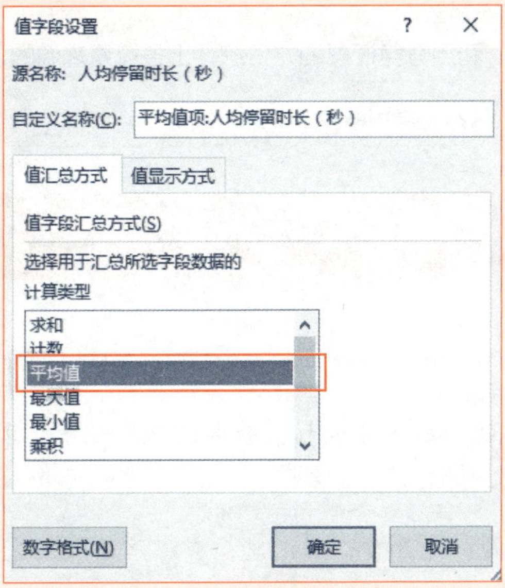

图 3-20 “人均停留时长”值字段

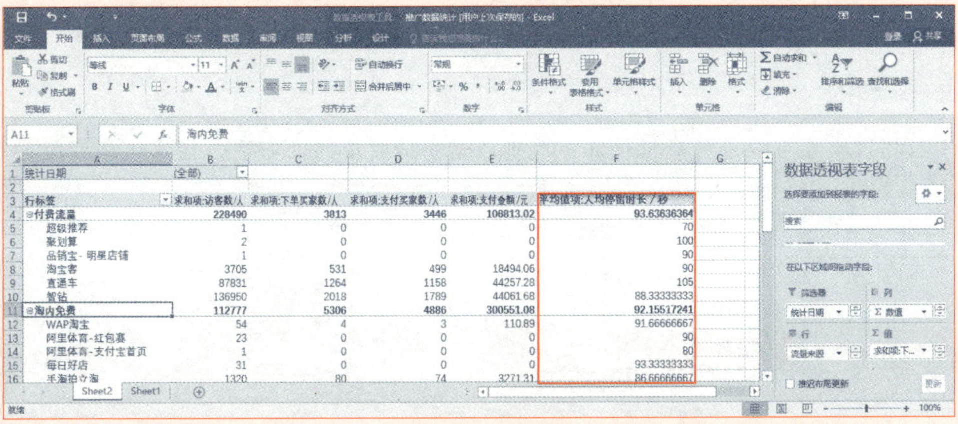

图 3-21 数据更新

至此，数据透视表创建完成，该商家通过不同渠道推广所产生的效果通过数据统计一目了然地展示出来了。

想一想

上述案例中，可以把“流量来源”“来源明细”放置在列字段吗？为什么?

实训专区 3-1

调取源数据 3-1，利用分类汇总的方法统计出各流量来源的访客数、下单买家数、支付买家数、支付金额及人均停留时长。

1+X 考证提要

本单元需重点理解与掌握的内容

（1）在 Excel 中，分类统计的方法包括：分类汇总、合并计算、函数和数据透视表等。

（2）分类汇总的步骤是：先分类，后汇总，在汇总前必须先对汇总的数据进行排序。

（3）数据统计中常用的函数包括：求和函数 SUM、条件求和函数 SUMIF、算数平均值函数 AVERAGE、计数函数 COUNT、条件计数函数 COUNTIF、最大值 MAX/ 最小值 MIN 函数等。

（4）数据透视表可以进行数据计算，也可以动态地改变版面布置，任意组合字段。

单元三　数据处理

引导案例

某电器官方旗舰店于 2022 年 8 月份参加了一期聚划算活动，因折扣力度大，推广效果较好。活动结束后，该企业将后台销售数据导出，交给数据分析部门，进行此次活动的效果追踪评价。数据分析师拿到数据经过整理后，发现该源数据存在如图

3-22 所示的质量问题。

分类	举例
格式不统一	日期格式多样，如20220801、2022-08-10
数据类型错误	数据不便于观察和计算，如访客数1.55E+05
内容有误	数据未分列，如商品名与销售数量位于一列“空调3338”
数据缺失	如指定快递列中有空格
数据错误	如订单创建日期中出现#DIV/0错误符

图 3-22　源数据存在的质量问题

为了保证数据分析结果的准确性，数据分析师先对该源数据进行了处理，修正了错误数据，统一了日期格式，处理了缺失内容，又将混杂在一起的数据分开，为之后的数据计算和数据分析做好了准备。

结合案例，思考并回答以下问题：

（1）在图 3-22 中，处理完成后的数据是怎样的？

（2）在电商运营中，除了案例中存在的数据质量问题，还需要进行哪些问题的数据处理？

一、数据清洗

数据清洗是指将数据表中多余、重复的数据筛选出来并删除，将缺失、不完整的数据补充完整，将内容、格式错误的数据纠正或剔除的操作行为。数据清洗是对数据进行重新审查和校验的过程，目的在于提升数据的质量，确保数据的准确性、完整性和一致性。

视频：数据清洗

数据清洗的主要包括以下内容：

（一）缺失值清洗

数据缺失是数据表中经常出现的问题，是指数据某个或某些属性的值是不完整的。缺失值产生的原因多种多样，主要包括三种：第一种是有些信息无法获取，如在收集顾客婚姻状况和工作信息时，未婚人士的配偶、未成年儿童的工作单位等都是无法获取的信息；第二种是人为原因导致的某些信息被遗漏或删除；第三种是数据收集

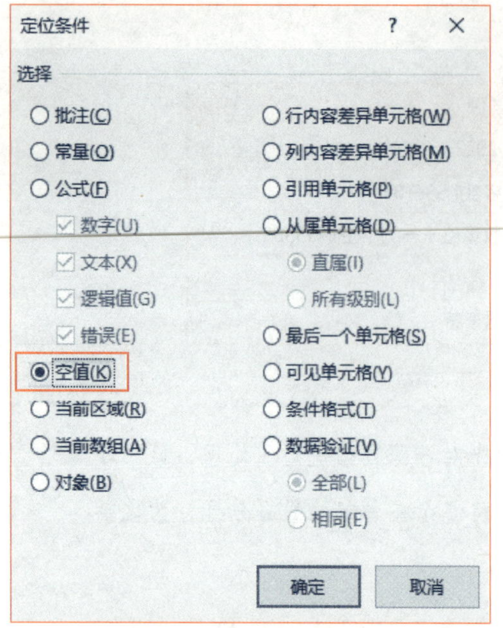

图 3-23　选择“定位条件”

或者保存失败造成数据缺失，如数据存储失败、存储器损坏、机械故障等。

在数据表里，缺失值常见的表现形式是空值或错误标识符。

1. 空值清洗

步骤 1，打开原始数据表格，选中数据区域，在“开始”选项卡下的“编辑”功能组中单击“查找和选择”按钮，单击“定位条件”命令，在弹出的“定位条件”对话框中选中“空值”，单击“确定”后，所有的空值即被一次性选中，如图 3-23 和图 3-24 所示。

步骤 2，定位到空白值后，可以选择“数据补齐”“删除记录”或者“不处理”。如需数据补齐，则直接输入需要补充的内容，按“Ctrl+Enter”组合键，进行批量填充，如图 3-25 所示。

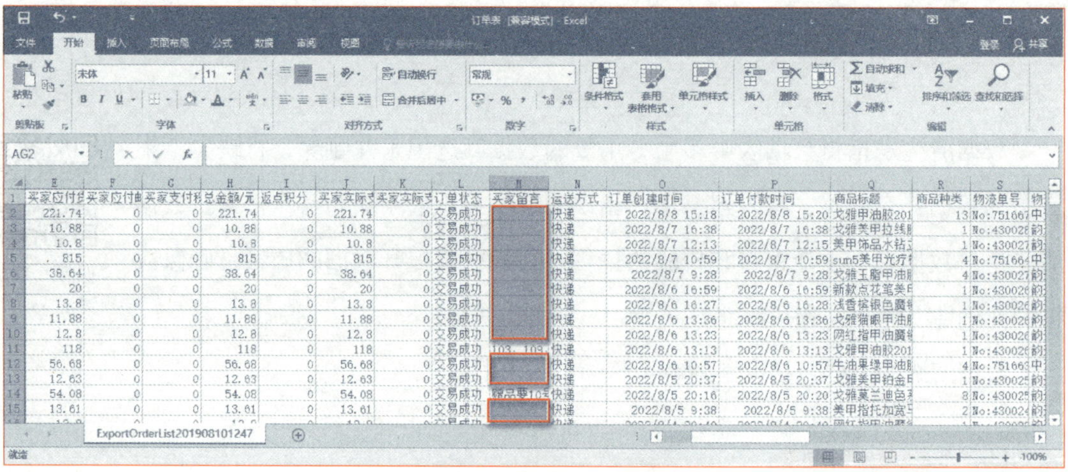

图 3-24　空格定位结果

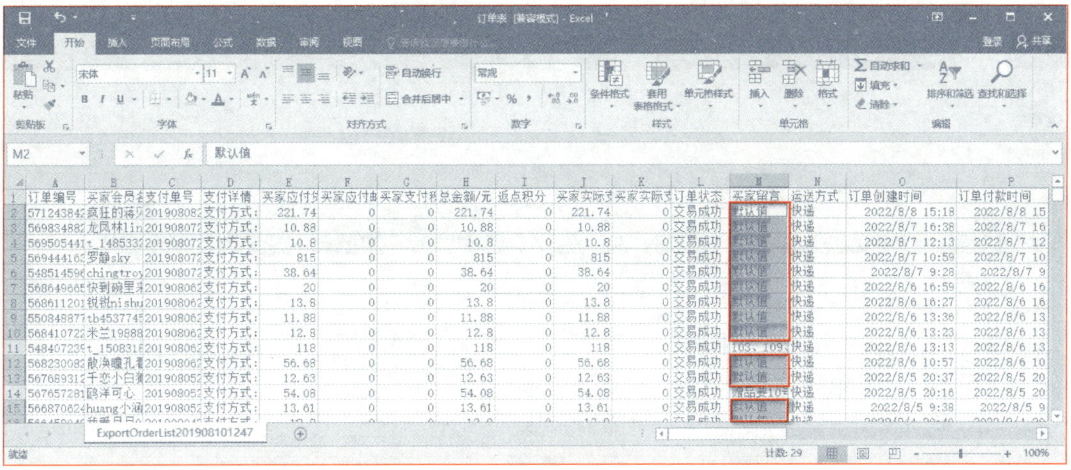

图 3-25 批量填充

知识链接

处理缺失值的三种方法：

（1）数据补齐。即使用某个统计指标填充缺失数据，如该变量的样本平均值等。

（2）删除记录。将有缺失值的记录删掉，但这样会导致样本量减少，数据量较少时应谨慎使用。

（3）不处理。样本较少时，或者该数据缺失属正常情况时，不做处理。

2. 错误标识符清洗

当缺失值是以错误标识符形式出现时，需要检查出现这些错误的原因，然后有针对性地进行处理。如出现“#####”时，说明单元格中的数据超出了该单元格的宽度，或者单元格中的日期时间公式产生了一个负值；出现“#DIV/0！”时，说明进行公式运算时除数使用了数值零、指向了空单元格或包含零值单元格的引用。在一般情况下，Excel 中出现错误标识符大多都是由于公式使用不当造成的。

如图 3-26 所示，由于 2022 年 7 月 5 日所采购的商品还未采集到因不合格而产生退货的数量，因此在计算退货率时，发生了“#VALUE！”的错误。

步骤 1，将鼠标定位在“I12”单元格中，在公式编辑栏中，修改原公式“=H12/E12”为“=IFERROR（H12/E12,"/"）”，如图 3-27 所示。

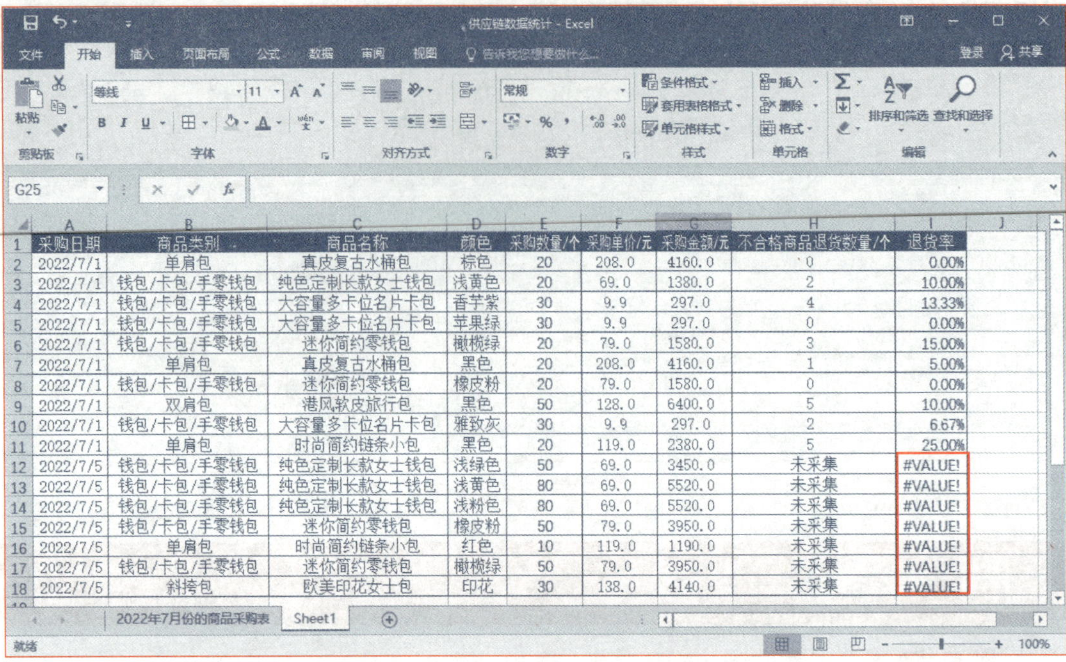

图 3-26 “#VALUE！”错误

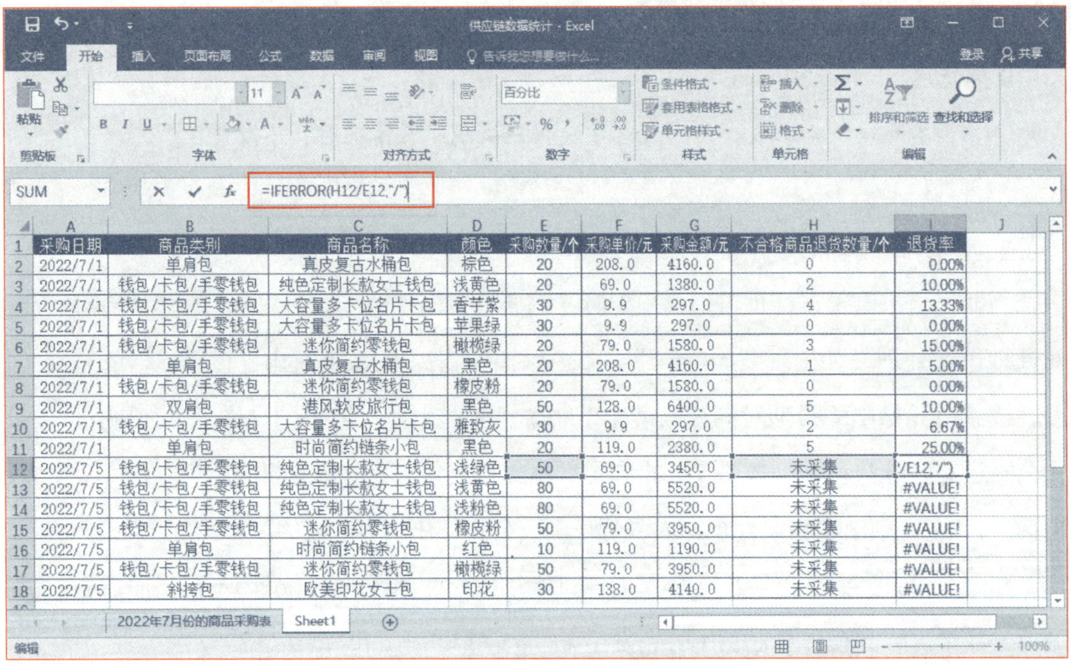

图 3-27 修改公式

步骤 2，确认输入后，“I12”单元格中的“#VALUE！”被修改为“/”，然后拖动“I12”单元格的填充柄，将其他发生错误的单元格进行填充修改，如图 3-28 所示。

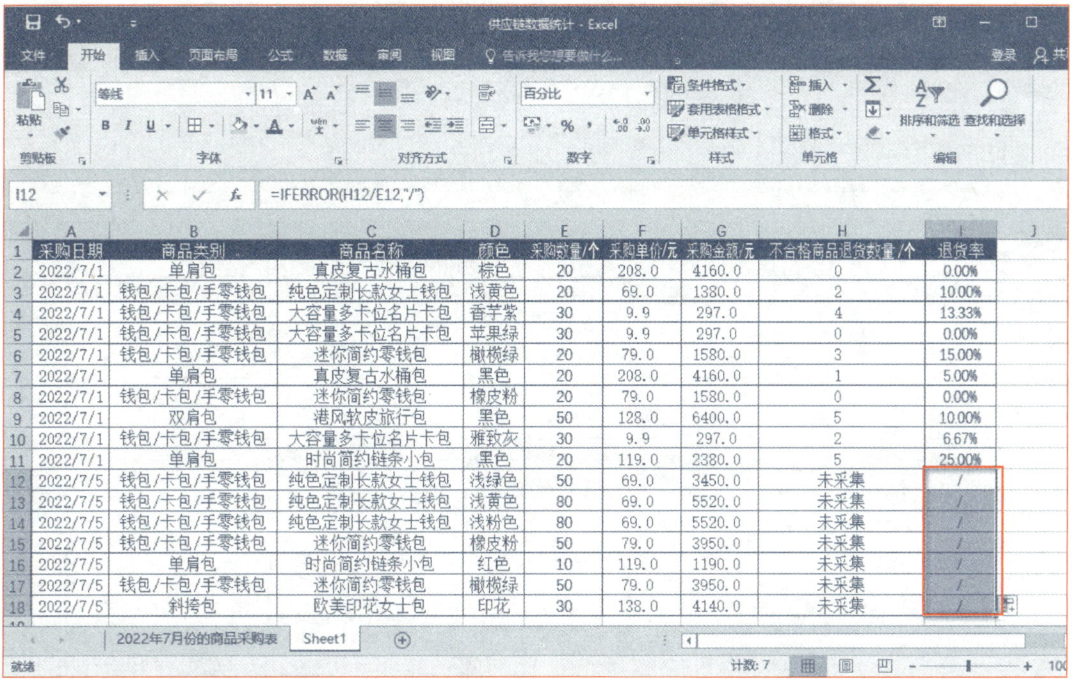

采购日期	商品类别	商品名称	颜色	采购数量/个	采购单价/元	采购金额/元	不合格商品退货数量/个	退货率
2022/7/1	单肩包	真皮复古水桶包	棕色	20	208.0	4160.0	0	0.00%
2022/7/1	钱包/卡包/手零钱包	纯色定制长款女士钱包	浅黄色	20	69.0	1380.0	2	10.00%
2022/7/1	钱包/卡包/手零钱包	大容量多卡位名片卡包	香芋紫	30	9.9	297.0	4	13.33%
2022/7/1	钱包/卡包/手零钱包	大容量多卡位名片卡包	苹果绿	30	9.9	297.0	0	0.00%
2022/7/1	钱包/卡包/手零钱包	迷你简约零钱包	橄榄绿	20	79.0	1580.0	3	15.00%
2022/7/1	单肩包	真皮复古水桶包	黑色	20	208.0	4160.0	1	5.00%
2022/7/1	钱包/卡包/手零钱包	迷你简约零钱包	橡皮粉	20	79.0	1580.0	0	0.00%
2022/7/1	双肩包	港风软皮旅行包	黑色	50	128.0	6400.0	5	10.00%
2022/7/1	钱包/卡包/手零钱包	大容量多卡位名片卡包	雅致灰	30	9.9	297.0	2	6.67%
2022/7/1	单肩包	时尚简约链条小包	黑色	20	119.0	2380.0	5	25.00%
2022/7/5	钱包/卡包/手零钱包	纯色定制长款女士钱包	浅绿色	50	69.0	3450.0	未采集	/
2022/7/5	钱包/卡包/手零钱包	纯色定制长款女士钱包	浅黄色	80	69.0	5520.0	未采集	/
2022/7/5	钱包/卡包/手零钱包	纯色定制长款女士钱包	浅粉色	80	69.0	5520.0	未采集	/
2022/7/5	钱包/卡包/手零钱包	迷你简约零钱包	橡皮粉	50	79.0	3950.0	未采集	/
2022/7/5	单肩包	时尚简约链条小包	红色	10	119.0	1190.0	未采集	/
2022/7/5	钱包/卡包/手零钱包	迷你简约零钱包	橄榄绿	50	79.0	3950.0	未采集	/
2022/7/5	斜挎包	欧美印花女士包	印花	30	138.0	4140.0	未采集	/

图 3-28　错误修改

（二）格式内容清洗

由于系统导出渠道或输入习惯的原因，整合而来的原始数据往往不能做到格式统一，内容也容易出现空格，如图 3-29 所示，“订单创建时间”列就出现了四种不同的表达方式，“物流公司”列的字符前面或中间存在空格，需要将其修正，具体操作如下。

步骤 1，选中“订单创建时间”整列，右击打开弹出式菜单，单击“设置单元格格式”选项，在弹出的“设置单元格格式”对话框中，选择“数字”选项卡，单击“日期”，将其类型修改为如图 3-30 所示的样式。单击“确定”完成，结果如图 3-31 所示。

步骤 2，“物流公司”列数据中的空格可以使用“替换”一次性批量去除。选中数据区域，在“开始”选项卡下的“编辑”功能组中单击“查找和替换”按钮，单击“替换”命令，在“查找内容”中输入一个空格，在“替换为”中不输入任何内容，单击“全部替换”即可全部删除表格中的空格，如图 3-32 所示。

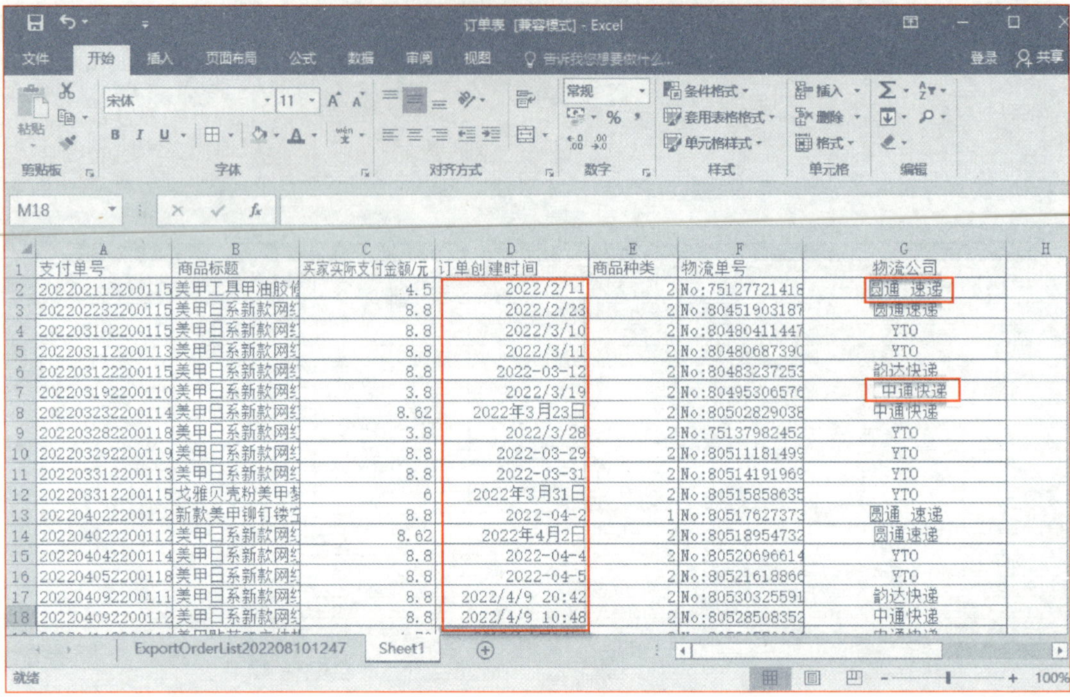

图 3-29　原始数据

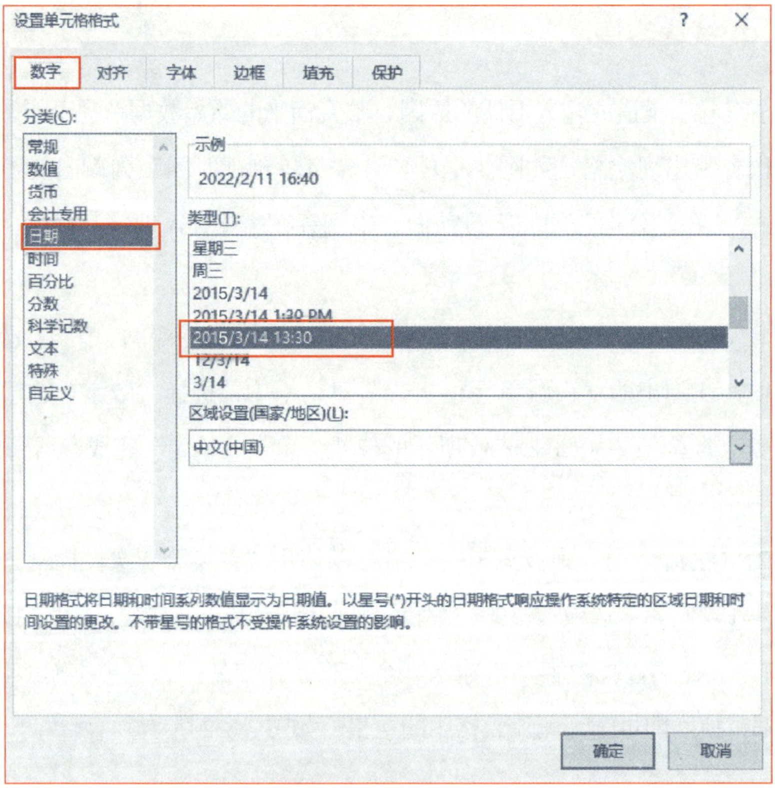

图 3-30　修改“日期”数据类型

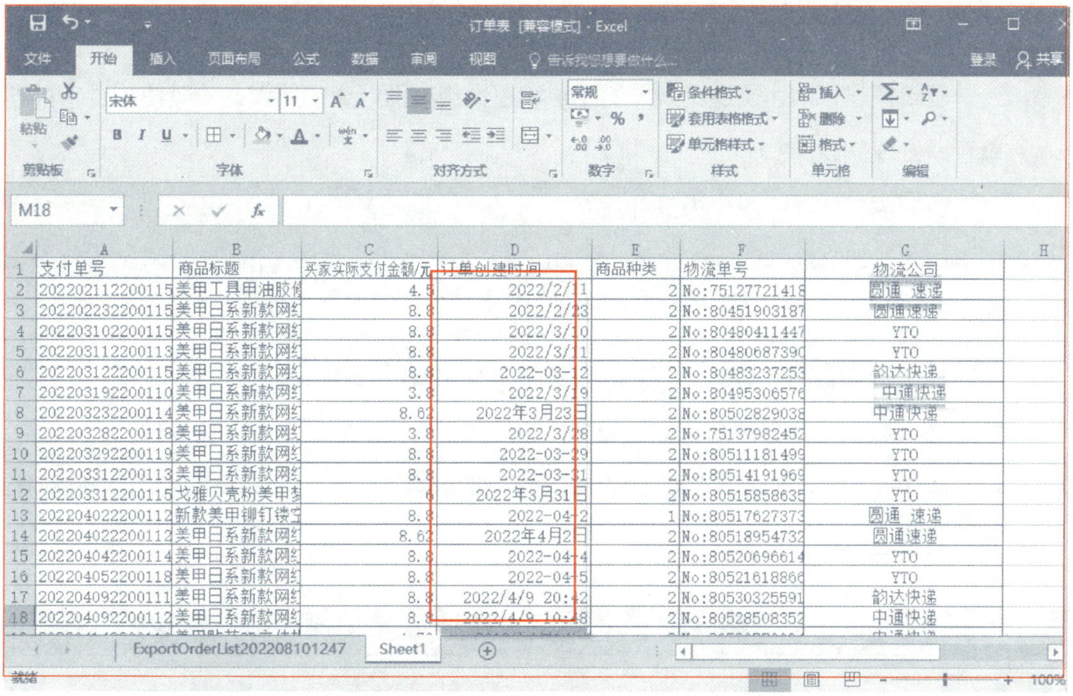

图 3-31 “订单创建时间”列数据类型修改完成

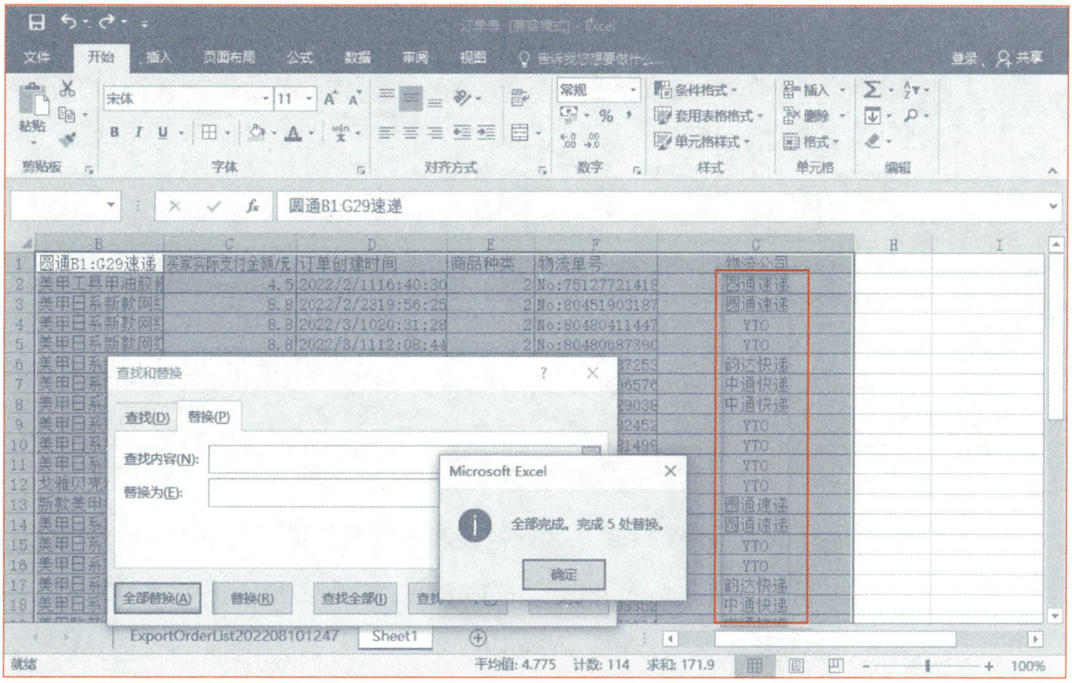

图 3-32 全部替换

（三）逻辑错误清洗

逻辑错误，即违反逻辑规律的要求和逻辑规则而产生的错误，一般使用逻辑推理就可以发现问题。

数据逻辑错误一般分为三种：

（1）数据不合理。如客户年龄 500 岁，或者消费金额为 -100 元，明显不符合客观事实。

（2）数据自相矛盾。如客户的出生年份是 1980 年，但年龄显示为 18 岁。

（3）数据不符合规则。如限购 1 件的商品，客户的购买数量却为 3 件。

图 3–33 是某网店“多彩橡皮泥套盒”商品的订单表，下面将以表中数据为例，进行数据逻辑错误检查。

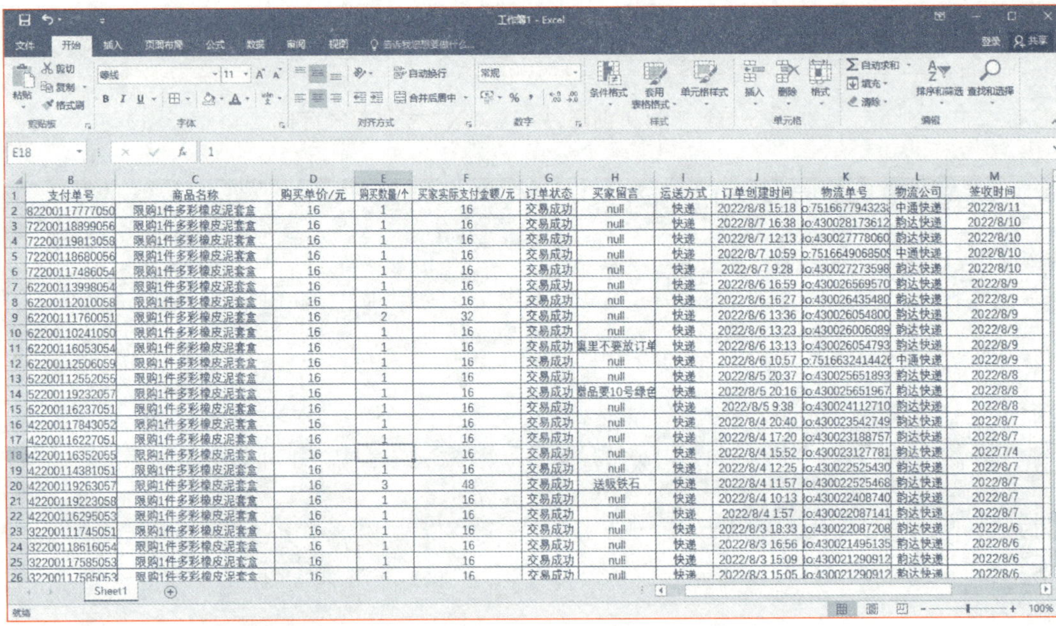

	B	C	D	E	F	G	H	I	J	K	L	M
1	支付单号	商品名称	购买单价/元	购买数量/个	买家实际支付金额/元	订单状态	买家留言	运送方式	订单创建时间	物流单号	物流公司	签收时间
2	82200117777050	限购1件多彩橡皮泥套盒	16	1	16	交易成功	null	快递	2022/8/8 15:18	o:75166779432З	中通快递	2022/8/11
3	72200118899056	限购1件多彩橡皮泥套盒	16	1	16	交易成功	null	快递	2022/8/7 16:38	lo:430028173612	韵达快递	2022/8/10
4	72200119813058	限购1件多彩橡皮泥套盒	16	1	16	交易成功	null	快递	2022/8/7 12:13	lo:430027778060	韵达快递	2022/8/10
5	72200118680056	限购1件多彩橡皮泥套盒	16	1	16	交易成功	null	快递	2022/8/7 10:59	o:751664906850	中通快递	2022/8/10
6	72200117486054	限购1件多彩橡皮泥套盒	16	1	16	交易成功	null	快递	2022/8/7 9:28	lo:430027273598	韵达快递	2022/8/10
7	62200113998054	限购1件多彩橡皮泥套盒	16	1	16	交易成功	null	快递	2022/8/6 16:59	lo:430026569570	韵达快递	2022/8/9
8	62200112010058	限购1件多彩橡皮泥套盒	16	1	16	交易成功	null	快递	2022/8/6 16:27	lo:430026435480	韵达快递	2022/8/9
9	62200111760051	限购1件多彩橡皮泥套盒	16	2	32	交易成功	null	快递	2022/8/6 13:36	lo:430026054800	韵达快递	2022/8/9
10	62200110241050	限购1件多彩橡皮泥套盒	16	1	16	交易成功	null	快递	2022/8/6 13:23	lo:430026006089	韵达快递	2022/8/9
11	62200116053054	限购1件多彩橡皮泥套盒	16	1	16	交易成功	裹里不要放订单	快递	2022/8/6 13:13	lo:430026054793	韵达快递	2022/8/9
12	62200112506059	限购1件多彩橡皮泥套盒	16	1	16	交易成功	null	快递	2022/8/6 10:57	o:751663241442	中通快递	2022/8/9
13	52200112552055	限购1件多彩橡皮泥套盒	16	1	16	交易成功	null	快递	2022/8/5 20:37	lo:430025651893	韵达快递	2022/8/8
14	52200119232057	限购1件多彩橡皮泥套盒	16	1	16	交易成功	赠品要10号绿色	快递	2022/8/5 20:16	lo:430025651967	韵达快递	2022/8/8
15	52200116237051	限购1件多彩橡皮泥套盒	16	1	16	交易成功	null	快递	2022/8/5 9:38	lo:430024112710	韵达快递	2022/8/8
16	42200117843052	限购1件多彩橡皮泥套盒	16	1	16	交易成功	null	快递	2022/8/4 20:40	lo:430023542749	韵达快递	2022/8/7
17	42200116227051	限购1件多彩橡皮泥套盒	16	1	16	交易成功	null	快递	2022/8/4 17:20	lo:430023188757	韵达快递	2022/8/7
18	42200116352055	限购1件多彩橡皮泥套盒	16	1	16	交易成功	null	快递	2022/8/4 15:52	lo:430023127781	韵达快递	2022/7/4
19	42200114381051	限购1件多彩橡皮泥套盒	16	1	16	交易成功	null	快递	2022/8/4 12:25	lo:430022525430	韵达快递	2022/8/7
20	42200119263057	限购1件多彩橡皮泥套盒	16	3	48	交易成功	送吸铁石	快递	2022/8/4 11:57	lo:430022525468	韵达快递	2022/8/7
21	42200119223058	限购1件多彩橡皮泥套盒	16	1	16	交易成功	null	快递	2022/8/4 10:13	lo:430022408740	韵达快递	2022/8/7
22	42200116295053	限购1件多彩橡皮泥套盒	16	1	16	交易成功	null	快递	2022/8/4 1:57	lo:430022087141	韵达快递	2022/8/7
23	32200111745051	限购1件多彩橡皮泥套盒	16	1	16	交易成功	null	快递	2022/8/3 18:33	lo:430022087208	韵达快递	2022/8/6
24	32200118616054	限购1件多彩橡皮泥套盒	16	1	16	交易成功	null	快递	2022/8/3 16:56	lo:430021495135	韵达快递	2022/8/6
25	32200117585053	限购1件多彩橡皮泥套盒	16	1	16	交易成功	null	快递	2022/8/3 15:09	lo:430021290912	韵达快递	2022/8/6
26	32200117585053	限购1件多彩橡皮泥套盒	16	1	16	交易成功	null	快递	2022/8/3 15:05	lo:430021290912	韵达快递	2022/8/6

图 3–33 “多彩橡皮泥套盒”商品的订单表

步骤 1，由于该商品限购 1 件，因此需要将“购买数量”大于 1 的记录标注出来。选中“购买数量”列，选择“开始”选项卡—“样式”功能组—“条件格式”—“突出显示单元格规格”—“大于”，在弹出的“大于”对话框中，填入数值“1”，单击“确定”，即可将错误数据标注出来，如图 3–34 和图 3–35 所示。

步骤 2，同理，条件格式选择“小于”，即可将“买家实际支付金额”列的错误数据标注出来，如图 3–36 所示。

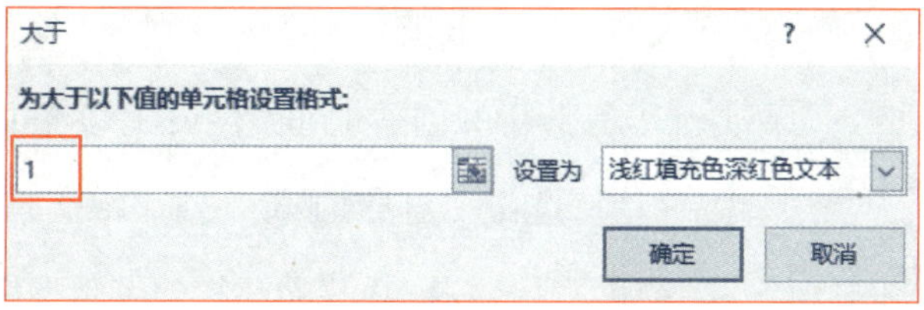

图 3-34 “大于”对话框

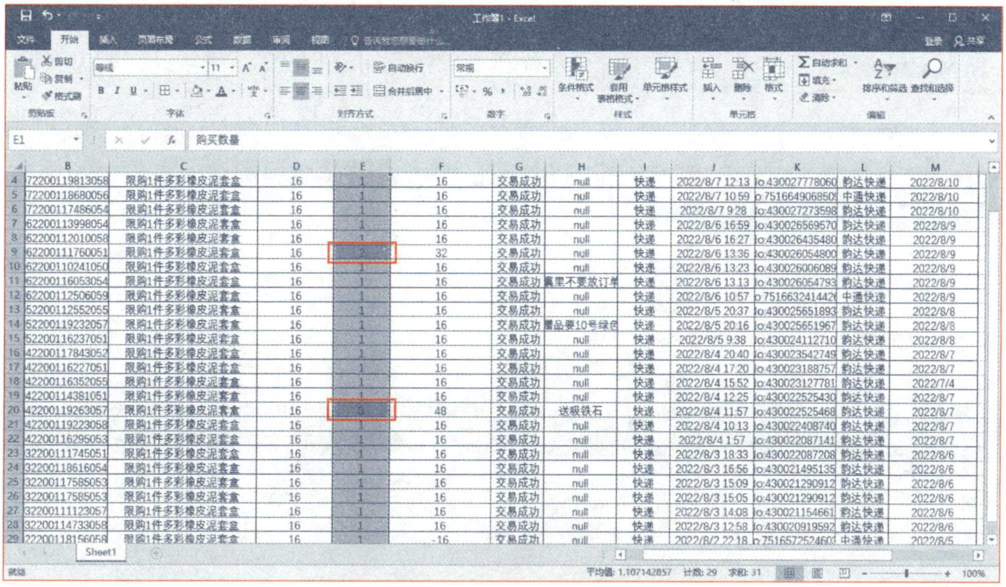

图 3-35 标记“购买数量”错误数据

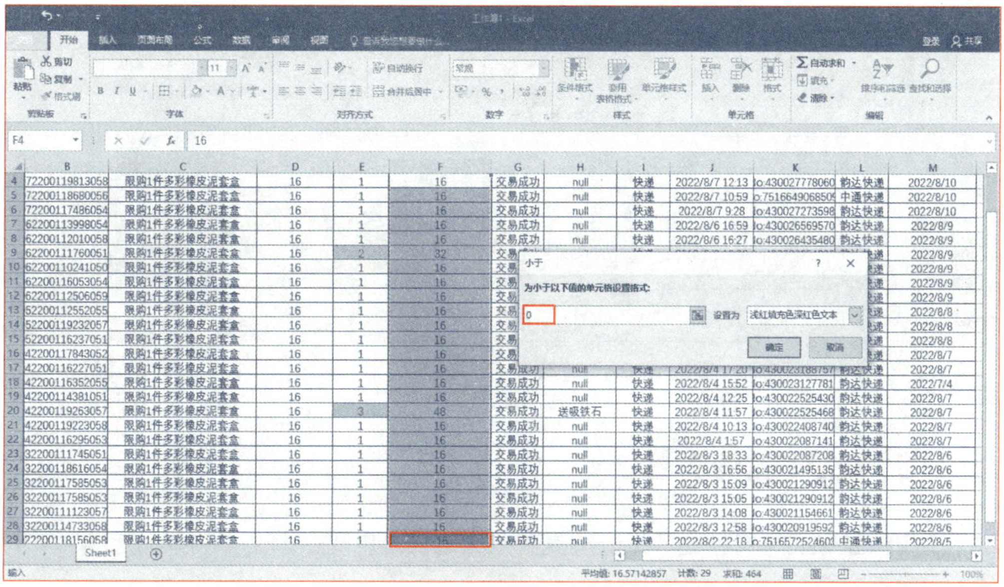

图 3-36 标记“买家实际支付金额”错误数据

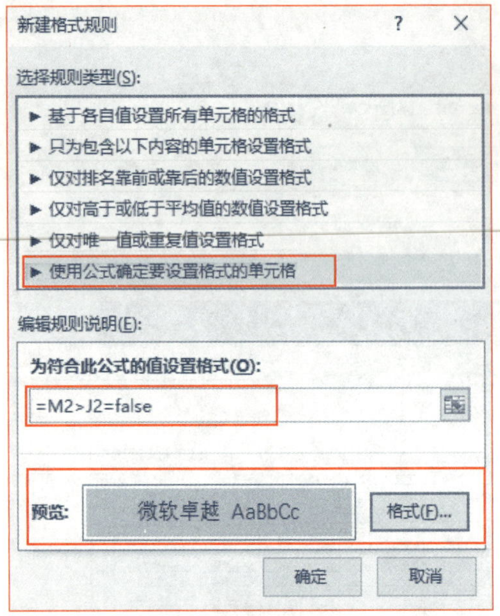

图 3-37 “新建格式规则”对话框

步骤 3，除此之外，“签收时间”应晚于“订单创建时间”，否则该条记录便属于异常。选中“签收时间”列，依次选择“开始”选项卡—“样式”功能组—“条件格式”—“突出显示单元格规格”—“其他规则”，在弹出的“新建格式规则”对话框中，选择规则类型“使用公式确定要设置格式的单元格”，编辑规则为“= \$M1 < \$J1”，设置格式为背景色黄色，单击“确定”，即可将错误数据标注出来，如图 3-37 和图 3-38 所示。

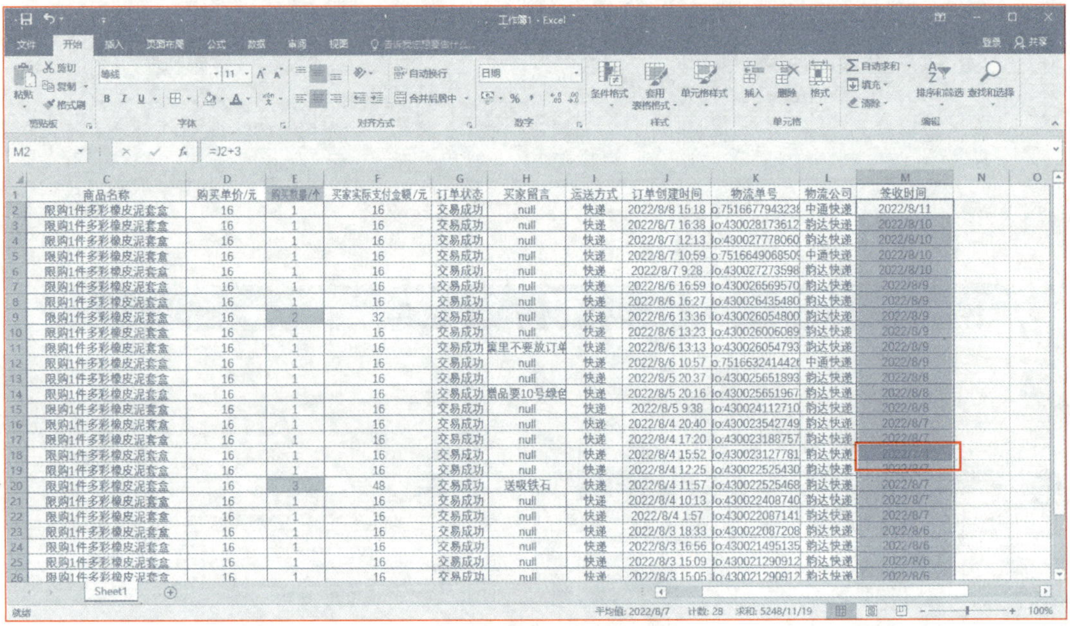

图 3-38 “签收时间”异常记录

（四）重复数据清洗

重复数据顾名思义就是数据被重复、多次记录。重复数据会影响数据处理结果的正确性，从而导致数据分析出现偏差，因此需要将其删除。

图 3-39 是某店铺类目结构月表，下面以表中数据为例，讲解如何删除表中的重复项。

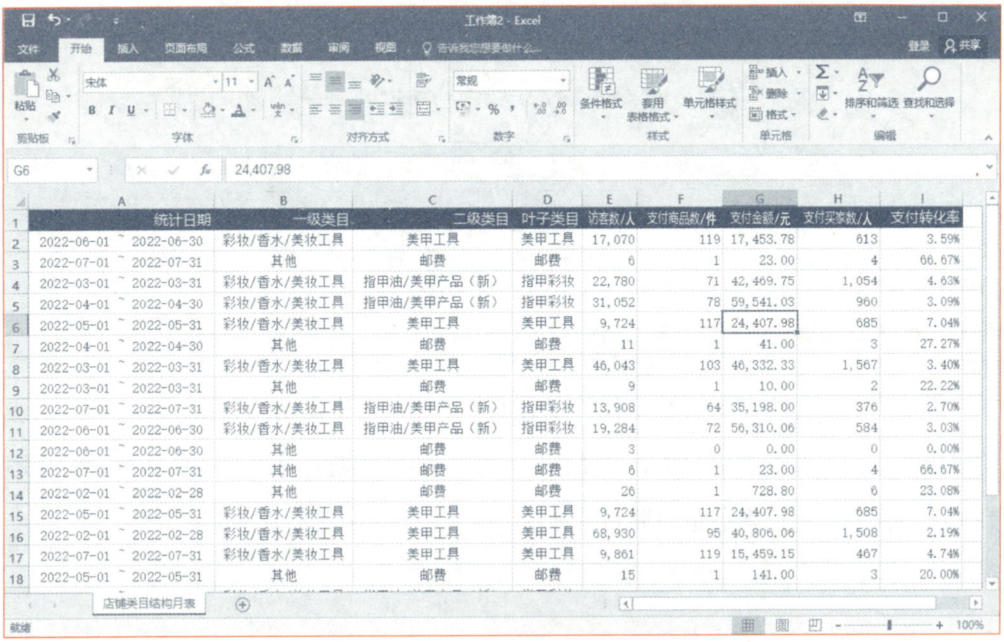

	统计日期	一级类目	二级类目	叶子类目	访客数/人	支付商品数/件	支付金额/元	支付买家数/人	支付转化率
2	2022-06-01 ~ 2022-06-30	彩妆/香水/美妆工具	美甲工具	美甲工具	17, 070	119	17, 453. 78	613	3. 59%
3	2022-07-01 ~ 2022-07-31	其他	邮费	邮费	6	1	23. 00	4	66. 67%
4	2022-03-01 ~ 2022-03-31	彩妆/香水/美妆工具	指甲油/美甲产品（新）	指甲彩妆	22, 780	71	42, 469. 75	1, 054	4. 63%
5	2022-04-01 ~ 2022-04-30	彩妆/香水/美妆工具	指甲油/美甲产品（新）	指甲彩妆	31, 052	78	59, 541. 03	960	3. 09%
6	2022-05-01 ~ 2022-05-31	彩妆/香水/美妆工具	美甲工具	美甲工具	9, 724	117	24, 407. 98	685	7. 04%
7	2022-04-01 ~ 2022-04-30	其他	邮费	邮费	11	1	41. 00	3	27. 27%
8	2022-03-01 ~ 2022-03-31	彩妆/香水/美妆工具	美甲工具	美甲工具	46, 043	103	46, 332. 33	1, 567	3. 40%
9	2022-03-01 ~ 2022-03-31	其他	邮费	邮费	9	1	10. 00	2	22. 22%
10	2022-07-01 ~ 2022-07-31	彩妆/香水/美妆工具	指甲油/美甲产品（新）	指甲彩妆	13, 908	64	35, 198. 00	376	2. 70%
11	2022-06-01 ~ 2022-06-30	彩妆/香水/美妆工具	指甲油/美甲产品（新）	指甲彩妆	19, 284	72	56, 310. 06	584	3. 03%
12	2022-06-01 ~ 2022-06-30	其他	邮费	邮费	3	0	0. 00	0	0. 00%
13	2022-07-01 ~ 2022-07-31	其他	邮费	邮费	6	1	23. 00	4	66. 67%
14	2022-02-01 ~ 2022-02-28	其他	邮费	邮费	26	1	728. 80	6	23. 08%
15	2022-05-01 ~ 2022-05-31	彩妆/香水/美妆工具	美甲工具	美甲工具	9, 724	117	24, 407. 98	685	7. 04%
16	2022-02-01 ~ 2022-02-28	彩妆/香水/美妆工具	美甲工具	美甲工具	68, 930	95	40, 806. 06	1, 508	2. 19%
17	2022-07-01 ~ 2022-07-31	彩妆/香水/美妆工具	美甲工具	美甲工具	9, 861	119	15, 459. 15	467	4. 74%
18	2022-05-01 ~ 2022-05-31	其他	邮费	邮费	15	1	141. 00	3	20. 00%

图 3-39　某店铺类目结构月表

步骤 1, 选中工作表中的数据区域，在“数据”选项卡下的“数据工具”功能组中，单击“删除重复项”，在弹出的“删除重复项”对话框中，选择要删除的列，注意“统计日期”“一级类目”“二级类目”“叶子类目”应同时选中，否则会产生误删，如图 3-40 所示。

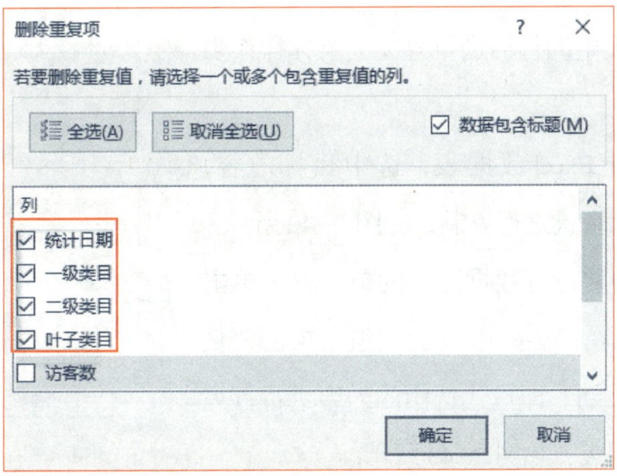

图 3-40　选择要删除的列

步骤 2，单击“确定”按钮完成重复项删除，Excel 将显示一条消息，指出有多少重复值被删除，多少唯一值被保留，如图 3-41 所示。

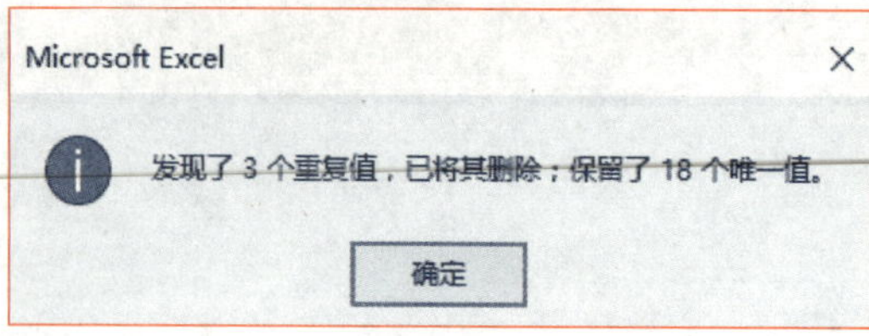

图 3-41　重复值删除完成

（五）无价值数据清洗

无价值数据是指对本次数据统计或数据分析没有产生作用的数据，直接删除对应的字段即可。但在通常情况下，并不建议删除。如果数据表过大，在汇报展示时用不到又影响操作，可以考虑备份后将其删除。

二、数据转化

视频：数据转化

数据转化是数据处理的前期准备，包括数据表的行列互换、文本数据提炼、数据类型的转换等。

1. 数据表的行列互换

数据来源于扫描、文本文件等多种渠道，其默认的显示方式不符合数据分析的需求，因此需要对数据表中的行列进行互换，具体操作步骤如下：

步骤 1，打开 Excel 数据表，选中目标内容，按住“Ctrl+C”组合键进行复制，如图 3-42 所示。

步骤 2，选中要进行数据复制的单元格，单击“开始”选项卡，在“剪贴板”功能组中单击“粘贴”—“转置”按钮，即可让选中的内容进行行列互换，得到新数据表，如图 3-43 所示。

	A	B
1	来源明细	访客数/人
2	购物车	5 293
3	我的淘宝	4 694
4	手淘淘金币	4 533
5	淘内免费其他	3 376
6	手淘其他店铺商品详情	692
7	手淘首页	478
8	淘宝客	417
9	手淘旺信	254
10	手淘消息中心	200
11	手淘拍立淘	198
12	手淘找相似	149
13	手淘其他店铺	122
14	手淘我的评价	97
15	手淘微淘	89

图 3-42　复制数据

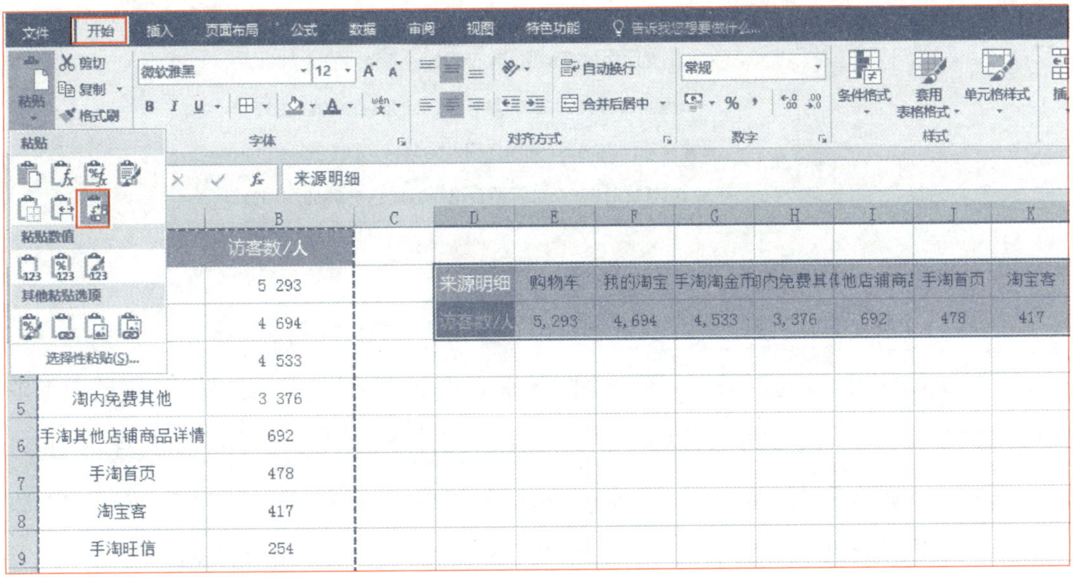

图 3-43　行列互换

此外，还可以使用另一种方法，即使用键盘快捷方式，按“Ctrl+Alt+V”组合键，会弹出如图 3-44 所示的“选择性粘贴”对话框，勾选“转置”复选框，即可实现转置粘贴。

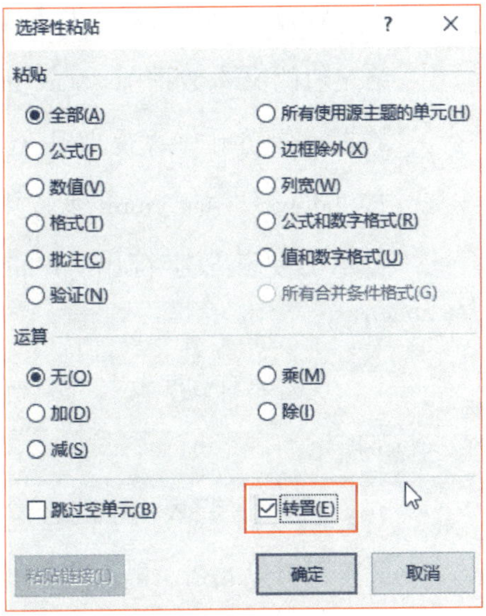

图 3-44　转置粘贴

2. 文本数据提炼

在导入文本数据时，有时多项数据会显示在同一单元格中，如图 3-45 所示，需要对数据进行提炼，使相同属性的数据位于同一列中。

文本数据的提炼涉及文本函数的运用。

（1）LEFT 函数，用于获取字符串左边指定个数的字符。

LEFT 函数的语法为：=LEFT（text, num_chars），其中 text 为要取得给定值的文本数据源，num_chars 表示需要从左开始算提取几个字符数，其中每个字符按 1 计数。例如：text 参数为“Windows”，num_chars 参数为 3，则 =LEFT（“Windows”,3）表示需要获取字符串“Windows”从左开始的 3 个字符，返回结果为“Win”。

	A
1	wen小文15191842599山西运城569834882682982536
2	小白兔DU15091580256广西桂林569505441439412652
3	青青草地13247581596浙江绍兴569444163877566929
4	AK520枫林15315667823江西景德镇548514596305752591

图 3-45　文本数据提炼

（2）RIGHT 函数，用于获取字符串右边指定个数的字符。

RIGHT 函数的语法为：=RIGHT(text, num_chars)，其中 text 为要取得给定值的文本数据源，num_chars 表示需要从右开始算提取几个字符数，其中每个字符按 1 计数。例如：text 参数为 "Windows"，num_chars 参数为 3，则 =RIGHT("Windows", 3) 表示需要获取字符串 "Windows" 从右开始的 3 个字符，返回结果为 "ows"。

（3）MID 函数，用于获取字符串从指定位置开始指定个数的字符。

MID 函数的语法为：=MID(text, start_num, num_chars)，其中 text 为要取得给定值的文本数据源，start_num 表示指定从第几位开始提取，num_chars 表示需要从指定位置开始算提取几个字符数，其中每个字符按 1 计数。例如：text 参数为 "Windows"，start_num 参数为 4，num_chars 参数为 3，则 =MID("Windows", 4, 3) 表示需要获取字符串 "Windows" 从第 4 位字符开始的 3 个字符，返回结果为 "dow"。

现需要对数据表中的客户姓名、电话、地址、订单号等分别进行提炼，其步骤如下所示：

步骤 1，将表格中的客户姓名提炼出来，可以使用 LEFT 函数，选定客户姓名要放置的单元格，单击插入函数 "fx"，选择文本函数，从中选取 LEFT 函数，如图 3-46 所示。随后分别输入文本源和数值，如提取 A1 单元格中从左开始的 5 个字符数，如图 3-47 所示。单击 "确定"，完成姓名提炼，如图 3-48 所示。

步骤 2，接下来完成电话号码的提炼，选取文本函数中的 MID 函数，如图 3-49 所示。电话号码是从第 6 位字符开始的，需要提取 11 位字符，输入函数参数，如图 3-50 所示。单击 "确定"，即可完成电话号码的提炼，如图 3-51 所示。

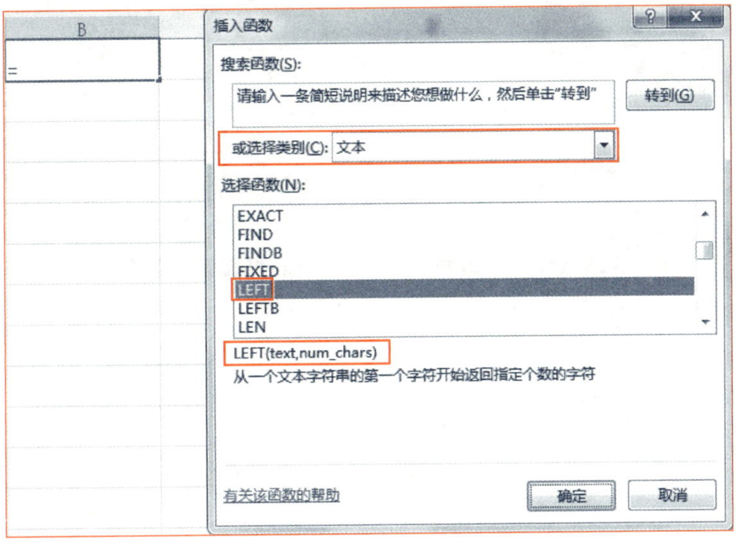

图 3-46　文本函数选取

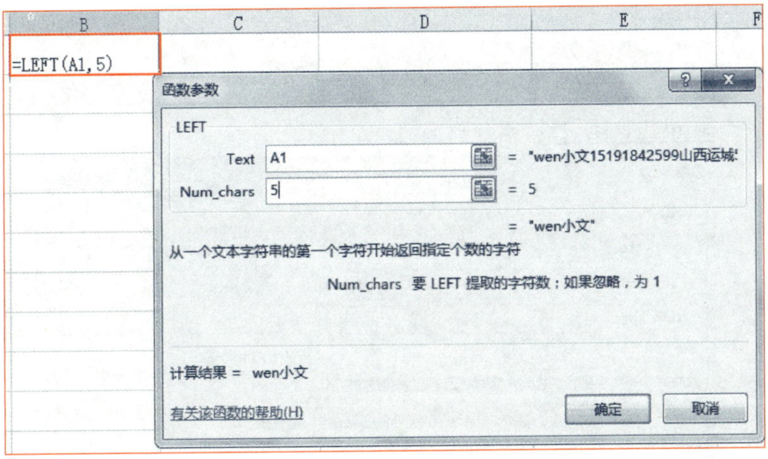

图 3-47　函数参数输入

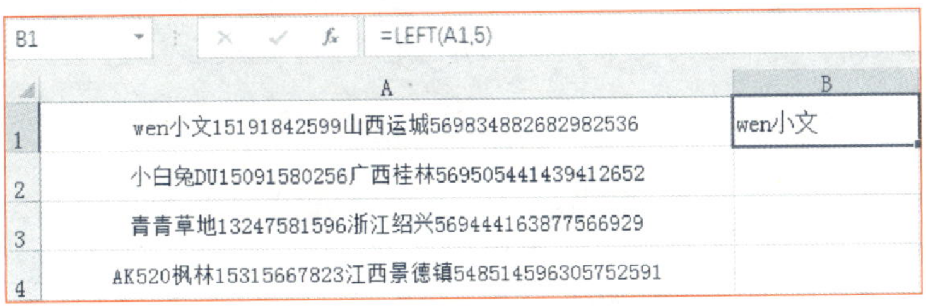

图 3-48　姓名数据提炼

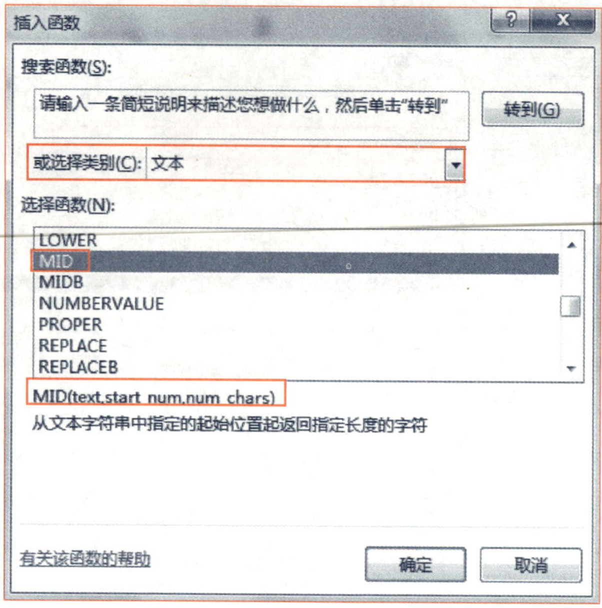

图 3-49 选取函数

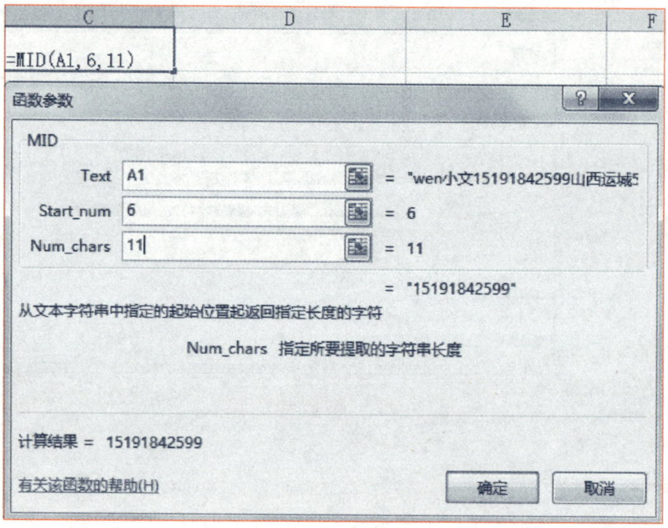

图 3-50 函数参数输入

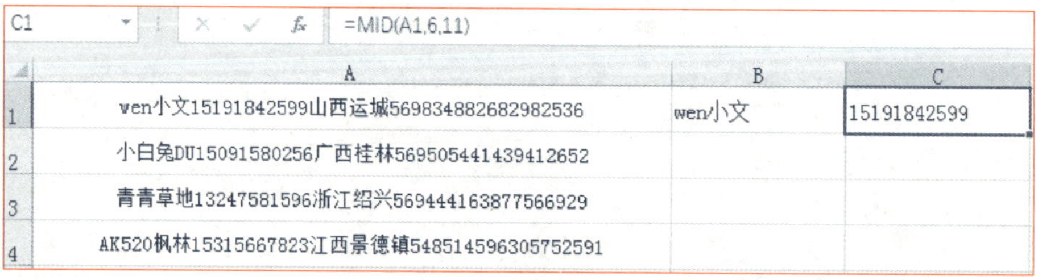

图 3-51 电话号码提炼

地址信息也需要用到 MID 函数，可依据上述步骤完成提炼。

步骤 3，提取订单号，选取文本函数中的 RIGHT 函数，订单号为从右开始的 18 个字符，输入函数参数，如图 3-52 所示，单击“确定”，即可完成订单号的提炼，如图 3-53 所示。

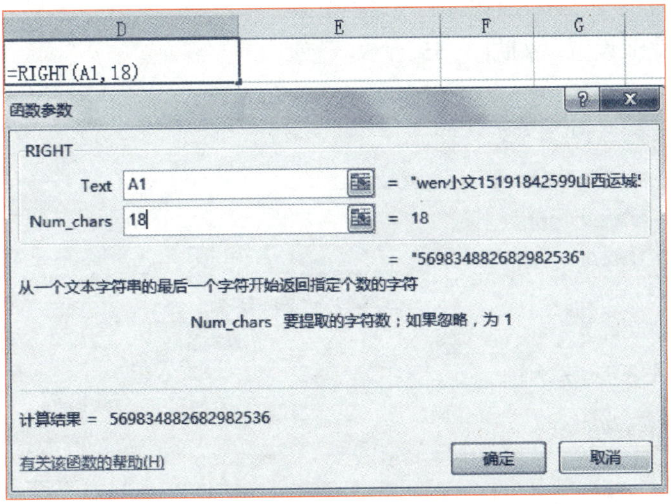

图 3-52　函数参数输入

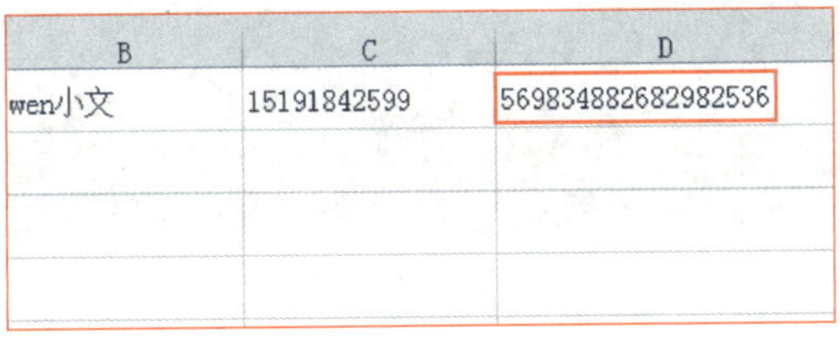

图 3-53　订单号提炼

在实际文本数据提炼中，除了使用函数，还可以根据待转化数据的特点，选择其他快捷方式，如使用组合键“Ctrl+E”。

3. 数据类型的转换

（1）数值转字符。在 Excel 输入数据的时候，会默认使用数值型数据，若是数字超过 11 位长，会变成科学计数法，不利于查看数据，如图 3-54 所示。

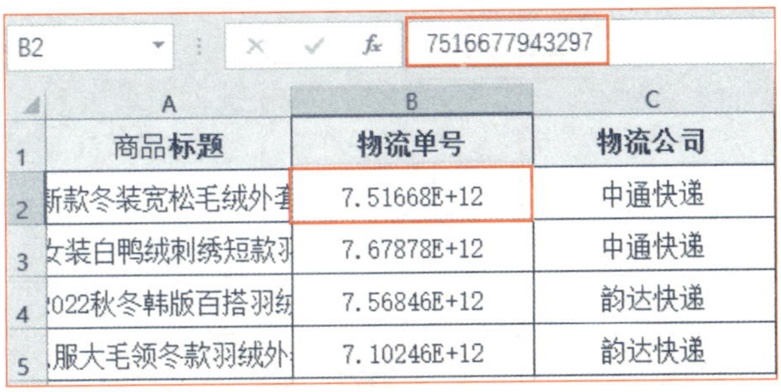

图 3-54　数值型数据

在数据较大时，为了避免上述情况，可将数值型数据改为字符，具体操作如下。

步骤 1，在 Excel 中打开数据表，选择要转换的数字所在的单元格，随后单击“数据”选项卡中的“分列”按钮，在文本分列向导中使用默认设置，连续单击“下一步”，完成第 1 步和第 2 步的设置。

步骤 2，进入文本分列向导第 3 步，单击“列数据格式”下的“文本”，单击“完成”，即可完成设置，如图 3-55 所示。

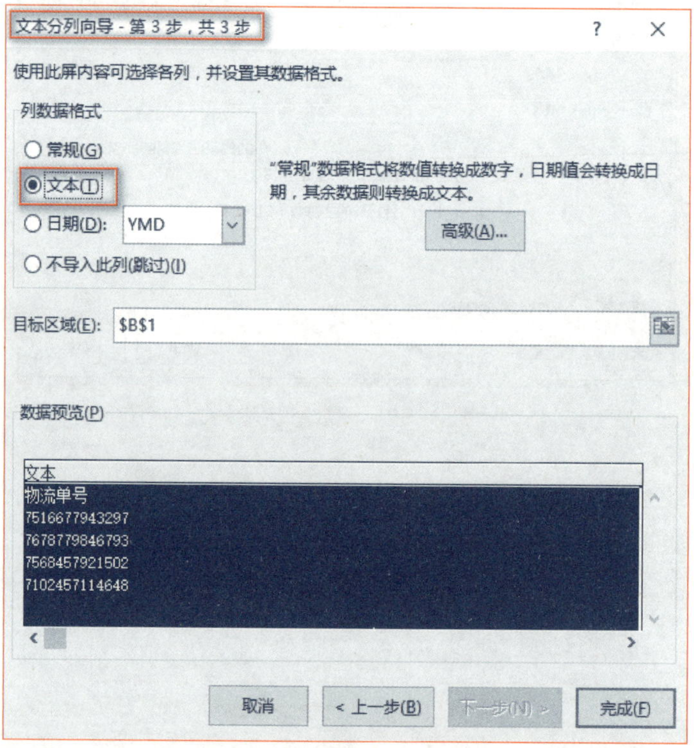

图 3-55　文本分列向导第 3 步

步骤 3，设置完成后，返回 Excel 数据表，数据前有小三角符号，代表已转换成功，如图 3-56 所示。

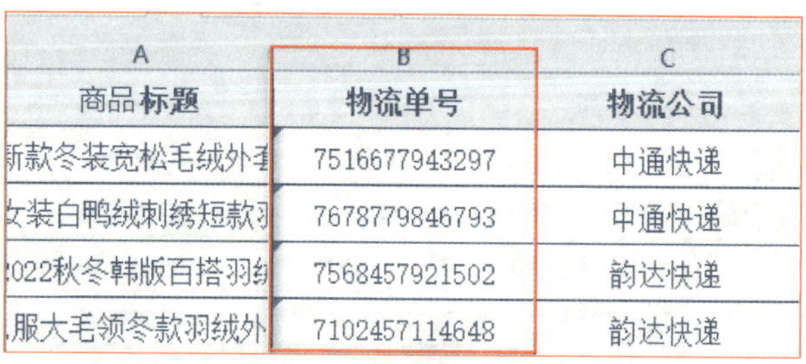

A	B	C
商品标题	物流单号	物流公司
新款冬装宽松毛绒外套	7516677943297	中通快递
女装白鸭绒刺绣短款羽	7678779846793	中通快递
2022秋冬韩版百搭羽绒	7568457921502	韵达快递
服大毛领冬款羽绒外	7102457114648	韵达快递

图 3-56　数值转字符

（2）字符转数值。在进行数据统计时，有时获取的原始数据是以文本字符形式展现的。虽然这种形式不影响数据展现，但无法对其进行计算，如图 3-57 所示。将文本字符转换为数值有以下两种方法：

第一种参考数值转文本字符的方法，但在第三步选择“列数据格式”时，勾选“常规”，单击“完成”，即可完成转换，如图 3–58 所示。

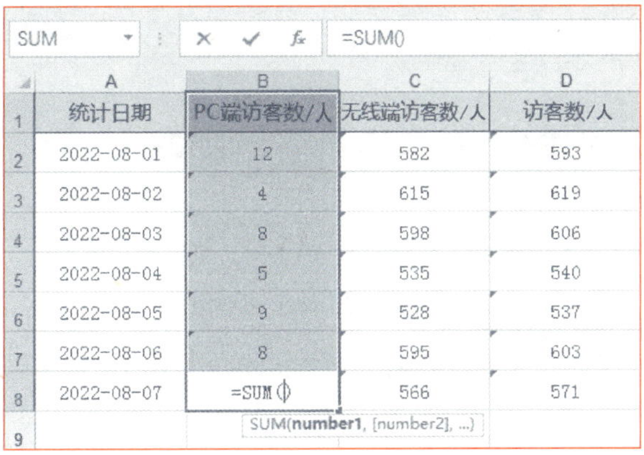

图 3–57　文本型数据求和操作

另一种是直接选中要转换的数据列，单击数据列前出现的提醒符号，在给出的选项中单击“转换为数字”，即可将文本型字符转换为数值，如图 3–59 所示。

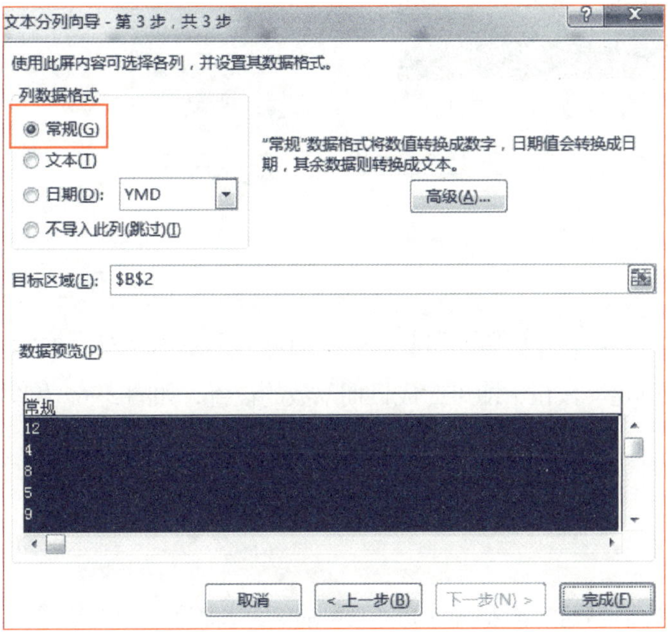

图 3–58　文本分列向导设置

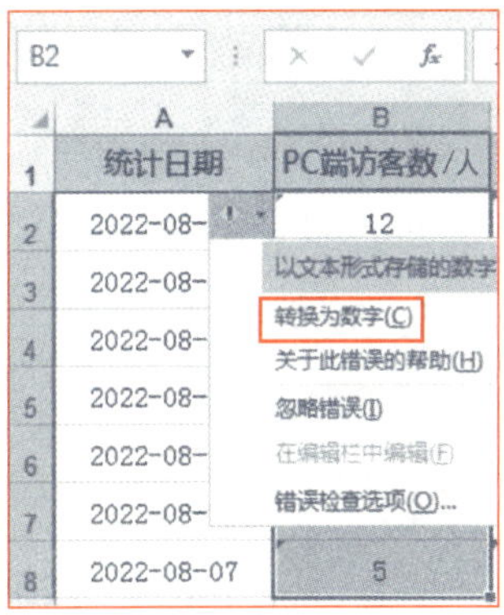

图 3–59　数据转换

（3）文本日期转标准日期。在某些统计数据列表中，日期是以文本形式展现的，而不是标准日期。可通过以下步骤完成文本日期转换标准日期。

步骤 1，在 Excel 中打开数据列表，选中为文本格式的日期信息，随后单击“数据”选项卡中的“分列”。在文本分列向导中，使用默认设置，连续单击“下一步”，完成第 1 步和第 2 步的设置，进入第 3 步后，在列数据格式中选择“日期”，在其下拉列表中选择“YMD”选项，如图 3-60 所示。单击“完成”后，即可完成标准日期的转换，如图 3-61 所示。

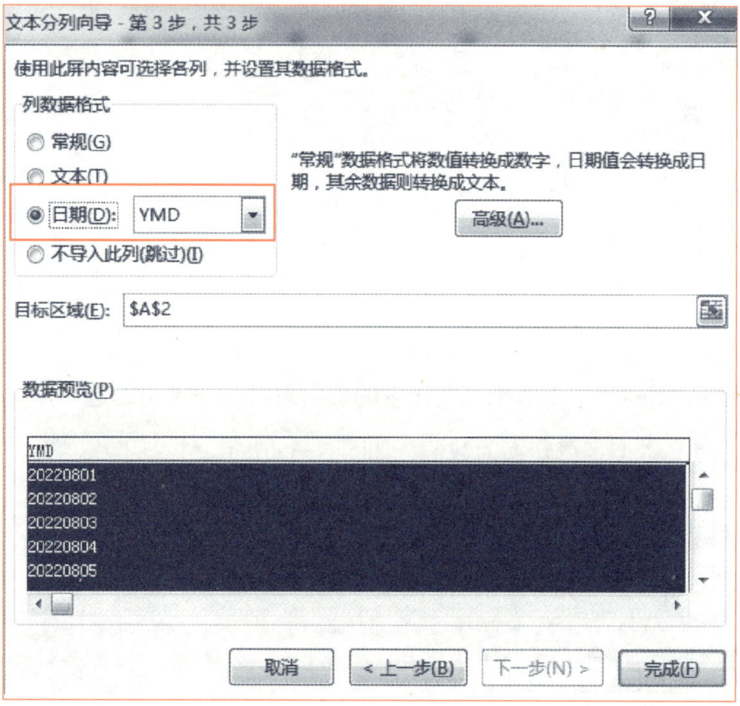

图 3-60　设定列数据格式

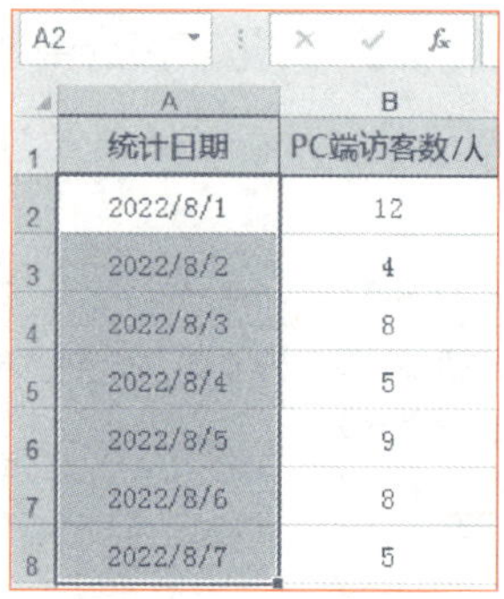

图 3-61　完成日期的转换

步骤 2，转换后的月份和日期都是单数显示，想要转换成双数，可以打开“设置单元格格式”对话框，在设置页面选择分类为“自定义”，右面的类型设置为“yyyy-mm-dd”，设置完成后单击“确定”按钮，即可完成日期双数的设置，如图 3-62 和图 3-63 所示。

想一想

上述案例中，如果需要将统计日期“2022 年 7 月 1 日”的格式修改为“7/1/2022”，其自定义类型应如何设置？

实训专区 3-2

调取源数据 3-2，对该表中 C 列数据进行文本提炼，并放置在相应属性列中。

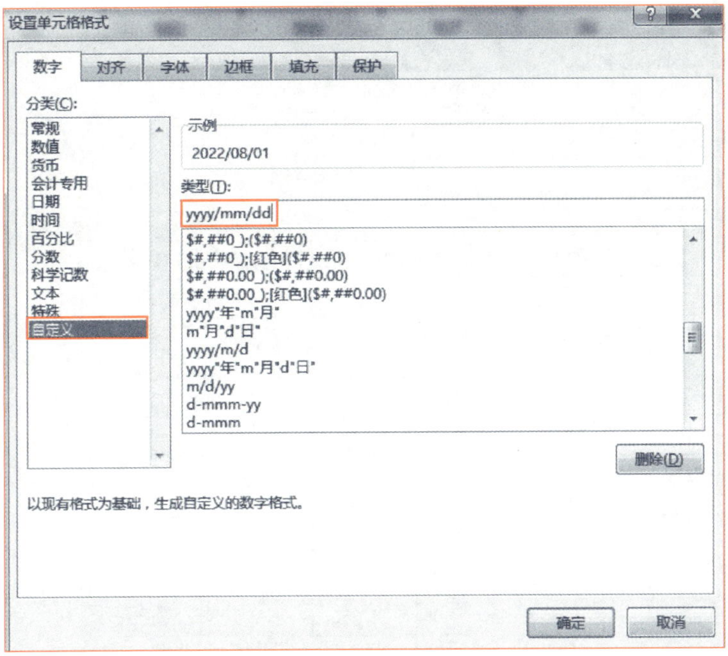

图 3-62　进行自定义设置

	A	B
1	统计日期	PC端访客数/人
2	2022/08/01	12
3	2022/08/02	4
4	2022/08/03	8
5	2022/08/04	5
6	2022/08/05	9
7	2022/08/06	8
8	2022/08/07	5

图 3-63　完成日期双数设置

三、数据排序

数据排序是数据处理中经常会用到的功能之一，通过排序可以将数据按照要求的关键字规律地排列，以便数据分析师浏览、查找、分析目标数据。

视频：数据排序

在 Excel 中，数据的排序方式主要有三种：简单排序、高级排序和自定义排序。默认情况下，Excel 会对数字进行升序或降序排列，对文本按首字母顺序排列。

（一）简单排序

简单排序是针对单列数据进行的快速排序，即只有一个关键字段。图 3-64 是某网店无线端推广流量汇总表，下面以表中数据为例，采用从高到低（即降序）的方式，快速找到带来访客数最多的流量来源。

步骤 1，选中需要排序的列“访客数”，在“数据”选项卡下的“排序和筛选”功能组中单击“降序”按钮，在弹出的“排序提醒”对话框中，选择排序依据，这里选择“扩展选定区域”，如图 3-65 所示。

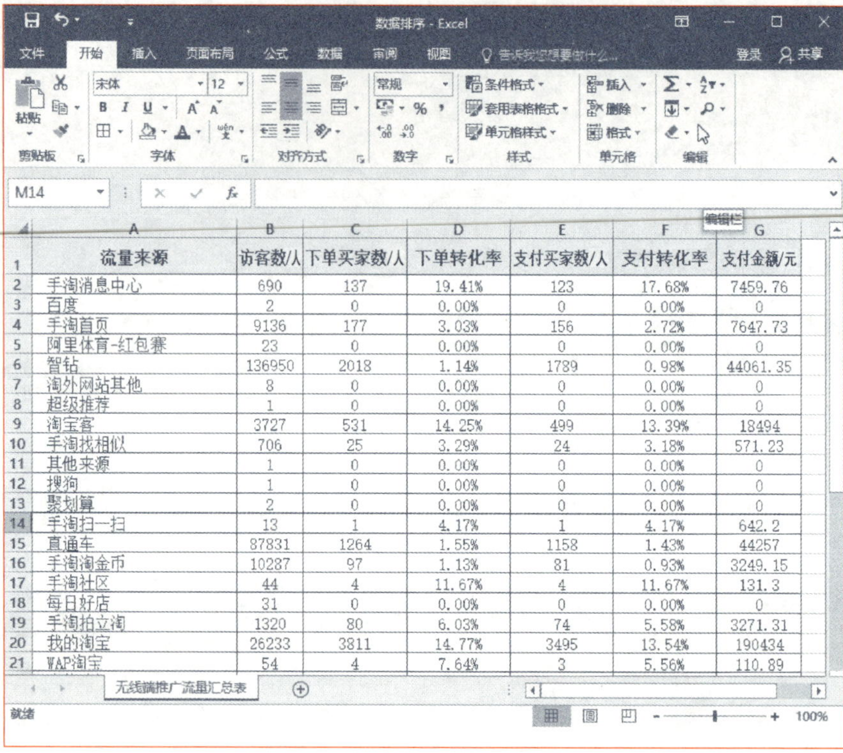

	A	B	C	D	E	F	G
1	流量来源	访客数/人	下单买家数/人	下单转化率	支付买家数/人	支付转化率	支付金额/元
2	手淘消息中心	690	137	19.41%	123	17.68%	7459.76
3	百度	2	0	0.00%	0	0.00%	0
4	手淘首页	9136	177	3.03%	156	2.72%	7647.73
5	阿里体育-红包赛	23	0	0.00%	0	0.00%	0
6	智钻	136950	2018	1.14%	1789	0.98%	44061.35
7	淘外网站其他	8	0	0.00%	0	0.00%	0
8	超级推荐	1	0	0.00%	0	0.00%	0
9	淘宝客	3727	531	14.25%	499	13.39%	18494
10	手淘找相似	706	25	3.29%	24	3.18%	571.23
11	其他来源	1	0	0.00%	0	0.00%	0
12	搜狗	1	0	0.00%	0	0.00%	0
13	聚划算	2	0	0.00%	0	0.00%	0
14	手淘扫一扫	13	1	4.17%	1	4.17%	642.2
15	直通车	87831	1264	1.55%	1158	1.43%	44257
16	手淘淘金币	10287	97	1.13%	81	0.93%	3249.15
17	手淘社区	44	4	11.67%	4	11.67%	131.3
18	每日好店	31	0	0.00%	0	0.00%	0
19	手淘拍立淘	1320	80	6.03%	74	5.58%	3271.31
20	我的淘宝	26233	3811	14.77%	3495	13.54%	190434
21	WAP淘宝	54	4	7.64%	3	5.56%	110.89

图 3-64　某网店无线端推广流量汇总表

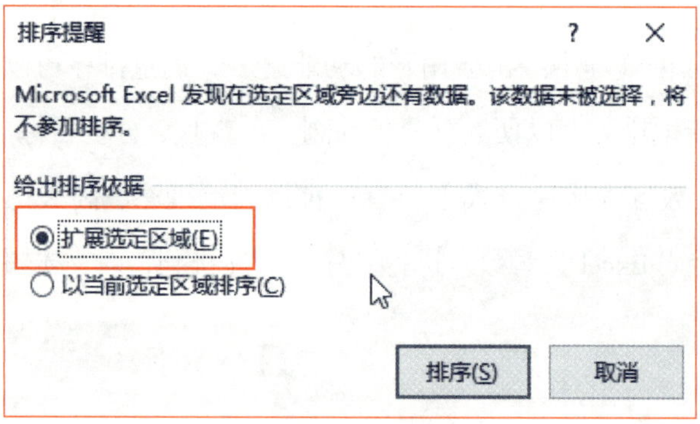

图 3-65　排序提醒

步骤 2，排序完成，即可得到该网店无线端推广的效果排行情况，如图 3-66 所示。从表中数据可以得出，智钻的引流效果最好。

（二）高级排序

高级排序是针对多列数据进行的多重排序，即排序条件包含多个关键字段。以图 3-66 所示的数据为例，“访客数”从高到低排列后，发现有几条记录的访客数是相同的，如图 3-67 所示。

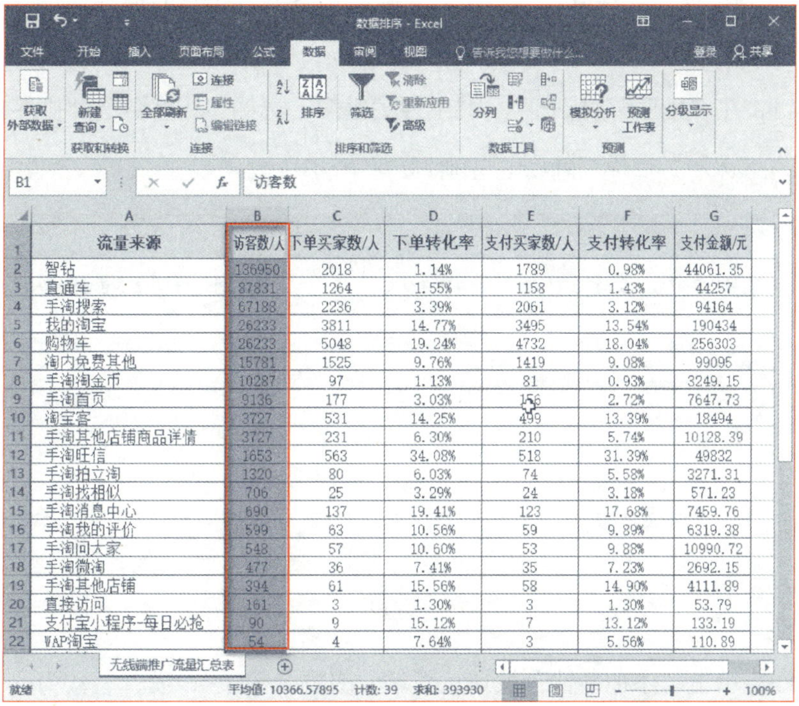

图 3-66 排序完成

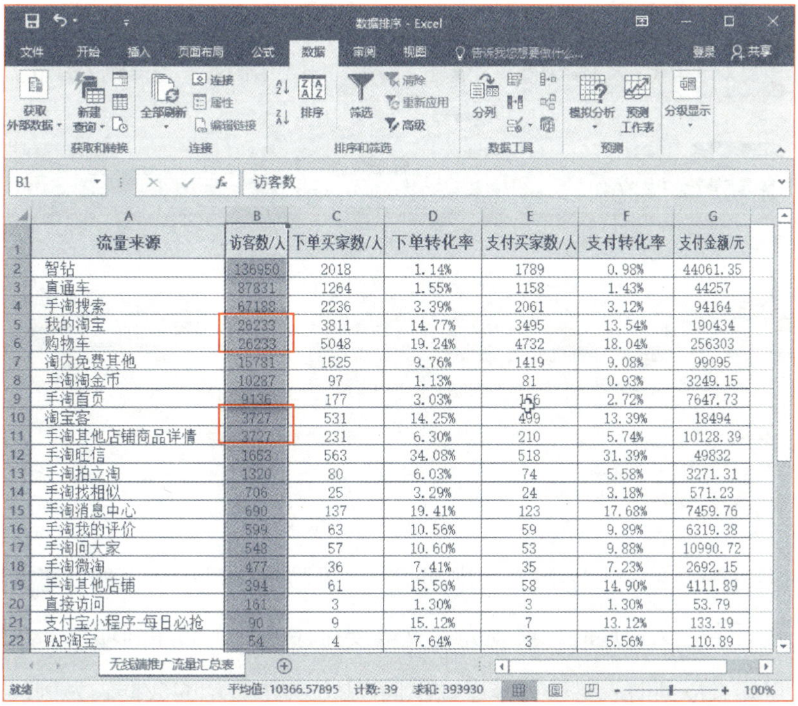

图 3-67 “访客数”字段相同的记录

在这种情况下，引入第二关键字。即修改“某网店铺无线端推广的流量汇总表”的排序条件为：按“访客数”降序排列，在“访客数”相同的情况下按“下单买家数”降序排列。

步骤 1，在“排序”对话框中，“主要关键字”选择“访客数”，“排序依据”选择“数值”，“次序”选择“降序”，如图 3-68 所示。

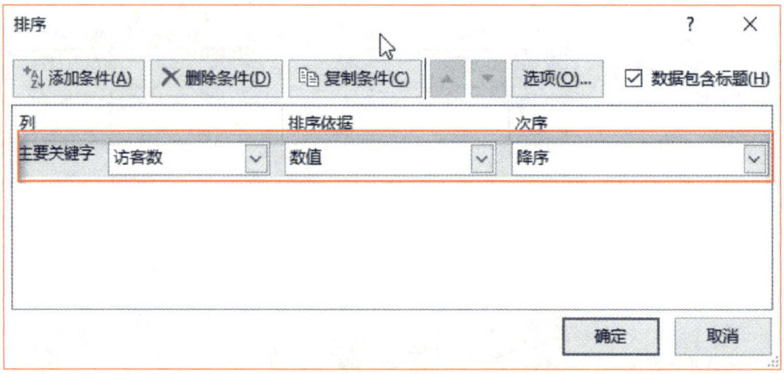

图 3-68　设置排序条件

步骤 2，单击“添加条件”按钮，新增“次要关键字”，设置参数为“下单买家数”“数值”“降序”，如图 3-69 所示，排序结果如图 3-70 所示。

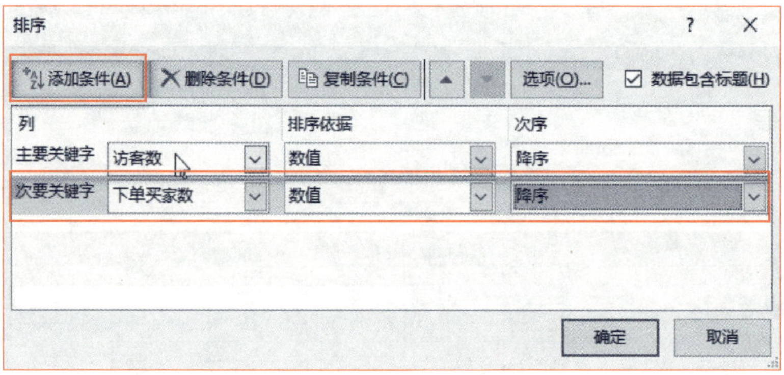

图 3-69　添加条件并设置

（三）自定义排序

Excel 除了默认的对数字按大小排列、对文本按首字母排列之外，还支持自定义排序。在进行自定义排序时，必须先建立需要排序的自定义序列项目，然后才能根据设置的自定义序列对表格进行排序。下面以图 3-71 所示的数据表为例，对其按照

“来源分类”进行排序，具体操作如下。

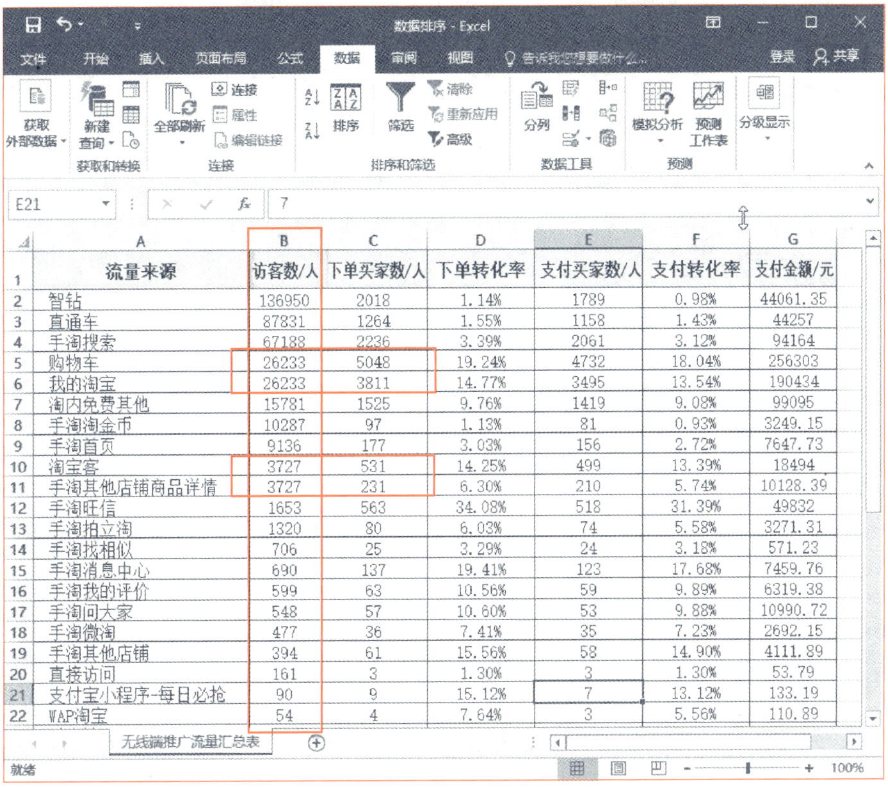

流量来源	访客数/人	下单买家数/人	下单转化率	支付买家数/人	支付转化率	支付金额/元
智钻	136950	2018	1.14%	1789	0.98%	44061.35
直通车	87831	1264	1.55%	1158	1.43%	44257
手淘搜索	67188	2236	3.39%	2061	3.12%	94164
购物车	26233	5048	19.24%	4732	18.04%	256303
我的淘宝	26233	3811	14.77%	3495	13.54%	190434
淘内免费其他	15781	1525	9.76%	1419	9.08%	99095
手淘淘金币	10287	97	1.13%	81	0.93%	3249.15
手淘首页	9136	177	3.03%	156	2.72%	7647.73
淘宝客	3727	531	14.25%	499	13.39%	18494
手淘其他店铺商品详情	3727	231	6.30%	210	5.74%	10128.39
手淘旺信	1653	563	34.08%	518	31.39%	49832
手淘拍立淘	1320	80	6.03%	74	5.58%	3271.31
手淘找相似	706	25	3.29%	24	3.18%	571.23
手淘消息中心	690	137	19.41%	123	17.68%	7459.76
手淘我的评价	599	63	10.56%	59	9.89%	6319.38
手淘问大家	548	57	10.60%	53	9.88%	10990.72
手淘微淘	477	36	7.41%	35	7.23%	2692.15
手淘其他店铺	394	61	15.56%	58	14.90%	4111.89
直接访问	161	3	1.30%	3	1.30%	53.79
支付宝小程序-每日必抢	90	9	15.12%	7	13.12%	133.19
WAP淘宝	54	4	7.64%	3	5.56%	110.89

图 3-70　排序完成

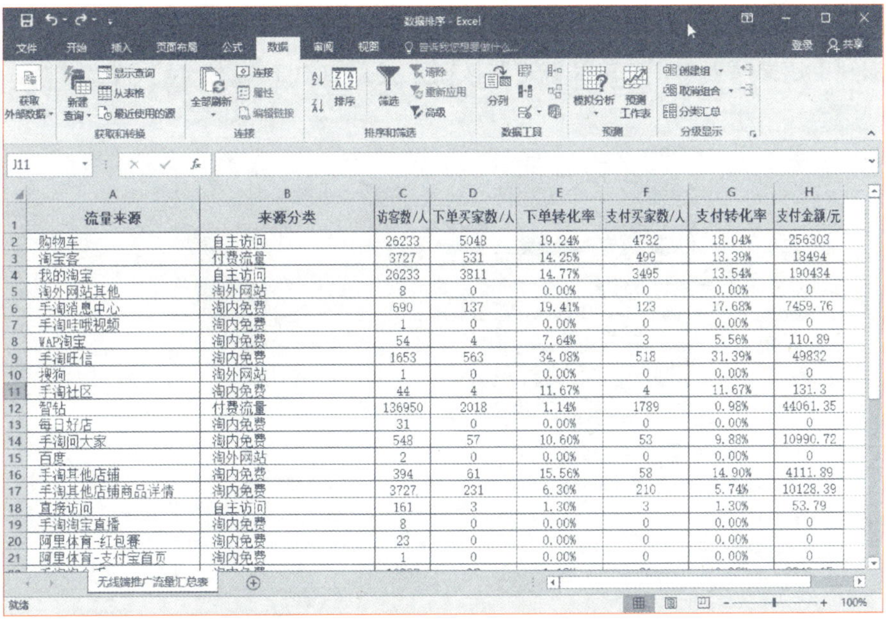

流量来源	来源分类	访客数/人	下单买家数/人	下单转化率	支付买家数/人	支付转化率	支付金额/元
购物车	自主访问	26233	5048	19.24%	4732	18.04%	256303
淘宝客	付费流量	3727	531	14.25%	499	13.39%	18494
我的淘宝	自主访问	26233	3811	14.77%	3495	13.54%	190434
淘外网站其他	淘外网站	8	0	0.00%	0	0.00%	0
手淘消息中心	淘内免费	690	137	19.41%	123	17.68%	7459.76
手淘哇哦视频	淘内免费	1	0	0.00%	0	0.00%	0
WAP淘宝	淘内免费	54	4	7.64%	3	5.56%	110.89
手淘旺信	淘内免费	1653	563	34.08%	518	31.39%	49832
搜狗	淘外网站	1	0	0.00%	0	0.00%	0
手淘社区	淘内免费	44	4	11.67%	4	11.67%	131.3
智钻	付费流量	136950	2018	1.14%	1789	0.98%	44061.35
每日好店	淘内免费	31	0	0.00%	0	0.00%	0
手淘问大家	淘内免费	548	57	10.60%	53	9.88%	10990.72
百度	淘外网站	2	0	0.00%	0	0.00%	0
手淘其他店铺	淘内免费	394	61	15.56%	58	14.90%	4111.89
手淘其他店铺商品详情	淘内免费	3727	231	6.30%	210	5.74%	10128.39
直接访问	自主访问	161	3	1.30%	3	1.30%	53.79
手淘淘宝直播	淘内免费	8	0	0.00%	0	0.00%	0
阿里体育-红包赛	淘内免费	23	0	0.00%	0	0.00%	0
阿里体育-支付宝首页	淘内免费	1	0	0.00%	0	0.00%	0

图 3-71　数据表

步骤 1，选择“文件”选项卡下的“选项”命令，弹出“Excel 选项”对话框，在“高级”标签下，找到“常规”栏目，单击“编辑自定义列表”按钮，如图 3–72 所示。

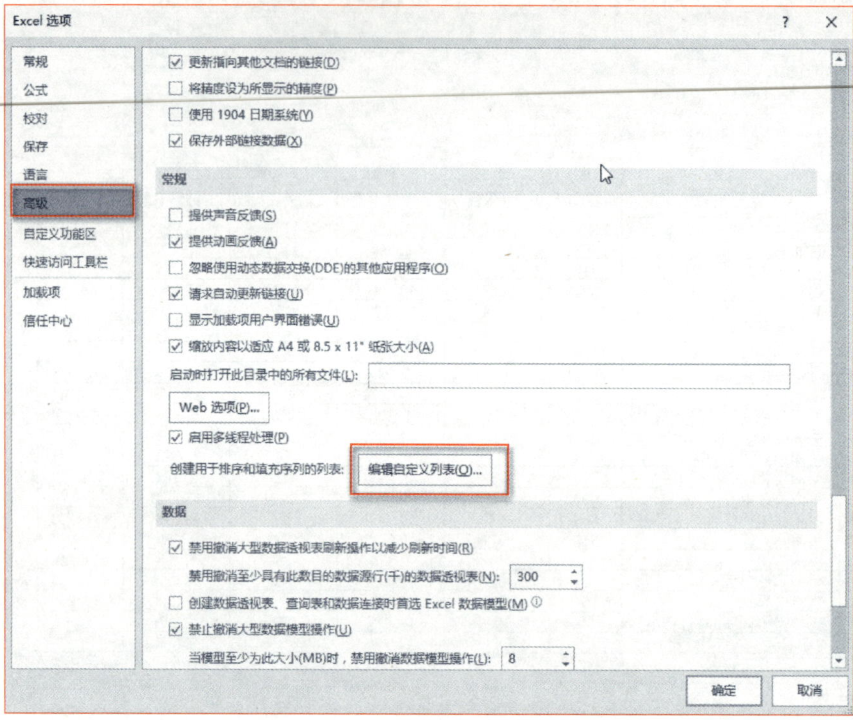

图 3–72 “编辑自定义列表”按钮

步骤 2，在弹出的“自定义序列”对话框中，输入序列，单击“添加”按钮，将其添加到自定义序列中，单击“确定”按钮完成，如图 3–73 所示。

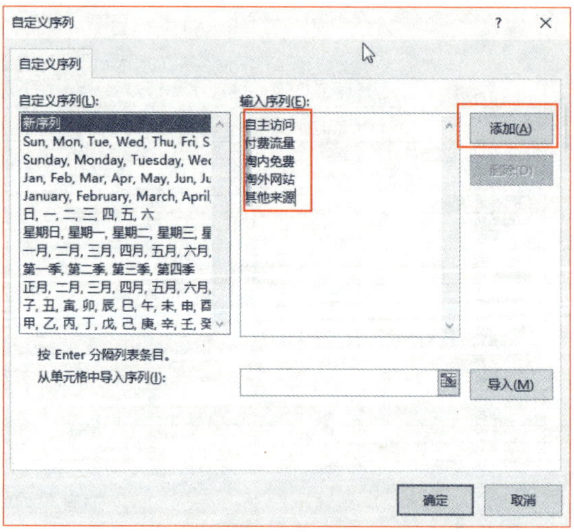

图 3–73 自定义序列

步骤 3，返回 Excel 文档中，在“数据”选项卡下的“排序和筛选”功能组中单击“排序”按钮，弹出“排序”对话框，“主要关键字”选择“来源分类”，“排序依据”选择“数值”，“次序”选择“自定义序列”，如图 3–74 所示。

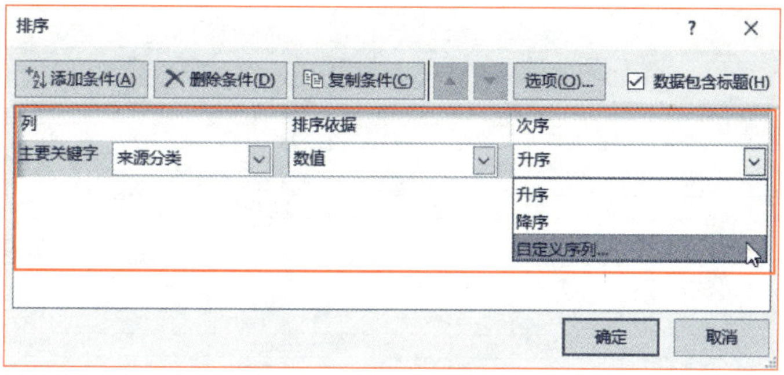

图 3–74　设置排序参数

步骤 4，在弹出的“自定义序列”对话框中，选择已经定义好的序列，如图 3–75 所示。

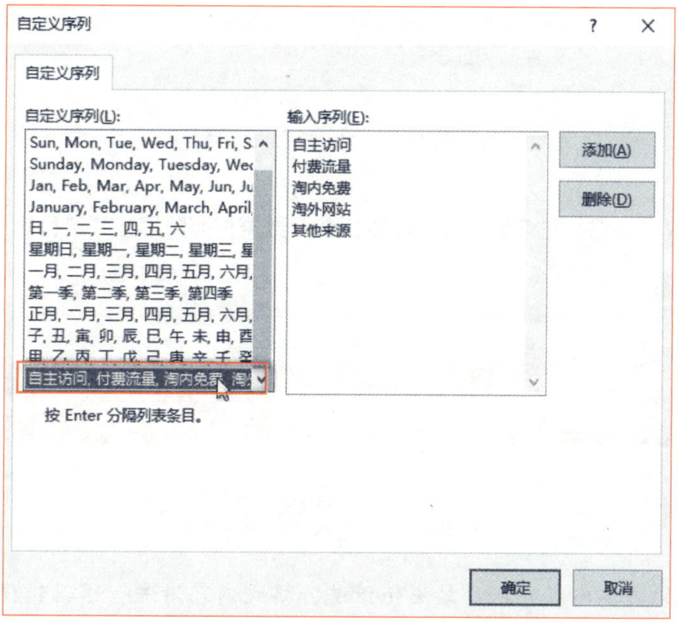

图 3–75　选择自定义序列

步骤 5，单击“确定”按钮，对该工作表按照“来源分类”完成自定义排序，如图 3–76 所示。

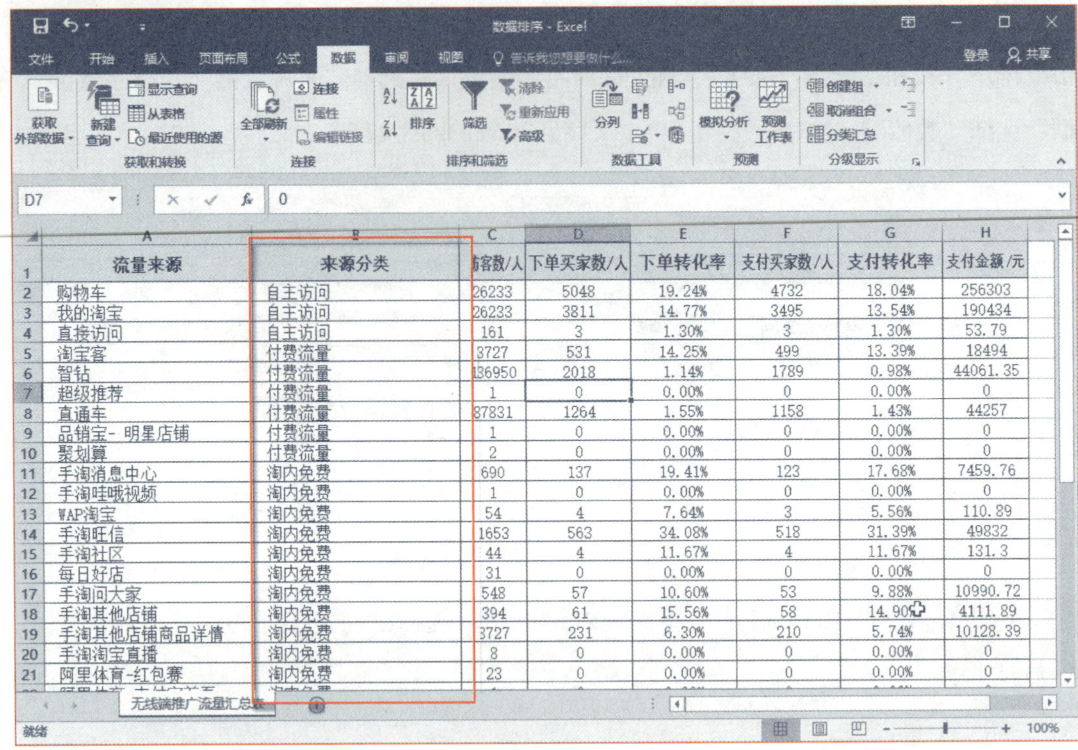

图 3-76　排序完成

实训专区 3-3

调取源数据 3-3，对该表中的“搜索指数”数据按照降序方式进行排序，方便关键词的选择和优化。

1+X 考证提要

本单元需重点理解与掌握的内容

（1）数据清洗的主要内容包括：缺失值清洗、格式内容清洗、逻辑错误清洗、重复数据清洗、无价值数据清洗。

① 缺失值清洗的内容包括空值清洗和错误标识符清洗；

② 格式内容清洗通过“设置单元格格式”“查找和替换”等方式完成；

③ 逻辑错误清洗包括数据不合理、数据自相矛盾、数据不符合规则等问题清洗；

④ 重复数据清洗通过“删除重复项”完成；

⑤ 无价值数据清洗是对数据统计或数据分析没有产生作用的数据，直接删除对应的字段。但通常情况下，并不建议删除。

（2）数据转化包括数据表的行列互换、文本数据提炼和数据类型的转换等。在 Excel 中，通过快捷键、函数等完成对应的数据转化。

（3）在 Excel 中，数据排序方式主要有三种：简单排序、高级排序和自定义排序。

单元四　数据计算

引导案例

某网店是一家天猫旗舰店，专营女士牛仔裤。近日该店主上新一批商品，并将其中两款商品加入了直通车推广，一个星期后，后台统计结果如图 3-77 所示。

	A	B	C	D	E	F
1	商品类别	采购单价/元	采购数量/条	销售单价/元	销售数量/条	直通车投放金额/元
2	商品A	24	50	60	40	600
3	商品B	58	50	118	35	600

图 3-77　网店商品直通车推广数据

为了解此次直通车的推广效果，该店主通过以下公式进行了计算：

ROI = 利润 ÷ 投资总额 ×100%

直通车 ROI = 总成交金额 ÷ 花费

计算结果如图 3-78 所示。

	A	B	C
1	商品类别	ROI	直通车ROI
2	商品A	33.33%	4.00
3	商品B	1 .00%	6.88

图 3-78　ROI 和直通车 ROI

结合案例，思考并回答以下问题：

（1）商品 A 与商品 B，哪款推广效果更好？

（2）通过公式，商家应如何提高 ROI？

（3）在电商运营中，还有哪些核心数据需要计算？

在电商企业运营过程中，会产生大量数据，这些数据被采集之后可以从中提取有用信息，形成分析结论的第一手资料。因数据表中现有的数据字段不能满足数据分析需求或最大化发掘数据价值，需要通过计算形成新的数据。在电子商务环境下，常见的数据计算形式如表 3-1 所示。

表 3-1　常见的数据计算形式一览表

序号	形式	示例
1	包含常量运算的公式计算	=20*3+25*2
2	包含单元格引用的公式计算	=A1*3+B1*2
3	包含函数的计算	=sum(A1:A10)
4	包含名称的公式计算	=销售单价*销售量
5	包含数组运算的公式计算	{=A1:A10+B1:B20}

针对以上计算形式，结合电子商务数据的一般处理要求，可以将数据计算分为以下三种类型。

一、常规计算

常规计算包括公式计算与函数计算，大多数电子商务数据均可通过常规方式完成计算处理。

以图 3-79 所示的数据为例，某网店经营女装和男装两大类商品，现需统计出某一时间段内女装的销量情况，并将结果存放在 G2 单元格中。

	A	B	C	D	E	F	G
1	商品名称	女士连衣裙	女士半身裙	女士衬衣	男士衬衣	男士牛仔裤	女装统计
2	销售数量/件	110	89	142	88	79	

图 3-79　某网店销售表

在 G2 单元格中输入公式“=B2+C2+D2”，通过单元格引用完成计算，结果如

图 3-80 所示；在 G2 单元格中输入函数 “=SUM(B2:D2)”，同样也可以完成计算，结果如图 3-81 所示。

G2　=B2+C2+D2

	A	B	C	D	E	F	G
1	商品名称	女士连衣裙	女士半身裙	女士衬衣	男士衬衣	男士牛仔裤	女装统计
2	销售数量/件	110	89	142	88	79	341

图 3-80　利用公式完成数据计算

G2　=SUM(B2:D2)

	A	B	C	D	E	F	G
1	商品名称	女士连衣裙	女士半身裙	女士衬衣	男士衬衣	男士牛仔裤	女装统计
2	销售数量/件	110	89	142	88	79	341

图 3-81　利用函数完成数据计算

二、日期计算

日期与时间本身就属于数字范畴，即可以执行计算操作，如两个日期相减、日期时间和数值的四则运算等。Excel 中还提供了一些特殊的日期函数，这些函数可以根据需要计算的日期返回特定的值，如间隔的年、月、日、工作日等。本书主要以 DATEDIF 函数和 DAYS360 函数为例讲解。

1. 利用 DATEDIF 函数计算日期差值

函数语法：DATEDIF(start_date, end_date, unit)

函数功能：用于计算两个日期之间相差的年数、月数或天数。

参数说明：start_date 表示起始日期；end_date 表示结束日期；unit 表示要返回两个日期的参数代码：Y 表示两个日期相差的总年数，M 表示两个日期相差的总月数，D 表示两个日期相差的总天数，YM 表示两个日期一年内相差的月数，YD 表示两个日期一年内相差的天数，MD 表示两个日期一个月内相差的天数。

如图 3-82 所示，统计企业会员从首次下单至最近一次下单之间的间隔时长。在编辑栏中输入 “=DATEDIF(C2, D2, "M")”，按回车键后即在 E2 单元格中返回第一位会员的间隔时长，该时长以月为单位，用同样的方法得到其他会员的间隔时长。

E2 =DATEDIF(C2,D2,"M")

	A	B	C	D	E
1	客户编号	会员ID	首次下单时间	最近下单时间	间隔时长
2	QL001	张先生kay	2019/3/18	2022/10/1	42
3	QL002	MM2019	2020/1/19	2021/11/11	21
4	QL003	啊cat	2022/1/3	2022/7/12	6
5	QL004	Lucas	2018/11/11	2019/12/12	13

图 3-82　DATEDIF 函数计算

DATEDIF 函数共有 3 个参数，前两个参数即参与计算的两个日期。需要注意的是，第 2 个参数的日期序列号要大于第 1 个参数的日期序列号，否则 Excel 会返回错误值，如图 3-83 所示。

E2 =DATEDIF(D2,C2,"M")

	A	B	C	D	E
1	客户编号	会员ID	首次下单时间	最近下单时间	间隔时长
2	QL001	张先生kay	2019/3/18	2022/10/1	#NUM!
3	QL002	MM2019	2020/1/19	2021/11/11	21
4	QL003	啊cat	2022/1/3	2022/7/12	6
5	QL004	Lucas	2018/11/11	2019/12/12	13

图 3-83　参数顺序不当引起的计算错误

2. 利用 DAYS360 函数计算日期差值

函数语法：DAYS360（start_date, end_date, method）

函数功能：按照一年 360 天的算法（每个月以 30 天计，一年共计 12 个月），用于返回两个日期间相差的天数。

参数说明：Start_date 表示计算期间天数的起始日期；end_date 表示计算期间天数的终止日期；Method 是一个逻辑值（可选参数），它指定在计算中是采用欧洲方法还是美国方法。如果 start_date 在 end_date 之后，则 DAYS360 将返回一个负数。

例如，某线下实体店初步尝试在电子商务平台经营，十分注重用户体验和用户评价。由于部分用户确认收货后会忘记填写商品评价，部门经理要求客服人员针对确认收货 10 天仍未评价的用户进行站内提醒服务。

如图 3-84 所示，在编辑栏中输入“=DAYS360(D2, TODAY（))”，按回车键后即在 E2 单元格中返回第一位会员的评价超时天数，其中 TODAY( ) 表示提取当前日期。用同样的方法可以得到其他会员的评价超时天数。

E2 =DAYS360(D2,TODAY())

	A	B	C	D	E
1	订单编号	会员名	订单付款时间	确认收货时间	评价超时天数
2	657430786644103618	张先生kay	2022/10/1	2022/10/7	9
3	557430786646587541	MM2019	2022/9/28	2022/10/1	15
4	698655489857544228	啊cat	2022/10/3	2022/10/9	7
5	657606786668954850	Lucas	2022/10/1	2022/10/5	11

图 3-84　DAYS360 函数计算

三、加权计算

加权计算不是简单的数据相加，需要通过数与权的乘积来计算，“加权”是指“乘以权重”，即“乘以系数”的意思。加权计算通过 SUMPRODUCT 函数实现。

函数语法：SUMPRODUCT（array1, array2, array3, ...）

函数功能：返回相应数组或区域乘积的和。

参数说明：array1, array2, array3, ... 为 2~255 个数组，其相应元素需要进行相乘并求和。

例如，某电商企业在年中大促前选择了多种不同的推广渠道，同时进行了活动宣传，推广效果各有不同。衡量不同渠道的推广效果，需要考虑多个指标，且各指标的权重不同。该企业详细划分了评估指标，给出了指标权重，并分别对其进行了打分，如图 3-85 所示。

	A	B	C	D	E	F	G	H	I	J	K	L
1	推广渠道	指标1	指标2	指标3	指标4	综合得分		指标	指标1	指标2	指标3	指标4
2	A	8	3	3	3			权重	10%	20%	40%	30%
3	B	5	6	6	10							
4	C	10	2	4	7							
5	D	6	10	10	1							

图 3-85　不同推广渠道的指标及权重

使用加权计算法，在 F2 单元格中输入“=SUMPRODUCT(B2:E2, I$2:L$2)”，按回车键后即在 F2 单元格中返回推广渠道 A 的综合得分，其中，I$2:L$2 用到了绝对引用 $，表示引用的单元格固定不变，这样有利于使用填充柄进行向下填充，完成其他推广渠道的综合得分计算，如图 3-86 所示。

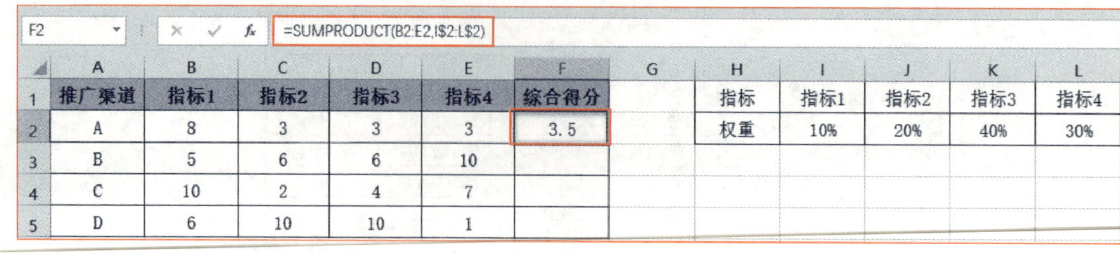

F2 =SUMPRODUCT(B2:E2,I$2:L$2)

	A	B	C	D	E	F	G	H	I	J	K	L
1	推广渠道	指标1	指标2	指标3	指标4	综合得分		指标	指标1	指标2	指标3	指标4
2	A	8	3	3	3	3.5		权重	10%	20%	40%	30%
3	B	5	6	6	10							
4	C	10	2	4	7							
5	D	6	10	10	1							

图 3-86　推广渠道 A 的综合得分计算

使用常规计算方法，在 F2 单元格中输入“=B2*I2+C2*J2+D2*K2+E2*L2”，将各指标得分与指标权重的乘积相加，同样也可以得到推广渠道 A 的综合得分，如图 3-87 所示。据此观察，SUMPRODUCT 函数在维度较多的计算中使用比较方便。

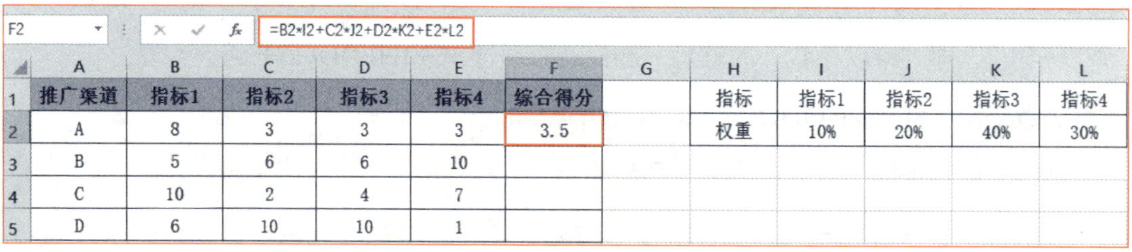

F2 =B2*I2+C2*J2+D2*K2+E2*L2

	A	B	C	D	E	F	G	H	I	J	K	L
1	推广渠道	指标1	指标2	指标3	指标4	综合得分		指标	指标1	指标2	指标3	指标4
2	A	8	3	3	3	3.5		权重	10%	20%	40%	30%
3	B	5	6	6	10							
4	C	10	2	4	7							
5	D	6	10	10	1							

图 3-87　常规计算方法对比

实训专区 3-4

调取源数据 3-4，分别计算 2022 年 1—6 月每月的成交转化率、客单价、毛利率。

1+X 考证提要

本单元需重点理解与掌握的内容

（1）电子商务数据计算的常见类型：常规计算、日期计算和加权计算。

（2）使用 SUM 函数和公式完成常规计算，常用指标平均购买次数、成交转化率、支付转化率、退货退款率等。

（3）使用 DATEDIF 函数、DAYS360 函数等日期函数完成日期计算。

（4）加权计算即数与权的乘积之和，通过 SUMPRODUCT 函数实现。

竞赛直达

赛题一：男装网店无线端流量结构核心数据处理

背景：某品牌男装网店主要经营男士T恤、衬衫、夹克、牛仔裤、休闲裤等，因其工艺精湛、款式新颖、质量上乘、品类众多、价格亲民等优势，迅速赢得了广大消费者的喜爱。经过一段时间的运营，店铺销量逐步稳定。为了判断店铺的流量来源结构是否健康，网店准备对近4周的店铺无线端流量来源关键数据进行分类统计，包括访问、下单、支付等全路径的关键指标。

要求：调取源数据3-5，并完成以下操作：利用嵌套分类汇总的方法，先对网店近4周的访客数、下单买家数、支付买家数按流量来源进行汇总，然后按来源明细再进行一次汇总（注意：分类汇总前需要先进行排序）。利用分级显示列表，隐藏数据明细，快速找到访客数最高的流量来源，并设置该单元格及其对应访客数数值为浅绿色。

赛题二：童车网店会员信息数据处理

背景：某品牌童车网店主要经营婴幼儿手推车、学步车及相应推车配件等，产品质量精良，款式多样。8月初，网店进行了为期7天的会员有礼活动，在此期间，会员用户任意购买一件商品即可0.01元换购指定商品。活动结束后，运营人员采集了相关会员信息数据，以此作为评估用户维护效果的依据。为了保证数据分析的准确性，现需要预先进行一系列数据处理。

要求：调取源数据3-6，并完成以下操作：① 逻辑错误清洗。本次换购活动仅针对2022-8-1至2022-8-7期间购物的会员，利用“条件格式”，将不在此时间范围内的“订单创建时间”用浅红色填充。② 缺失值清洗。“性别”列存在大量空格，使用“定位”工具快速对其进行内容填充，统一填充为“未知”，并填充黄色。③ 重复值清洗。利用“删除重复项”，对数据表进行重复值清洗。④ 数据排序。按“会员编号”对数据表进行升序排序。

赛题三：零食店铺商品支付转化率计算

背景：某零食网店主要经营面包、蛋糕、点心等小零食。经过精心运营后，网店3月份销售额环比上月增加了11%，小明对3月份的店铺类目结构数据进行了统计，请根据统计数据完成以下题目。

要求：调取源数据3–7，计算二级类目“饼干/膨化”整体的支付转化率，并为计算结果所在单元格填充黄色，完成后将包含操作结果的文件以附件形式上传（计算结果百分数显示，四舍五入保留2位小数）。

数据赋能

数据智能化助力税务风险防控

2019年年初，国家税务总局深圳市税务局风险防控部门通过大数据扫描，破获了一起代号为“海啸四号”的特大增值税发票虚开案。这起案件税务风控部门之所以能够及时发现疑点，实现快速精准打击，主要得益于科技手段对风险纳税人的精准锁定。

税务风险管理主要依靠风险防控数据智能平台，它能多维度搜集纳税人的“数据脚印”，将企业成立以来存在的涉税问题、行为、环节进行税务风险测定，勾勒出企业的行为特点，还原企业真实的业务逻辑，进而给企业“画像”。

基于大数据引擎进行分析，数据加工能力更加智能化。以深圳市税务局为例，税务人员利用人工智能搭建AI风控平台，结合税务登记数据、个人征信数据等多维度数据，利用机器学习的算法进行建模，为企业画像，根据画像结果精准识别税收风险，风险识别命中率高达90%。

自从将数据智能作为风险分析工具被正式运用到税收管理工作中，税收大数据和风险管理局、税收经济分析部门与其他部门已形成专业分工、优势互补的税收数据应用处理联动机制，可以对税收数据进行“链条式”加工处理。看似没有价值的数据，通过分析、挖掘，变成了有价值的数据资产，再经由模型分析，可形成逐渐清晰的个体用户画像及群体特征，同时，数据分析结果更加具象。

法治导航

“直播带货”中的两大“数据造假”行为

直播带货是一种新兴的商业模式，随着直播电商行业的发展，强者愈强的“马太效应”愈发凸显，制止流量造假就显得格外重要。

一、商家刷单、刷好评欺骗消费者

在电商行业中，商家通过刷单、刷好评误导消费者下单的现象较为常见。为吸引更多消费者，许多商家通过购买刷单服务或使用刷单软件，更改直播间观看人数、销售金额和商品评价，过分夸大商品的人气和销量，对商品或服务涉及的数据进行虚假宣传。

二、主播刷人气欺骗商家获取广告利益

在直播行为中，部分主播或网红经纪机构（Multi-Channel Network，MCN）通过虚构营销数据或成交量，来骗取商家的坑位费和佣金。此外，部分商家和MCN机构的推广合同中还会针对坑位费约定“对赌协议”，如主播在一定期间内未达到较高的投资回报率指标，则需退还全部坑位费。常见的主播数据造假事件如某主播直播间在线人数达311万人实际人数仅为11万人；某明星直播时产品当场售空，直播结束后退货率高达76.4%。

《中华人民共和国反不正当竞争法》第八条规定，经营者不得对其商品的性能、功能、质量、销售状况、用户评价、曾获荣誉等作虚假或者引人误解的商业宣传，欺骗、误导消费者。经营者不得通过组织虚假交易等方式，帮助其他经营者进行虚假或者引人误解的商业宣传。

常见的商家虚构销售额、虚构商品评价等行为，起到了吸引消费者的目的，构成虚假宣传行为。

除了《中华人民共和国反不正当竞争法》之外，《网络交易监督管理办法》也对网络交易经营者的虚构交易、编造用户评价等不正当竞争行为进行了明确。《网络交易监督管理办法》第十四条规定，网络交易经营者不得违反《中华人民共和国反不正当竞争法》等规定，实施扰乱市场竞争秩序，损害其他经营者或者消费者合法权益的不正当竞争行为。网络交易经营者不得以下列方式，作虚假或者引人误解的商业宣传，欺骗、误导消费者：（一）虚构交易、编造用户评价；（二）采用误导性展示等方式，将好评前置、差评后置，或者不显著区分不同商品或者服务的评价等；（三）采用谎称现货、虚构预订、虚假抢购等方式进行虚假营销；（四）虚构点击量、关注度等流量数据，以及虚构点赞、打赏等交易互动数据。网络交易经营者不得实施混淆行为，引人误认为是他人商品、服务或者与他人存在特定联系。网络交易经营者不得编造、传播虚假信息或者误导性信息，损害竞争对手的商业信誉、商品声誉。

党的二十大报告指出："健全网络综合治理体系，推动形成良好网络生态。"在直播行为中，无论是提供商品的商家，还是承担广告宣传的主播方，都应当避免数据造假。

职业技能训练

一、单项选择题

1. 常用的数据分类与处理方法中，不包括（　　）。

A. 分层统计　　B. 数据清洗　　C. 数据计算　　D. 数据排序

2. 下列关于分类汇总的叙述错误的是（　　）。

A. 分类汇总的步骤是先分类后汇总

B. 分类汇总前必须先对汇总的数据进行排序

C. 当需要对多个字段同时进行分类汇总时，可以选择使用嵌套分类汇总

D. 汇总方式不能选择，只能是求和

3. 在 Excel 中，错误值"#DIV/0！"代表的意思是（　　）。

A. 无法识别的数字　　B. 除数缺失

C. 字符输入太长　　D. 除数使用了数值零

4. 关于公式 =Average(A2:C2 B1:B10) 和公式 =Average(A2:C2,B1:B10)，下列说法正确的是（　　）。

A. 计算结果一样的公式

B. 第一个公式写错了，没有这样的写法

C. 第二个公式写错了，没有这样的写法

D. 两个公式都对

5.《网络交易监督管理办法》第十四条明确了网络交易经营者的（　　）、编造用户评价等行为属于虚假宣传的不正当竞争行为。

A. 虚构交易　　B. 好评返现

C. 低价销售　　D. 直播间预售

二、多项选择题

1. 数据分类与处理的作用主要表现为（　　）。

A. 集中、系统地反映客观实际　　B. 确保数据的内容完善和格式统一

C. 发现规律，实现深度挖掘　　D. 总结客户购物偏好

2. 数据分类与处理的原则主要包括客观性原则、针对性原则、便捷性原则、（　　）和（　　）。

A. 完整性原则　　B. 具体性原则

C. 严谨性原则　　D. 可行性原则

3. 在进行分类汇总时，可设置的内容有（　　）。

A. 分类字段　　B. 汇总方式（如：求和）

C. 选定汇总项　　D. 汇总结果显示在数据下方

4. 以下属于常用的数据分类与处理方法的是（　　）。

A. 分类统计　　B. 数据转化

C. 数据清洗　　D. 数据排序

5. 在Excel费用明细表中，列标题为“日期”“部门”“姓名”“报销金额”等，若要统计“报销金额”，可选择的方法有（　　）。

A. 高级筛选　　B. 分类汇总

C. 用条件求和函数SUMIF计算　　D. 用数据透视表计算汇总

三、判断题

1. 高级排序只针对单个关键字段进行排序。（　　）

2. 处理缺失值时，必须将有缺失值的记录删掉，不能采取其他方法。（　　）

3. 在进行分类汇总前必须先对汇总的数据进行排序。（　　）

4. 数据透视表不但可以进行数据计算，还可以动态地改变版面布置，任意组合字段，而且在每一次改变版面布置时，会立即按照新的布置重新计算数据。(　　)

5. 某电商企业计划统计企业会员从首次下单至最近一次下单之间的间隔时长，可以使用 DATEDIF 函数来计算间隔时长。(　　)

四、案例分析题

1. 某网店以经营空调为主，现统计到该网店 6 月份的空调销售情况，如表 3-2 所示。

表 3-2　某网店 6 月份空调销售统计表

空调类型	销售城市	销售数量 / 台	销售单价 / 元
美的空调	北京	340	2 000
美的空调	广州	320	2 000
美的空调	上海	370	2 000
美的空调	成都	260	2 000
美的空调	重庆	289	2 000
美的空调	武汉	310	2 000
TCL 空调	北京	120	1 850
TCL 空调	广州	135	1 850
TCL 空调	上海	250	1 850
TCL 空调	成都	240	1 850
TCL 空调	重庆	180	1 850
TCL 空调	武汉	267	1 850
海尔空调	北京	620	1 900
海尔空调	广州	590	1 900
海尔空调	上海	387	1 900
海尔空调	成都	254	1 900
海尔空调	重庆	263	1 900
海尔空调	武汉	325	1 900

根据表 3-2 中的数据，按下列要求在 Excel 中进行数据计算：

（1）分别计算出各销售地区不同空调类型的销售总额。

（2）分别计算出北京、广州、上海、重庆的空调销售数量。

（3）按空调类型分类，计算各空调类型的销售总量与总额。

2. 某网店推出主打商品牛仔裤，并进行了直通车推广，现采集到最近一周的各项数据，如图 3-88 所示，请分别计算该商品的点击转化率、投资回报率、直通车投入产出比。

2022. 9. 10-2022. 9. 16 牛仔裤数据采集表					
展现量/次	点击量/次	成交笔数/笔	直通车花费/元	进货成本/元	销售额/元
8 500	3 020	265	2 480. 5	8 900	20 585

图 3-88　某网店直通车推广数据

模块四

数据描述性分析

学习目标

知识目标

◆ 熟悉描述性统计量的类型和指标含义
◆ 熟悉图表趋势预测法和时间序列预测法
◆ 熟悉对比分析法的概念和方法
◆ 了解频数分析法、分组分析法、结构分析法、平均分析法、交叉分析法和漏斗图分析法

技能目标

◆ 能够利用 Excel 进行数据描述性统计分析
◆ 能够利用图表趋势预测法和时间序列预测法对电子商务日常运营数据进行趋势分析
◆ 能够使用同比分析法和环比分析法对本期和同期、本期和上期的数据进行分析
◆ 能够运用频数分析法、分组分析法、结构分析法、平均分析法、交叉分析法和漏斗图分析法对电子商务数据进行分析

素养目标

◆ 具备尊重公民隐私的意识，不侵犯公民合法权益
◆ 具备实事求是的工作态度，客观反馈数据分析结果
◆ 具备科学、严谨的职业素养，在数据描述性分析过程中，做到一丝不苟、精益求精
◆ 具备遵守《国务院反垄断委员会关于平台经济领域的反垄断指南》《中华人民共和国个人信息保护法》《互联网信息服务算法推荐管理规定》等相关法律法规的职业操守

思维导图

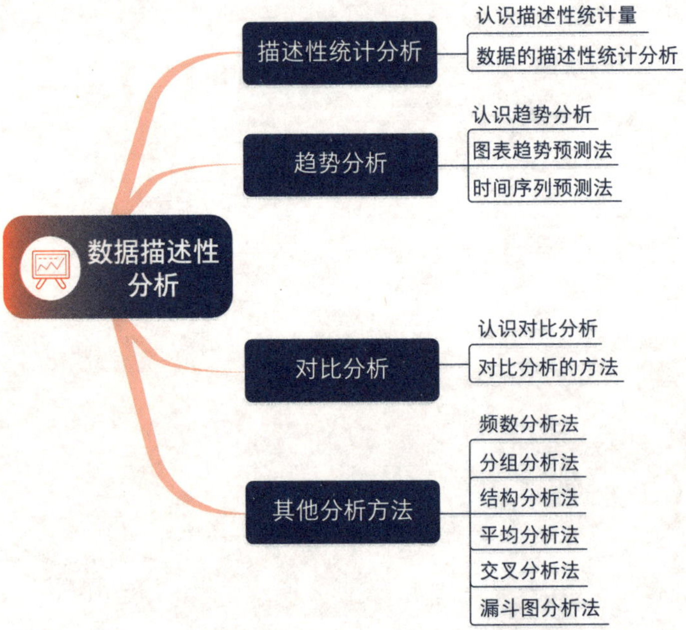

数据描述性分析
描述性统计分析
认识描述性统计量
数据的描述性统计分析
趋势分析
认识趋势分析
图表趋势预测法
时间序列预测法
对比分析
认识对比分析
对比分析的方法
其他分析方法
频数分析法
分组分析法
结构分析法
平均分析法
交叉分析法
漏斗图分析法

单元一　描述性统计分析

引导案例

对数据进行统计描述是统计分析中最基本的工作，对于整理好的数据，通过描述性统计分析，可以挖掘出很多统计量的特征。以某家航空公司的网上售票处理时长分析为例，有顾客反映其售票处理的速度太慢，为此，航空公司收集了100位顾客购票所花费时间的样本数据如表4-1所示，描述性统计分析结果如表4-2所示。

表4-1　100位顾客购票花费时间的样本数据　　单位：分钟

2.5	2.0	3.6	0.9	1.6	1.5	0.9	1.3	2.5	0.9
2.1	1.5	0.3	7.2	1.8	6.2	1.8	3.8	5.3	2.7
6.1	2.6	2.1	2.5	3.8	3.9	1.6	0.5	1.2	1.4
3.1	1.2	4.2	1.6	0.2	0.6	2.9	2.9	4.3	4.1
3.1	5.5	1.9	3.5	4.3	10.7	2.2	1.0	3.6	3.6
4.6	3.6	4.5	0.8	1.7	0.8	3.5	4.8	2.7	0.9
6.4	6.6	1.6	4.3	2.3	5.8	5.0	1.7	3.9	6.2
3.2	0.9	2.1	3.6	7.6	1.6	0.8	1.3	1.6	3.4
9.0	7.6	6.5	2.0	2.4	2.1	1.2	3.9	6.1	1.1
4.6	2.2	1.2	5.9	2.8	3.0	2.8	6.1	0.9	1.6

表4-2　描述性统计分析结果　　单位：分钟

统计量名称	数值	统计量名称	数值
平均	3.114	区域	10.5
标准误差	0.207 841 334	最小值	0.2
中位数	2.65	最大值	10.7
众数	1.6	求和	311.4
标准差	2.078 413 342	观测数	100

续表

统计量名称	数值	统计量名称	数值
方差	4.319 802 02	最大（1）	10.7
峰度	1.091 878 903	最小（1）	0.2
偏度	1.078 633 614	置信度（95.0%）	0.412 402 299

航空公司基于以上数据样本，分析得出结论：为一位顾客处理一次售票业务所需的时间设置在5分钟之内是合理的。

结合案例，思考并回答以下问题：

（1）上面的数据是否支持航空公司"为一位顾客处理一次售票业务所需的时间设置在5分钟以内是合理的"这一说法？

（2）使用哪个平均指标来分析上述问题比较合理？为什么？

数据描述性分析属于初级的数据分析，利用数据的描述性分析可以初步了解数据的基础特性。在对数据描述性分析时，一般首先要对数据进行描述性统计分析，分析对象数据的集中程度、离散程度等信息，以发现其内在的规律，为进行下一步数据分析提供有效的推断依据。

一、认识描述性统计量

描述性统计分析要对数据总体变量的有关数据做统计性描述，常见的描述性统计量主要包括以下三类，综合这三类统计量，就能够准确而清晰地把握数据的分布特点。

（一）描述变量集中趋势的统计量

数据的集中趋势分析用来反映数据的一般水平。常用的指标有平均值、中位数、众数、和等。

（1）平均值（Mean），表示变量值的平均水平，包括算术平均值、加权算术平均值、调和平均值和几何平均值。

（2）中位数（Median），是指将各变量值按大小排序后，处于序列中间位置的那个变量值。当变量个数为偶数时，中位数是位于中间位置的两个变量的算术平均值。

（3）众数（Mode），是指一组数据中出现频率最高的数据值。众数只有在总体数据量较多而又有明确的集中趋势的数据中才有意义。

（4）和（Sum），是指某变量的所有变量值之和。

如果各个数据之间的差异程度较小，用平均值有较好的代表性；如果数据之间的差异程度较大，特别是有个别的极端值，则用中位数或众数具有较好的代表性。例如，想要了解一个企业员工月收入的平均水平，如果不同职位的员工收入差异较小，用平均值就可以代表员工的月平均收入水平；如果不同职位的员工收入差异较大，如高的可达数十万元，低的仅为两三千元，则用中位数或众数来代表平均水平比较恰当。

（二）描述变量离散程度的统计量

数据的离散程度分析主要是用来反映数据之间的差异程度，离散程度越大，说明集中程度越差，平均数的代表性越弱；反之，平均数的代表性越强。描述变量离散程度的统计量有标准差、方差、最大值、最小值、极差、均值标准误差等。其中，方差和标准差是测算离散程度最重要、最常用的指标。

（1）标准差（Standard Deviation），描述变量关于均值的偏离程度。

（2）方差（Variance），是指标准差的平方，是各个观测值与其均值离差平方的均值。

（3）最大值（Maximum），是指某变量所有取值的最大值。

（4）最小值（Minimum），是指某变量所有取值的最小值。

（5）极差（Range），又称区域、全距，用 R 表示，是某变量极大值与极小值之差。

（6）均值标准误差（Standard Error of Mean），是反映抽样误差大小的统计指标，是统计推算的可靠性指标。

（三）描述变量分布情况的统计量

在统计分析中，通常要假设样本的分布属于正态分布，因此，需要用偏度和峰度两个指标来检查样本是否符合正态分布。

偏度衡量的是样本分布的偏斜方向和程度；而峰度衡量的是样本分布曲线的尖峰程度。一般情况下，如果样本的偏度接近于 0，而峰度也接近于 0，就可以判断总体的分布接近于正态分布。

（1）偏度（Skewness），描述变量分布的对称程度和方向。偏度为 0 表示对称，大于 0 表示右偏，小于 0 表示左偏。

（2）峰度（Kurtosis），描述变量分布的陡峭程度。峰度为 0 表示陡峭程度和正态分布相同，大于 0 表示比正态分布陡峭，小于 0 表示比正态分布平缓。

知识链接

偏度是以正态分布为标准来描述数据对称性的指标。偏度 =0，就是正态分布；如果频数分布的高峰向左偏移（偏度 >0），长尾向右侧延伸，则称为正偏态分布；同样，如果频数分布的高峰向右偏移（偏度 <0），长尾向左侧延伸，则称为负偏态分布。偏度分布示意见图 4-1。

峰度是相对于正态分布而言的，是描述对称分布曲线峰顶尖峭程度的指标。峰度 >0，表示两侧极端数据较少，比正态分布更高更窄，呈尖峭峰分布；峰度 <0，表示两侧极端数据较多，比正态分布更低更宽，呈平阔峰分布。峰度分布示意见图 4-2。

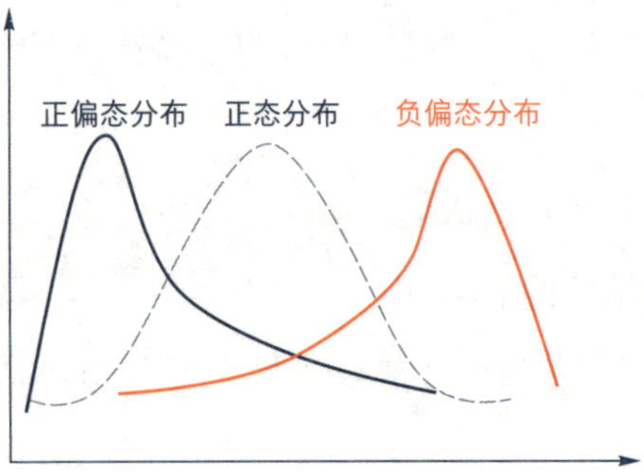

图 4-1　偏度分布示意图

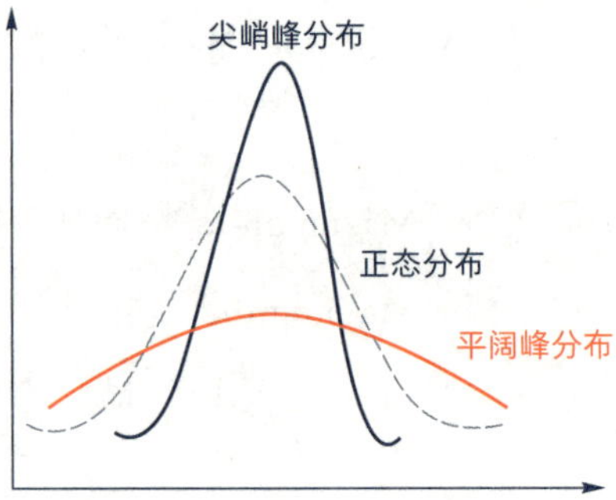

图 4-2　峰度分布示意图

二、数据的描述性统计分析

视频：数据的描述性统计分析

基于对描述性统计量的了解，某电商平台在积累了一定的访问数据之后，预对访问数据进行描述性统计分析，统计访问量的均值、区间等数据值，以此作为分析每天访问量价值的参考依据。

在 Excel 中进行数据的描述性统计分析的具体操作步骤如下：

（一）在 Excel 中添加“数据分析”加载项

一般情况下，Excel 是没有加载数据分析库的，需要用户自行加载安装。

步骤 1，打开 Excel，单击“文件”选项卡，进入“文件”功能区，单击“选项”按钮，在弹出的 Excel 选项框中单击“加载项”按钮，在“加载项”对话框里找到“管理”功能区，单击其下拉列表，选择“Excel 加载项”，并单击“转到”按钮，即可弹出“加载宏”对话框，如图 4–3 所示。

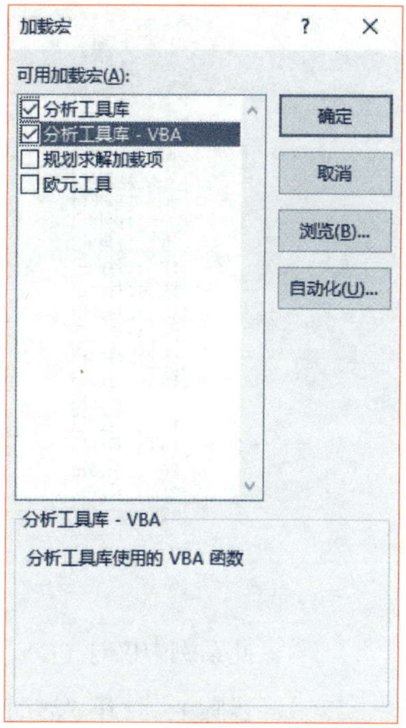

图 4–3　加载宏窗口

步骤 2，在“加载宏”对话框中选中“分析工具库”“分析工具库 –VBA”（分析工具库的编程加载项）复选框，单击“确定”按钮，即可完成“数据分析”加载项的添加。如图 4–4 所示，在 Excel“数据”菜单的右上角即出现了“数据分析”功能项。

图 4–4　完成数据分析工具添加

> **实训专区 4–1**
>
> 请在 Excel 中完成“数据分析”加载项的添加。

（二）利用 Excel 进行数据的描述性统计分析

在对数据进行描述性统计分析的过程中，一列或多列数值均可，如图 4–5 所示。

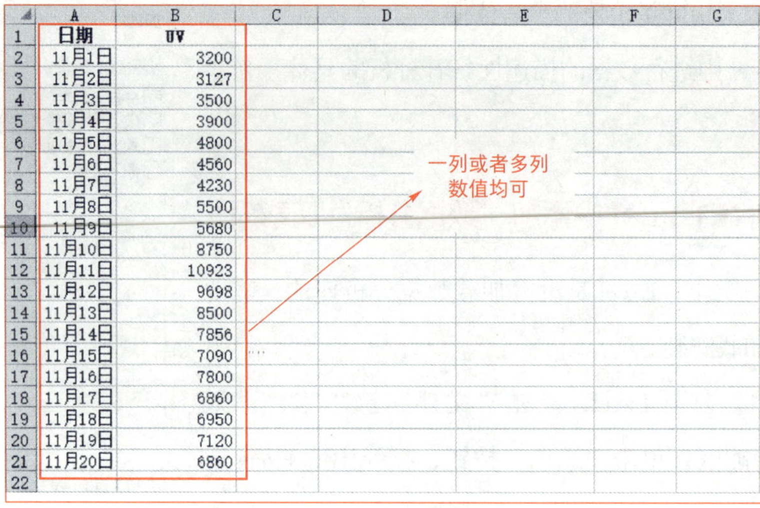

图 4-5　案例数据

此案例中仅对“UV”列数据进行描述性统计分析，具体操作步骤如下：

步骤 1，打开“活动访问数据 .xlsx”文件，选择“数据”选项卡，单击“数据分析”按钮，在弹出的“数据分析”对话框中选中“描述统计”分析工具，如图 4-6 所示。单击“确定”按钮，便弹出了“描述统计”属性设置对话框，如图 4-7 所示。

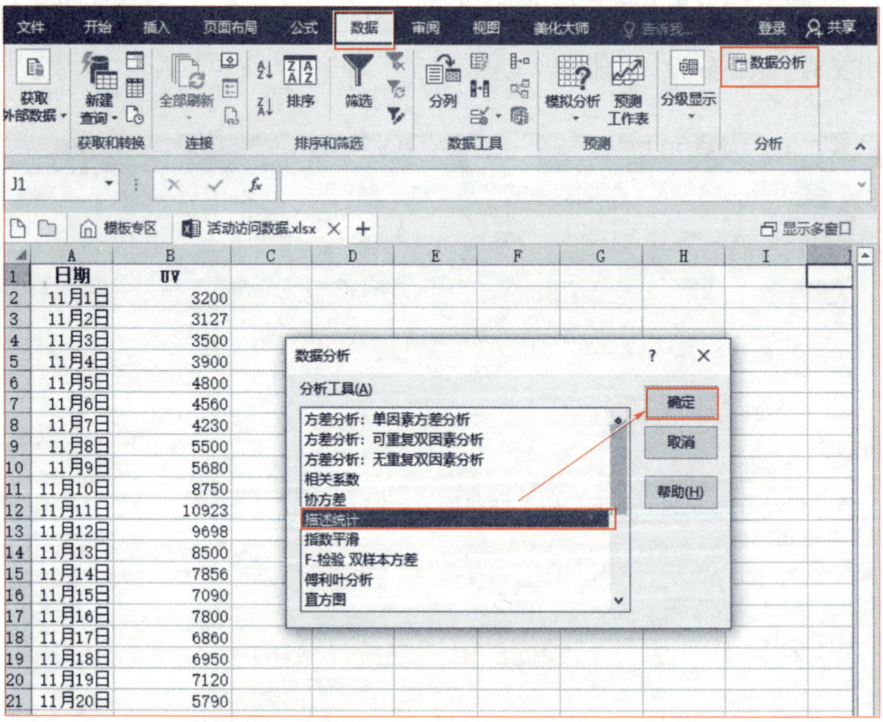

图 4-6　选择“描述统计”工具

步骤2，在如图4–7所示的“描述统计”对话框中完成各类参数的设置。

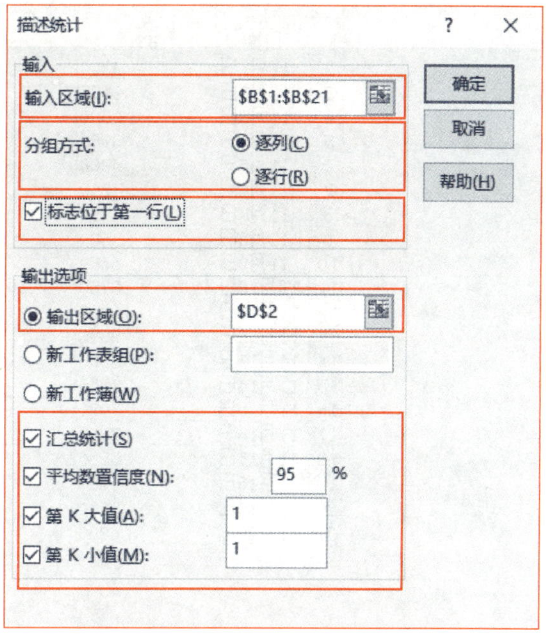

图 4–7 “描述统计”属性设置

（1）输入。

① 输入区域。选择需要分析的数据源区域，可选多行或多列，可以采用鼠标框选，也可以用键盘输入。输入时需要带上绝对引用符号“$”，如本例中数据源区域为$B$1: $B$21。

② 分组方式。选择分组方式，如果需要指出“输入区域”中的数据是按行还是按列分组，则选择“逐行”或“逐列”，本例选择“逐列”。

③ 标志位于第一行。若数据源区域第一行含有标志（字段名、变量名），则应勾选，否则，Excel 字段将以“列 1、列 2、列 3……”作为列标志，本例勾选“标志位于第一行”。

（2）输出选项。

① 输出区域。可选择当前工作表的某个活动单元格、新工作表组或新工作簿。本例将结果输出至当前工作表的 D2 单元格。

② 汇总统计。汇总统计包括平均值、标准误差（相对于平均值）、中位数、众数、标准差、方差、峰度、偏度、区域、最小值、最大值、求和、观测数等相关指标。本例勾选“汇总统计”复选框。

③ 平均数置信度。置信度也称可靠度或置信水平、置信系数，是指总体参数值落在样本统计值某一区域内的概率，常用的置信度为 95% 或 90%。本例勾选此复选框，并输入“95%”，可用来计算在显著性水平为 5% 时的平均数置信度。

④ 第 K 大（小）值。表示输入数据组的第几位最大（小）值。本例勾选此复选框，并输入“1”，结果出现最大值和最小值。

步骤 3，完成“描述统计”的设置后，单击“确定”按钮，描述统计结果就会在设定的输出区域中展示。本例中输出区域选择在本表内展示，展示结果如图 4–8 所示。

	A	B	C	D	E	F
1	**日期**	**UV**				
2	11月1日	3200			UV	
3	11月2日	3127				
4	11月3日	3500		平均	6345.2	
5	11月4日	3900		标准误差	498.9524215	
6	11月5日	4800		中位数	6860	
7	11月6日	4560		众数	6860	
8	11月7日	4230		标准差	2231.383064	
9	11月8日	5500		方差	4979070.379	
10	11月9日	5680		峰度	-0.700629171	
11	11月10日	8750		偏度	0.229487765	
12	11月11日	10923		区域	7796	
13	11月12日	9698		最小值	3127	
14	11月13日	8500		最大值	10923	
15	11月14日	7856		求和	126904	
16	11月15日	7090		观测数	20	
17	11月16日	7800		最大(1)	10923	
18	11月17日	6860		最小(1)	3127	
19	11月18日	6950		置信度(95.0%)	1044.31942	
20	11月19日	7120				
21	11月20日	6860				
22						

图 4-8　描述统计结果示例

通过如图 4-8 所示的描述性统计分析，可以看到平均值、众数、方差、标准差等统计数据，由数据结果可以得到数值的大体特征。例如，本例的访客数平均值是 6 345.2，中位数和众数均为 6 860，最大值是 10 923，最小值是 3 127。再看偏度及峰度，峰度 <0 且偏度 >0，说明数值分布是呈平阔峰式正偏态分布。通过以上分析可以看到，该电商平台这一时间段内访问量的大体情况是：由于“双 11”的到来，随着平台各种推广活动的开展，访客量在“双 11”前呈增长趋势，且在“双 11”当天达到最高。随着活动结束，店铺的访客量有所下降，但是整体来看，本次活动让店铺访客量的平均水平得到了提高。

实训专区 4-2

调取源数据 4-1，完成店铺 7 月 14 日到 8 月 12 日期间访客量、浏览量两列数值的描述性统计分析。

1+X 考证提要

本单元需重点理解与掌握的内容

（1）描述变量集中趋势的统计量：平均值、中位数、众数、和等。

（2）描述变量离散程度的统计量：标准差、方差、最大值、最小值、极差、均值标准误差等。

（3）描述变量分布情况的统计量：偏度、峰度。

（4）在 Excel 中添加“数据分析”加载项的操作步骤：文件—选项—加载项—加载宏。

（5）利用 Excel 进行数据的描述性统计分析的操作步骤：打开“数据分析”窗口—选择“描述统计”按钮—完成参数设置—分析描述统计结果。

（6）根据“描述统计”结果，分析各类统计量所显示的集中趋势、离散趋势、分布情况等。

单元二　趋势分析

引导案例

趋势预测是将历史资源和数据按照时间顺序排列成一个系列，根据时间序列所反映的经济现象的发展过程和趋势，将时间序列外推或延伸，来预测经济现象未来可能达到的水平。

随着人均可支配收入的增加以及母婴童家庭消费能力的提升，中国母婴市场持续增长，据艾瑞咨询发布的《2022 中国母婴行业研究报告》的统计数据显示，2021 年中国母婴消费规模达 34 591 亿元，如图 4-9 所示。从图 4-9 中不难看出，中国母婴消费规模从 2016 年到 2021 年呈逐年增长态势。

结合案例，思考并回答以下问题：

（1）图 4-9 中的虚线是否能够呈现出 2016—2021 年中国母婴市场消费规模的变化趋势？

（2）预测 2022 年中国母婴市场消费规模的数据可以采用哪些方式？

（3）如果用 y 代表某一年的消费规模，x 代表第几个年份，已知 y 与 x 有以下关系：y=2 687.4x + 18 421，请计算出 2022 年中国母婴市场消费规模的预测值。

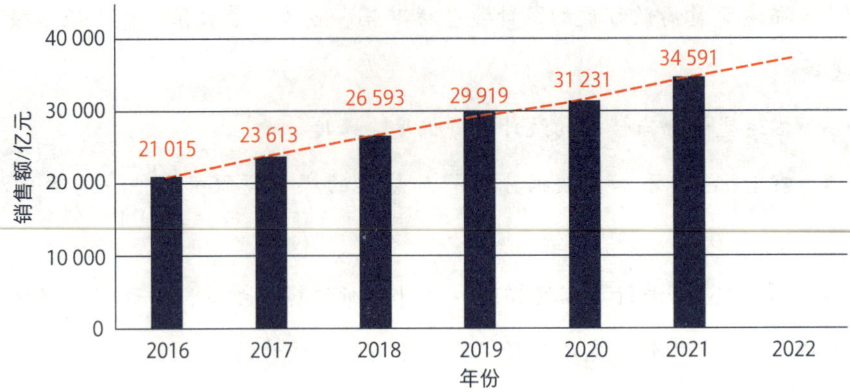

图 4-9　2016—2021 年中国母婴市场消费规模

一、认识趋势分析

趋势分析是在已有数据的基础上，利用科学的方法和手段，对未来一定时期内的市场需求、发展趋势和影响因素的变化做出判断，进而为营销决策服务。

趋势分析一般适用于产品核心指标的长期跟踪，比如点击率、成交金额、活跃用户数等。做出简单的数据趋势图并不算趋势分析，趋势分析更多的是明确数据变化，并对变化的原因进行分析，包括外部原因和内部原因。

Excel 提供图表趋势预测法、时间序列预测法及多个相关的预测函数，接下来将借助 Excel 提供的这些功能来完成电商数据的趋势分析。

二、图表趋势预测法

（一）认识图表趋势预测法

在电商企业经营过程中，商家可以通过图表趋势预测法预测商品销量和销售额，根据预测值调整销售策略。

在 Excel 中，图表趋势预测法的基本流程为：

（1）根据给出的数据，制作散点图或者折线图。

（2）观察图表形状，并添加适当类型的趋势线。

（3）利用趋势线外推或利用回归方程计算预测值。

从以上图表趋势预测法的基本流程中不难看出：趋势线（见图 4-10）在趋势分析过程中起到了重要作用。趋势线是一种回归分析的基本方法，回归分析是确定两种或两种以上变量间相互依赖的定量关系的一种统计分析方法。通过回归分析，可以使趋势线延伸至事实数据之外，从而预测未来值。趋势线的作用大到制定组织战略规划，小到制订工作计划，用途很广。

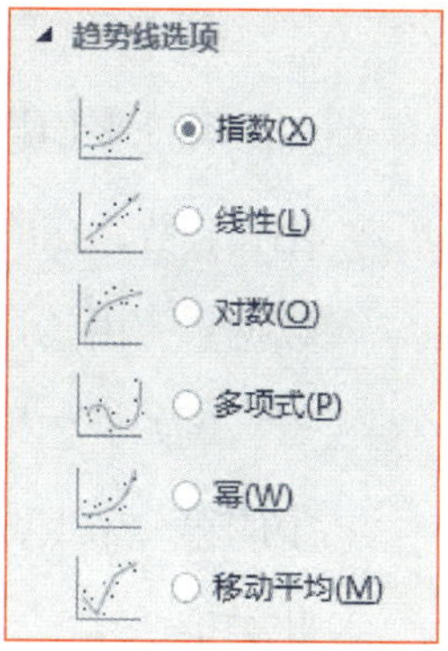

图 4-10 “趋势线”示例

Excel 图表中的趋势线是一种直观的预测分析工具，通过这个工具，用户可以很方便地从图表中获取预测数据信息。趋势线的主要类型有线性、指数、对数、多项式、幂、移动平均等。选择合适的趋势线类型是提升趋势线的拟合程度、提高预测分析准确性的关键。

1. 线性趋势线

线性趋势线适用于增长或降低的速度比较平稳、关系稳定，数据点构成趋势近乎是直线的预测，如某企业产量与用电量的数据。

2. 指数趋势线

指数趋势线适用于增长或降低的速度持续增加，且增加幅度越来越大的数据集合，数据点构成趋势为曲线的预测，如某地不同高度的大气压数据。需要注意的是，如果数据值中含有零或负值，就不能使用指数趋势线。

3. 多项式趋势线

多项式趋势线适用于增长或降低的波动幅度较大的数据集合，它可用于分析大量数据的偏差，如居民消费价格指数波动情况。多项式的阶数可由数据波动的次数或曲线中拐点（峰和谷）的个数确定。二阶多项式趋势线通常仅有一个峰或谷。三阶多项式趋势线通常有一个或两个峰或谷。四阶多项式趋势线的峰和谷通常多达三个。

4. 对数趋势线

对数趋势线适合增长或降低幅度开始比较快，后来逐渐趋于平缓的数据集合，如人的年龄与身高数据。

5. 乘幂趋势线

乘幂趋势线适用于增长或降低速度持续增加，且增加幅度比较恒定的数据集合。例如，赛车 1 秒内的加速度、自由落体的时间与高度数据。需要注意的是，如果数据中含有零或负值，就不能创建乘幂趋势线。

6. 移动平均趋势线

移动平均趋势线用于平滑处理数据中的微小波动，从而更加清晰地显示数据的变化和趋势，在股票、基金、汇率等技术分析中常用。移动平均趋势线使用特定数量的数据点（由“周期”选项设置），取其平均值，然后将该平均值作为趋势线中的一个点。例如，如果“周期”设置为 2，那么前两个数据点的平均值就是移动平均趋势线中的第一个点，第二个和第三个数据点的平均值就是移动平均趋势线的第二个点，依此类推。

特定类型的数据具有特定类型的趋势表现，要获得精确的预测，为数据选择合适的趋势线非常重要。在实际应用时，不可仅凭主观臆断草率决定。选择哪种趋势线最合适主要取决于趋势线的 *R* 平方值。*R* 平方值为回归平方和与总离差平方和的比值，表示总离差平方和中可以由回归平方和解释的比例，这一比例越大越好，模型越精确，回归效果越显著。*R* 平方值介于 0~1 之间，越接近 1，回归拟合效果越好，一般认为超过 0.8 的模型拟合度比较高。在 Excel 中，借助趋势线进行趋势预测时，选中“显示 *R* 平方值”复选框，即可在预测图表中出现 *R* 平方值。

（二）利用图表趋势预测法分析

以上介绍的趋势线中，常用的有线性趋势线、指数趋势线、多项式趋势线，接下来将通过案例详细介绍如何借助这三类趋势线完成趋势预测分析。

1. 利用线性趋势线预测店铺销售额

视频：利用线性趋势线预测店铺销售额

某店铺 2013—2021 年的销售额数据已知，欲利用线性趋势线预测 2022 年和 2023 年的店铺销售额。具体操作步骤如下：

步骤 1，打开“某店铺销售额数据.xlsx”文件，选择 A2：B12 单元格区域，选择“插入”选项卡，在“图表”组中单击“折线图”下拉按钮，选择“带数据标记的折线图”选项，添加图表标题，即可完成折线图的添加，如图 4-11 所示。

步骤 2，选中折线图表，在“图表工具”中选择“设计”选项卡，在“添加图表元素”组中单击“趋势线”下拉按钮，选择“线性”选项，即可完成线性趋势线的添加，如图 4-12 所示。

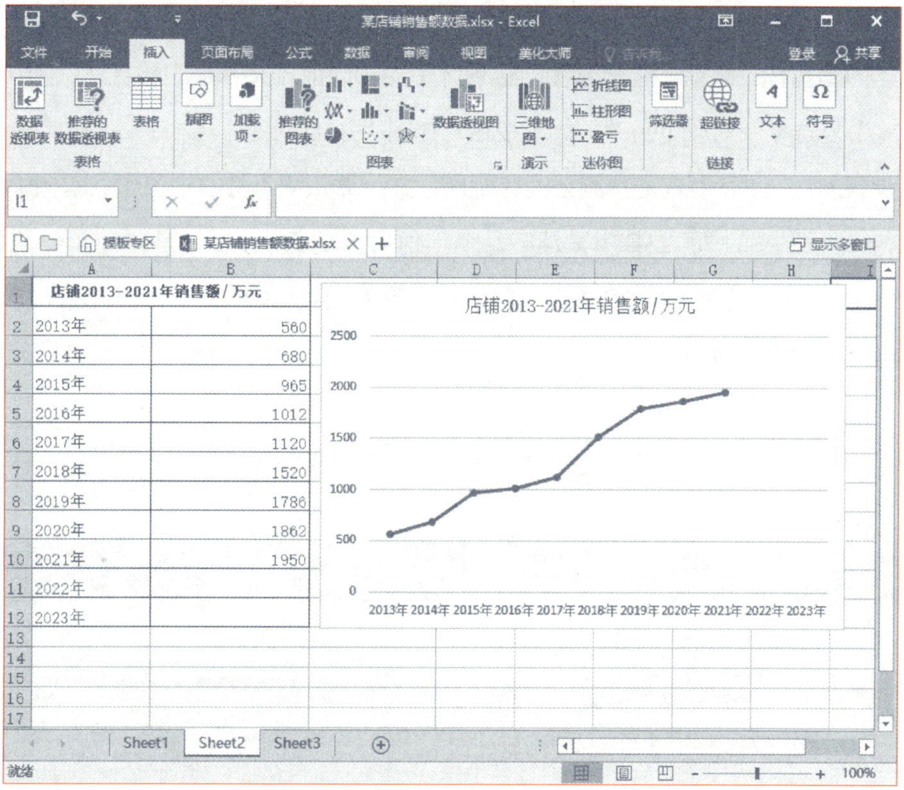

图 4-11　添加折线图

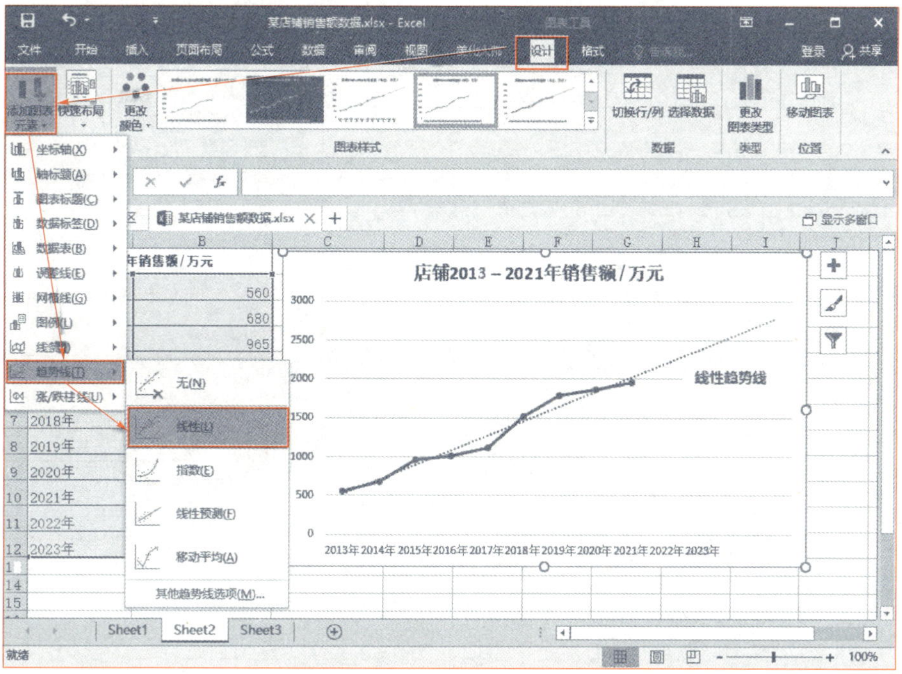

图 4-12　添加线性趋势线

步骤 3，双击插入的趋势线，弹出“设置趋势线格式”对话框，本例中需往前预测两年的销售额，故在“趋势预测”选项区中的“向前”文本框中输入 2，选中“显示公式”复选框，然后单击“关闭”按钮，如图 4-13 所示。

步骤 4，在图表中查看预测公式，使用公式计算预测年份的销售额。本例中公式为“$y=187.6x+334.78$”，其中 x 是第几个年份对应的数据点，y 是对应年份的销售额。由于 2022 年是第 10 个数据点，2023 年是第 11 个数据点，由此计算出 2022 年和 2023 年的店铺销售额为：

$$y_{2022年}=187.6\times10+334.78=2\ 210.78（万元）$$

$$y_{2023年}=187.6\times11+334.78=2\ 398.38（万元）$$

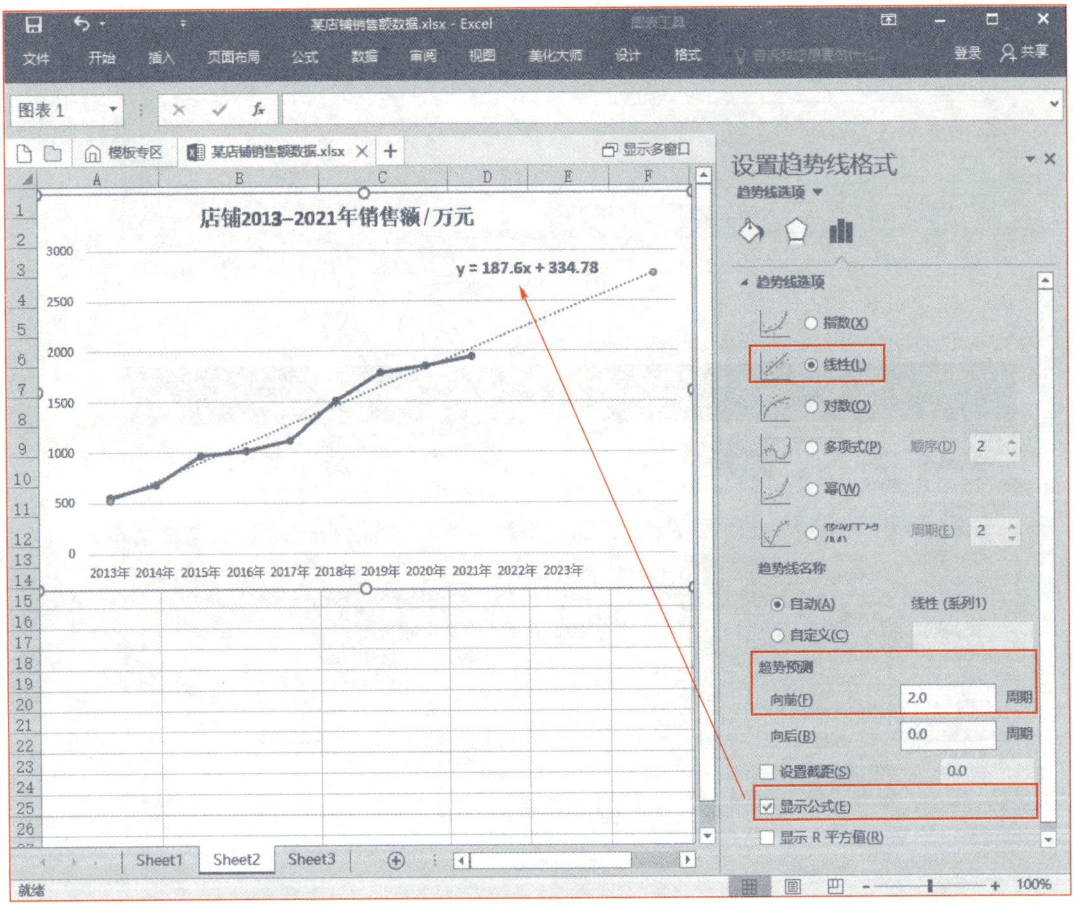

图 4-13　设置线性趋势线格式

实训专区 4-3

在上述案例中，已通过公式算出 2022 年和 2023 年的店铺销售额，请在当前趋势线不变的情况下，完成 2024 年和 2025 年店铺销售额的预测计算。

2. 利用指数趋势线预测店铺销量

某店铺近 10 个月的销量数据已知，欲利用指数趋势线预测 11 月和 12 月的店铺销量。具体操作步骤如下：

视频：利用指数趋势线预测店铺销量

步骤 1，打开“某店铺销量数据 .xlsx”文件，选择“A2：B13”单元格区域，选择“插入”选项卡，在“图表”组中单击“散点图”下拉按钮，选择“仅带数据标记的散点图”选项，散点图插入完成后，添加图表标题，完成图表的基本设置，如图 4-14 所示。

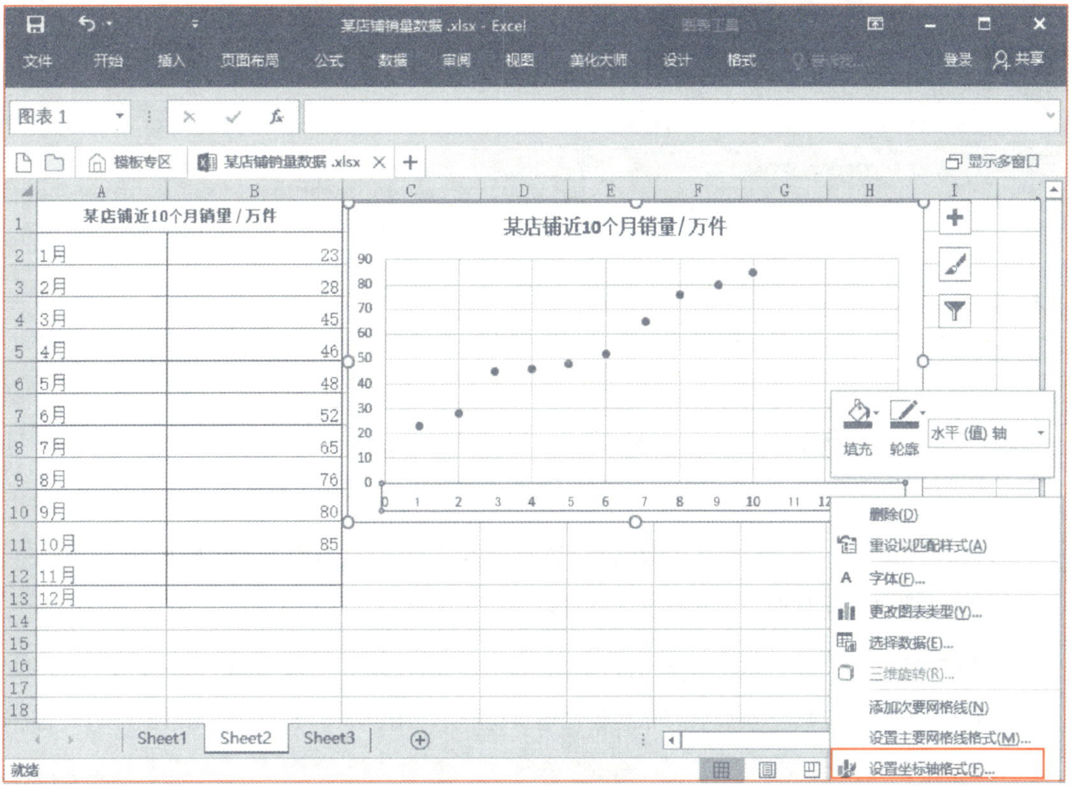

图 4-14　添加散点图

步骤 2，选中散点图图表，在“图表工具”中选择“设计”选项卡，在“添加图表元素”组中单击“趋势线”下拉按钮，选择“指数”选项，完成趋势线添加，结果如图 4-15 所示。

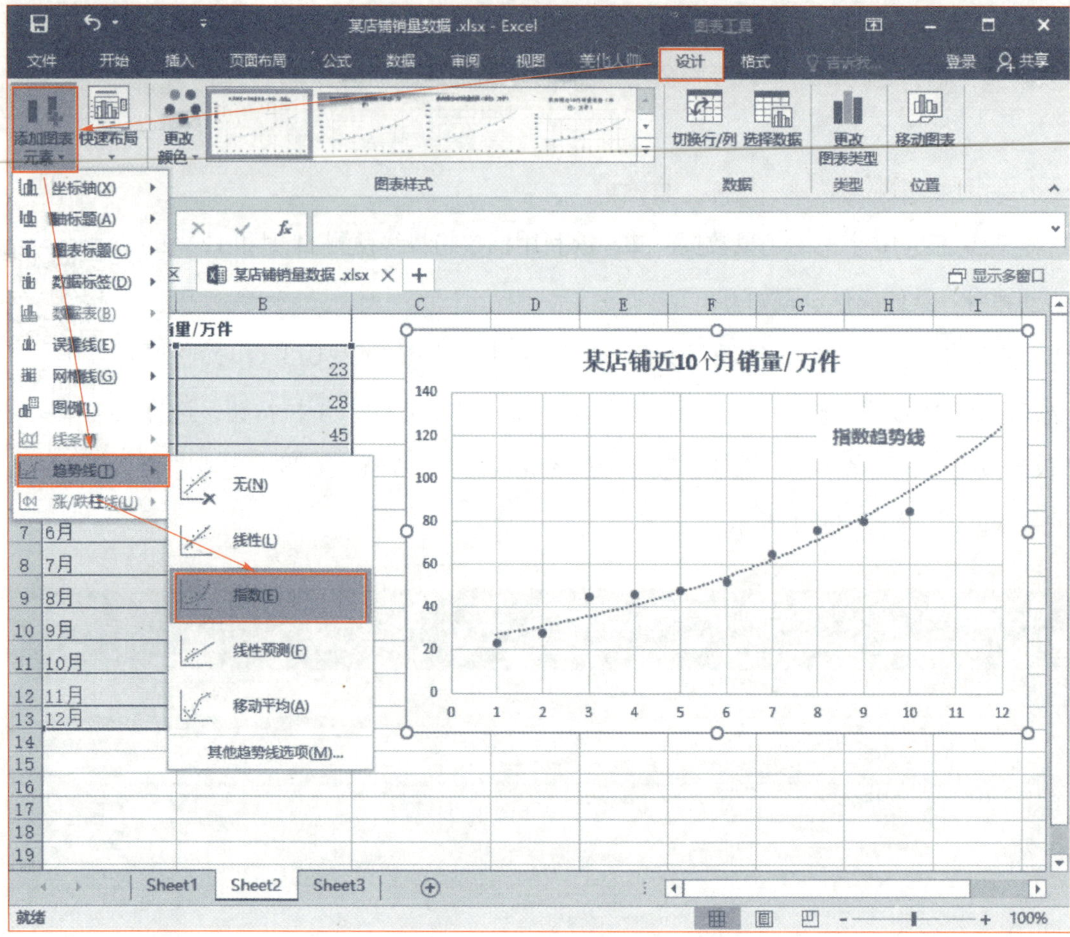

图 4-15　添加指数趋势线

步骤 3，双击插入的趋势线，弹出“设置趋势线格式”对话框，本例中需预测 11 月、12 月的销量，故在“趋势预测”选项区中“向前”文本框中输入 2，选中“显示公式”和“显示 R 平方值”复选框，然后单击“关闭”按钮，如图 4-16 所示。

步骤 4，此时即可根据公式或指数趋势线预测 11 月和 12 月的销量。本例中公式为 $y=23.661e^{0.138\,5x}$，其中 x 是第几个月份对应的数据点，y 是对应月份的销量。由于 11 月是第 11 个数据点，12 月是第 12 个数据点，由此计算出 11 月和 12 月的店铺销量如下：

$$y_{11月}=23.661e^{0.138\,5\times 11}\approx 108.56\ （万件）$$

$$y_{12月}=23.661e^{0.138\,5\times 12}\approx 124.69\ （万件）$$

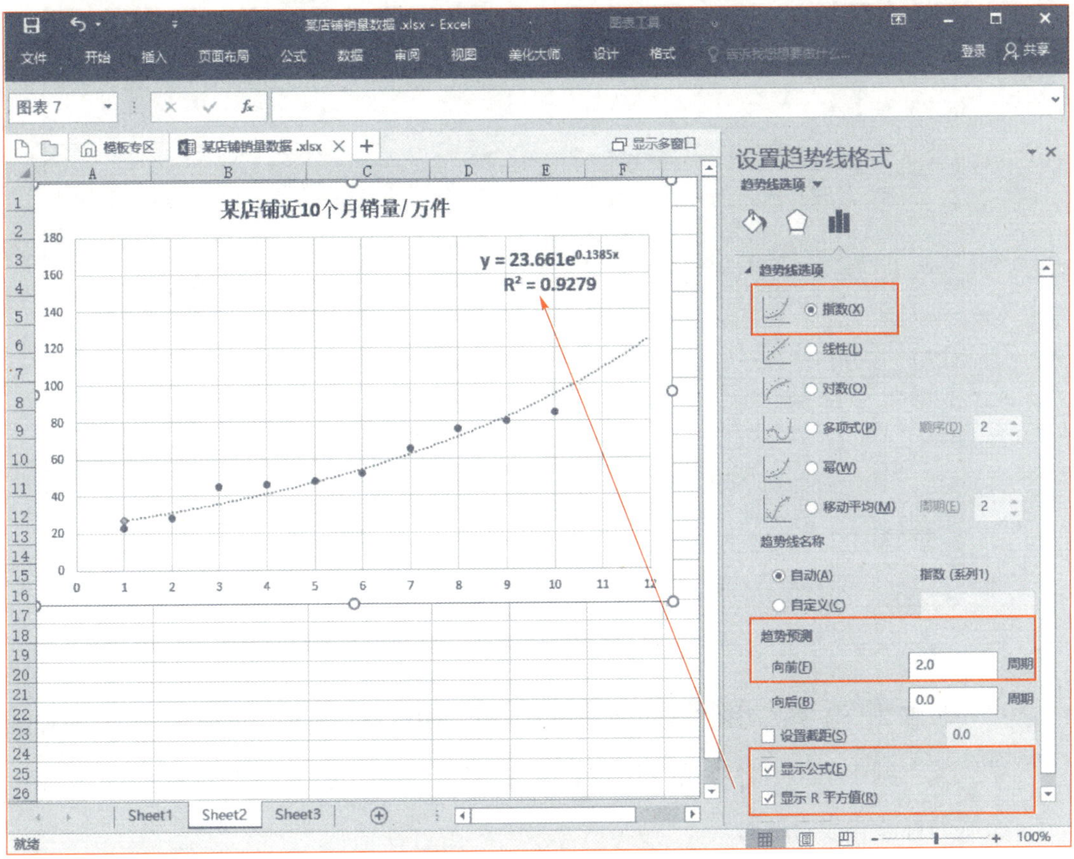

图 4-16　设置趋势线格式

实训专区 4-4

调取源数据 4-2，利用指数趋势线预测店铺第二年 1 月的销量。

3. 利用多项式趋势线预测销售费用

某店铺 2022 年 8 月 1 日至 2022 年 8 月 20 日的销售额和销售费用数据已知，在 8 月 21 日的销售额也已知的情况下，欲利用多项式趋势线预测 8 月 21 日的销售费用。具体操作步骤如下：

视频：利用多项式趋势线预测销售费用

步骤 1，打开“销售额和销售费用分析 .xlsx”文件，选择 B2: C22 单元格区域，选择“插入”选项卡，在“图表”组中单击“散点图”下拉按钮，选择“仅带数据标记的散点图”选项，完成散点图的插入。调整图表的大小和位置，添加图表标题，散点图即设置完成，如图 4-17 所示。

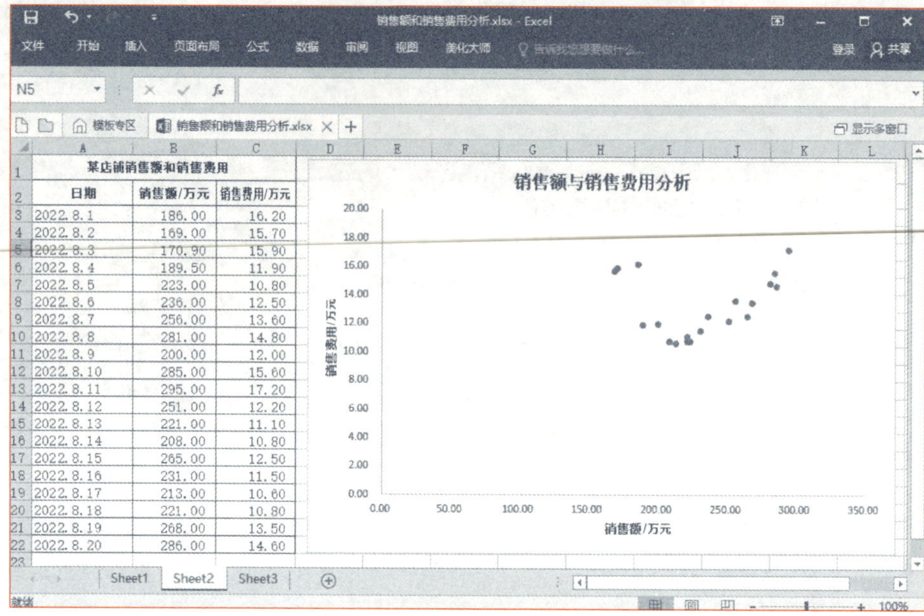

图 4-17　添加散点图

步骤 2，选中散点图图表，在“图表工具”中选择“设计”选项卡，在“添加图表元素”组中单击“趋势线”下拉按钮，选择“线性”选项，如图 4-18 所示，即可完成线性趋势线的添加。

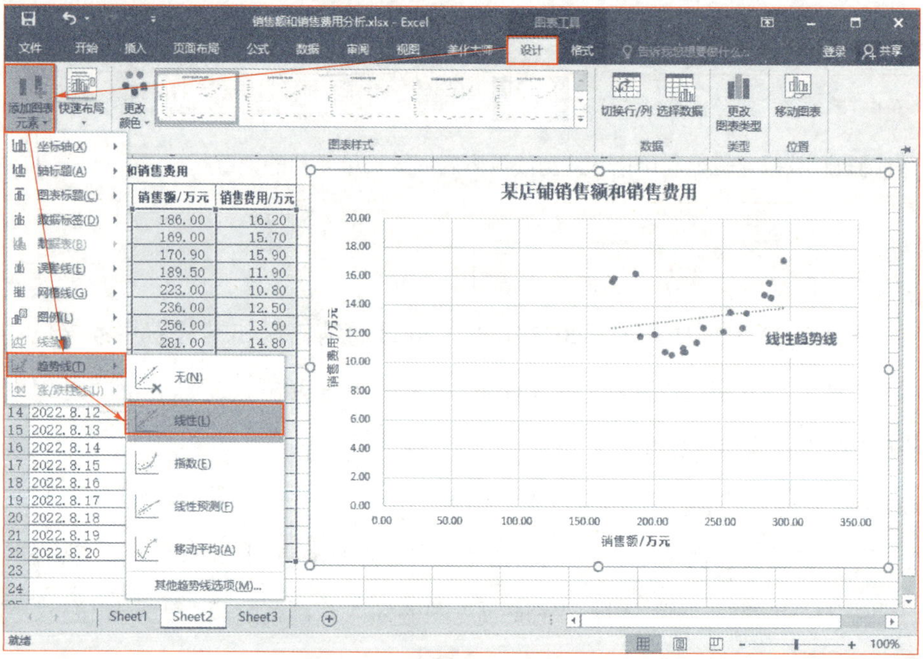

图 4-18　添加线性趋势线

步骤 3，双击插入的趋势线，在弹出的“设置趋势线格式”对话框中选中“多项式”单选按钮，在“顺序”数值框中输入 2，选中“显示公式”和“显示 R 平方值”复选框，然后单击“关闭”按钮，即可在图表中看到预测公式和 R 平方值，如图 4-19 所示。

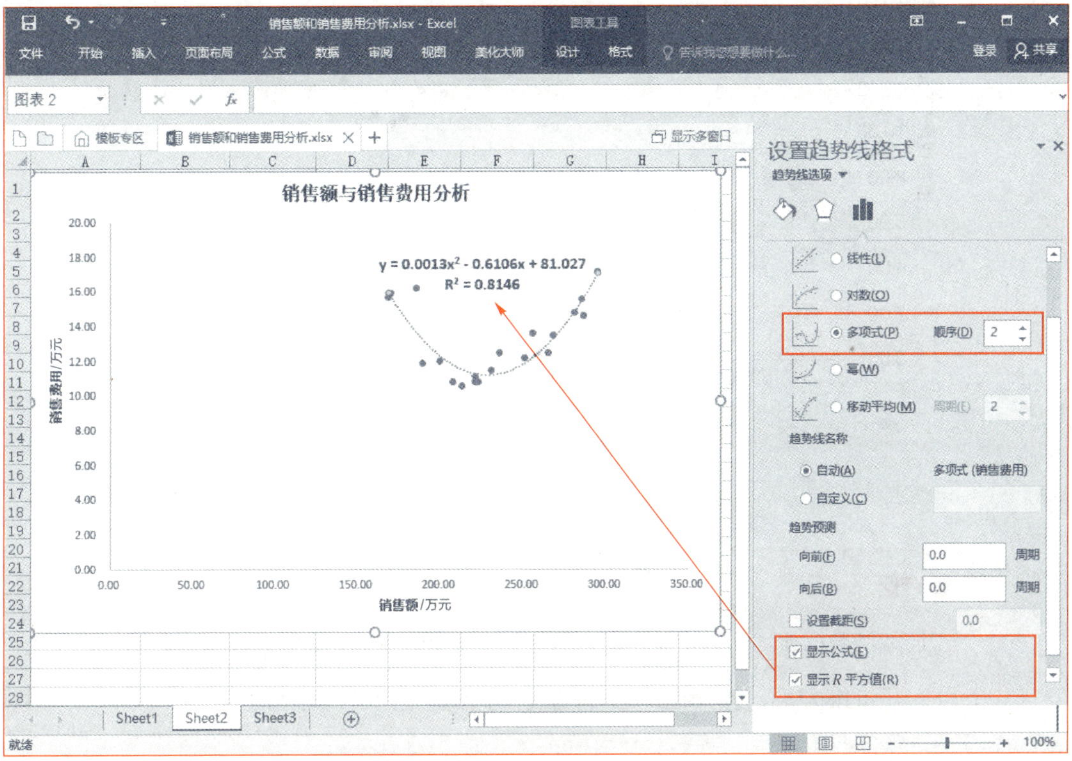

图 4-19　设置趋势线格式

需要注意的是，多项式趋势线可以使用 2~6 个系数，系数确定后对应的多项式阶数随即确定，如系数为 2 个，对应的多项式为二阶多项式，其中高阶趋势线往往可以描述具有复杂或者多重曲线的数据集。

步骤 4，选中散点图图表，在“图表工具”中选择“设计”选项卡，在“添加图表元素”组中单击“轴标题”下拉按钮，分别对“主要横坐标轴”“主要纵坐标轴”的标题和格式进行调整，即完成了销售额与销售费用分析趋势图，如图 4-20 所示。

步骤 5，在已知销售额的情况下，可根据公式计算对应的销售费用的预测值。

如本例中公式为“$y=0.001\,3x^2-0.610\,6x+81.027$”，其中 x 是销售额，y 是该销售额对应的销售费用。如已知 8 月 21 日该店铺的销售额是 300 万元，由此计算出其销售费用的预测值如下：

$$y=0.0013\times300^2-0.6106\times300+81.027\approx14.85\text{（万元）}$$

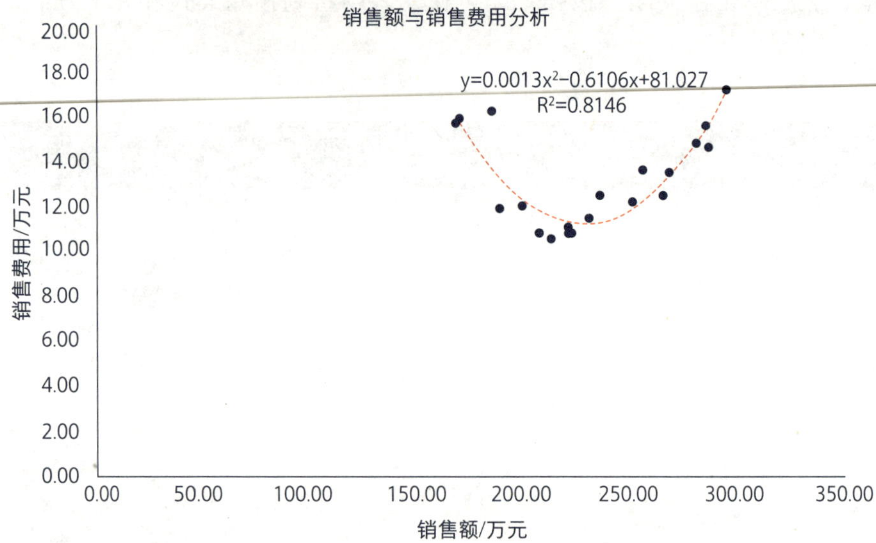

图 4-20　销售额与销售费用分析趋势图

实训专区 4-5

调取源数据 4-3，可知某店铺 6 月 1 日到 6 月 20 日的销售额和销售费用，并已知 6 月 21 日的销售额，请利用多项式趋势线预测店铺 6 月 21 日的销售费用。

三、时间序列预测法

（一）认识时间序列预测法

时间序列是指某种变量在一定时间段内的不同时间点上观测值的集合。这些观测值是按时间顺序排列的，时间点之间的间隔是相等的，可以是年、季度、月、周、日或其他时间段，如按年、季度、月、周、日统计的商品销量、销售额或库存量。

时间序列预测法是一种回归预测方法，是把统计资料按时间发生的先后顺序排序得出的一连串数据，利用该数据序列外推预测对象未来的发展趋势。简而言之，时间序列预测法就是根据时间发展进行预测。

1. 时间序列预测法的基本原理

一方面，承认事物发展的延续性，运用过去时间序列的数据进行统计分析，推测出事物的发展趋势；另一方面，充分考虑到偶然因素的影响而产生的随机性，为了消除随机性的影响，时间序列预测法利用历史数据进行统计分析，并对数据进行适当处理，进行趋势预测。

2. 时间序列预测法的基本特点

（1）假设事物发展趋势会延伸到未来。

（2）预测所依据的数据具有不规则性。

（3）不考虑事物发展中的因果关系。

3. 时间序列预测法的优缺点

（1）优点。在分析过去、现在、未来的关系，未来的结果与过去、现在的各种因素之间的关系时，效果比较好，数据处理不复杂。

（2）缺点。反映对象线性的、单向的联系。适合预测在时间方面稳定延续的过程，不适合进行长期预测。

4. 时间序列预测法的一般步骤

（1）收集、整理历史资料，编制时间序列。进行这项工作的要求是：时间序列要完整、准确；各数据间应具有可比性，要将不可比的数据整理为可比数据；如果在时间序列中存在极端值，要将其删除。

（2）绘制图形。把时间序列绘制成统计图，以便更好地体现变量的发展变化趋势和统计数据的分布特点。

（3）建立预测模型，进行预测计算。选择预测模型时，主要考虑预测期的长短、时间序列的类型、预测费用的多少、预测准确度的大小、预测方法的实用程度。

（4）评价预测结果。从统计检验和直观判断两个方面对使用统计、数学方法取得的预测结果进行评价，以判断预测结果的可信程度以及是否切合实际。

（二）时间序列预测法的主要方法

时间序列预测法一般可分为确定性时间序列预测法和随机时间序列预测法。确定性时间序列预测法有季节波动法、移动平均法、指数平滑法、差分指数平滑法、自适应过滤法、直线模型预测法、成长曲线模型预测法等。随机时间序列预测法是通过建立随机时间序列模型来预测，对方法和数据要求都很高，精度也很高。

在时间序列预测法中，季节波动法、移动平均法和指数平滑法比较常用。

1. 季节波动法

季节波动法又称季节周期法、季节指数法、季节变动趋势预测法，是对季节波动的时间序列进行预测的方法。季节波动是指某些社会经济现象由于受自然因素、消费习惯、风俗习惯等因素的影响，在一年内随着季节的更换而引起的有规律的变动。由于季节波动，一些商品在一年中的销量会相应发生波动。例如，生鲜、服装、空调或冰箱等商品的销售情况在不同的季节会有明显的区别。虽然不同商品具有各自季节变动的状态，但其共同特点是季节变动的循环周期为一年，而且在一年中随着季节的更替呈现出有规律的变动。

利用季节波动法进行预测的具体操作步骤是：

（1）收集历年（通常至少 3 年）各月或各季度的统计资料，以此作为观察值。

（2）求出各年同月或同季度观察值的平均数（用 A 表示）。

（3）求出历年所有月份或季度的平均值（用 B 表示）。

（4）计算各月或各季度的季节指数，又称季节比率，即 $S=A/B$。

（5）根据未来年度的全年趋势预测值，求出各月或各季度的平均趋势预测值，乘以相应的季节指数，得出未来年度内各月或各季度包含的季节变动的预测值。

2. 移动平均法

移动平均法是用一组最近的实际数据值来预测未来一期或几期内数值的常用方法，如预测公司产品的需求量、公司产能等，当产品需求量既不快速增长也不快速下降，且不存在季节性因素时，移动平均法能有效地消除预测中的随机波动。

简单举例来说，当一个企业购入原材料，以移动平均法对发出的成本进行计算：如原有材料单价为 a 元，数量为 b，一次购入原材料的实际单价为 $a1$ 元，数量为 $b1$，当发出原材料时，发出成本的单价为：$(a \times b + a1 \times b1)/(b1 + b)$。如果期间又购入原材料，则在下次发出原材料时，其发出成本是用上次发出后的余额与现购的总额再求一次单价。这可以被看作是一个移动的过程，因此叫移动平均法。

3. 指数平滑法

指数平滑法指以某种指标的本期实际数和本期预测数为基础，引入一个简化的加权因子，即平滑系数，以求得平均数的一种指数平滑预测法。平滑系数必须大于 0 且小于 1，如 0.1、0.4、0.6 等。其计算公式为：

下期预测数 = 本期实际数 × 平滑系数 + 本期预测数 ×（1 − 平滑系数）

如某种产品销售量的平滑系数为 0.4，2021 年实际销售量为 50 万件，预测销售量为 55 万件，则 2022 年预测销售量为：

2022 年预测销售量 = 50 × 0.4 + 55 ×（1 − 0.4）= 53（万件）

（三）利用时间序列预测法分析

接下来，将介绍如何在 Excel 中利用季节波动法、移动平均法、指数平滑法这三种时间序列预测法进行数据预测。

视频：利用季节波动预测店铺销量

1. 利用季节波动预测店铺销量

某店铺统计了近五年各季度的销量，预计在 2022 年提高 20% 的销量，从而预测各季度的销量，具体操作步骤如下：

步骤 1，打开“某商品连续五年季度销量统计 .xlsx”文件，选择 B8 单元格，在编辑栏中输入公式“= AVERAGE（B3: B7）”，并按“Enter”键确认，计算同季度平均值，如图 4-21 所示。接着，选中 B8 单元格，向右拖动填充柄至 E8 单元格，填充其他三个季度的平均值，如图 4-21 所示。

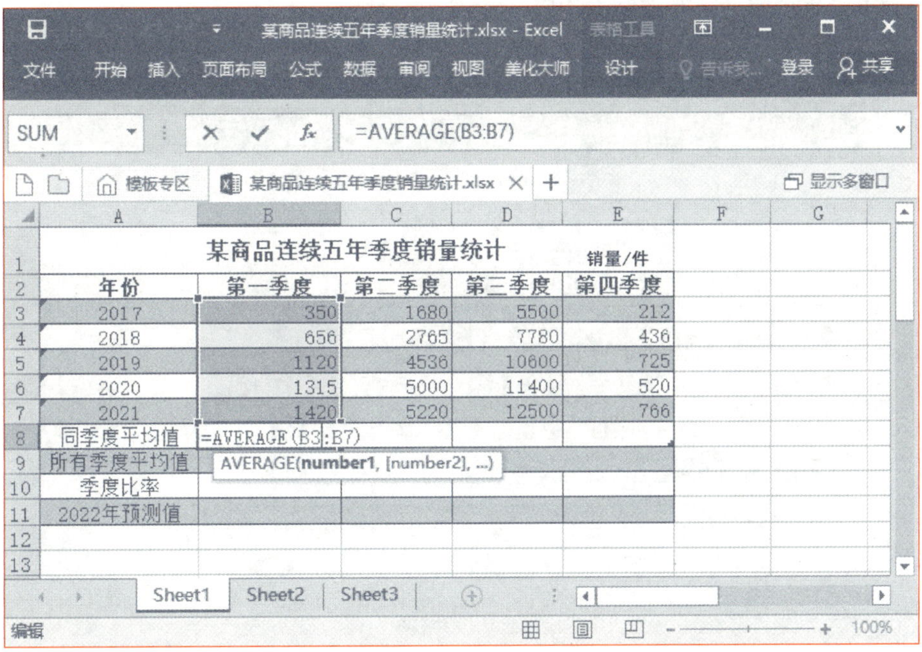

图 4-21 计算季度平均值

步骤 2，选择 B9 单元格，在编辑栏中输入公式“=AVERAGE(B8: E8)”，并按“Enter”键确认，计算所有季度平均值，如图 4-22 所示。

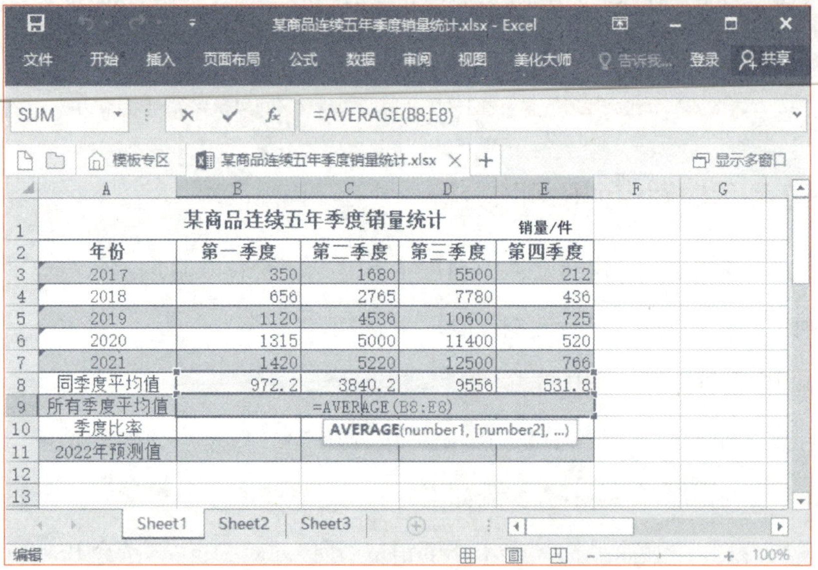

图 4-22 计算所有季度平均值

步骤 3，选择 B10 单元格，在编辑栏中输入公式“= B8/B9”，并按“Enter”键确认，计算第一季度比率，如图 4-23 所示。其他三个季度的季度比率计算方式相同，都为同季度平均值 / 所有季度平均值。

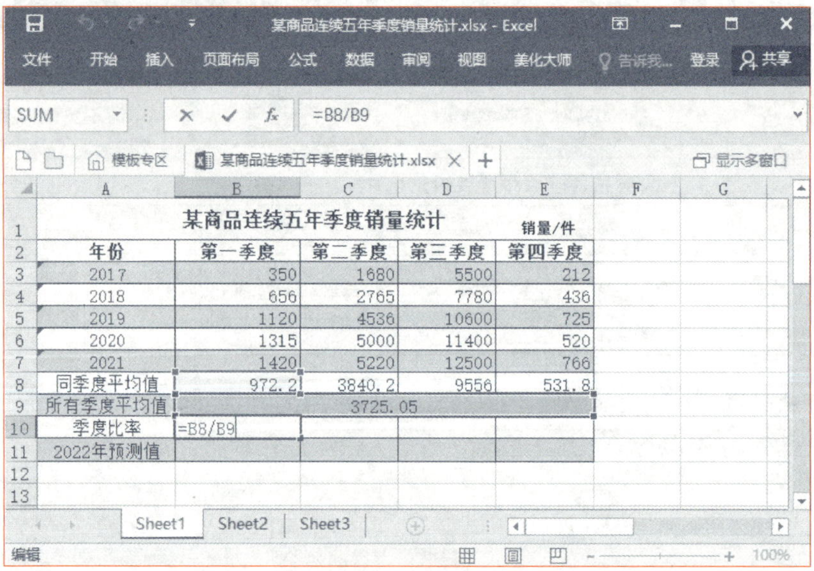

图 4-23 计算季度比率

步骤 4，按住“Ctrl”键分别选择 B2: E2 和 B10: E10 单元格区域，选择“插入”选项卡，在“图表”组中单击“折线图”下拉按钮，选择“折线图”选项，即可完成折线图的添加。接着，调整折线图图表的位置和大小，添加图表标题，结果如图 4–24 所示。

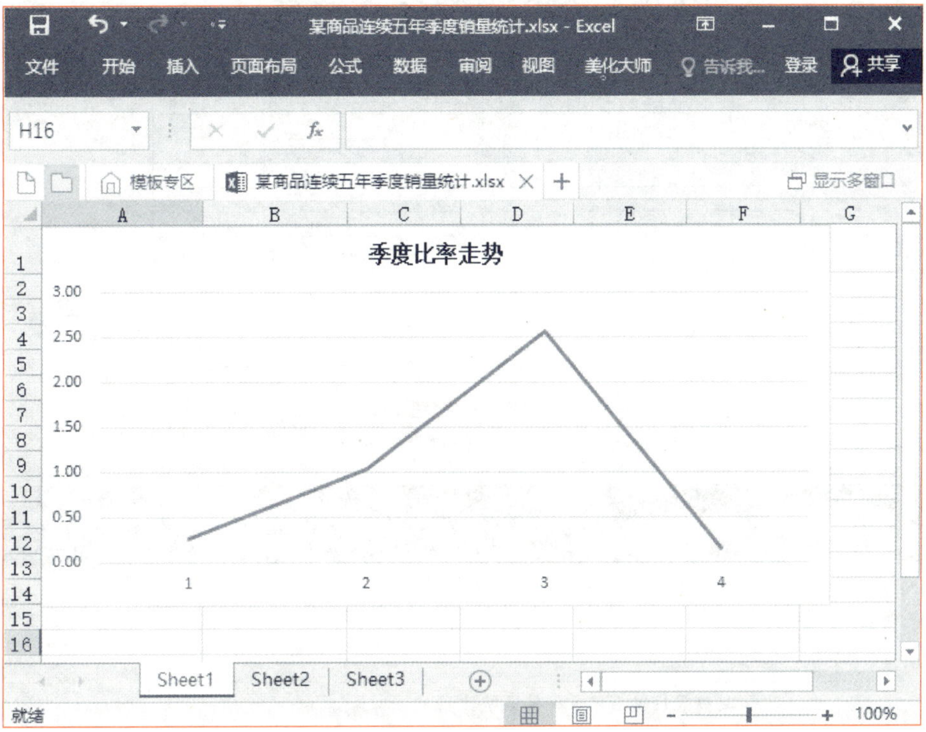

图 4–24　季度比率走势图

步骤 5，选择 F3 单元格，在编辑栏中输入公式“=SUM(B3: E3)”，并按“Enter”键确认，即可得出 2017 年全年的合计销量。选中 F3 单元格，向下拖动 F3 填充柄至 F7 单元格，填充数据，即可得出 2018—2021 年各年的全年销量合计，如图 4–25 所示。

步骤 6，选择 F11 单元格，在编辑栏中输入公式“= F7*1.2”，并按“Enter”键确认，计算预测合计值，如图 4–26 所示。其中，本例中 2022 年该商品的销售目标是提高 20% 的销量，因此 2022 年全年销量的预测值 = 2021 年销量合计 ×（1 + 20%），即 F7*1.2。

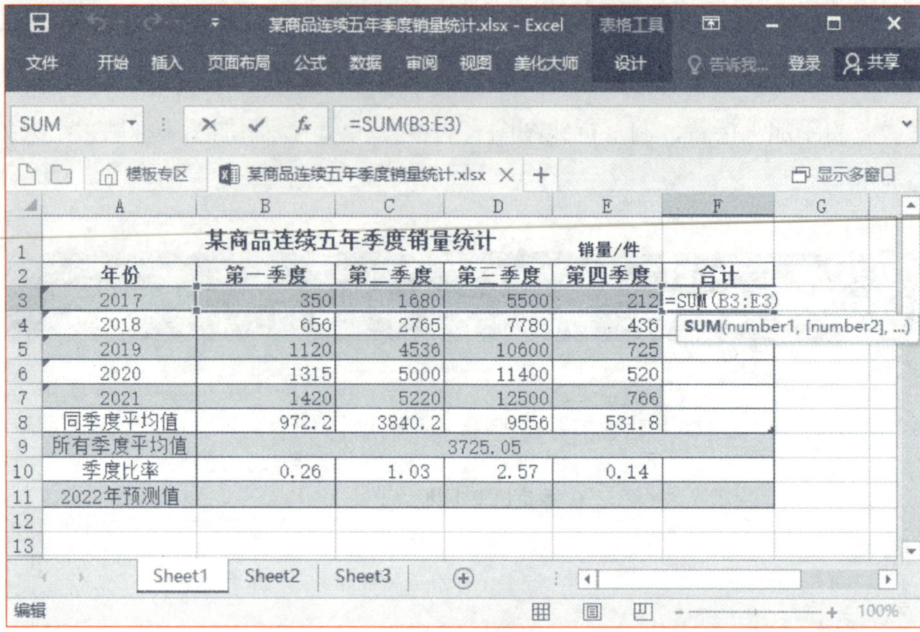

图 4-25　计算季度合计

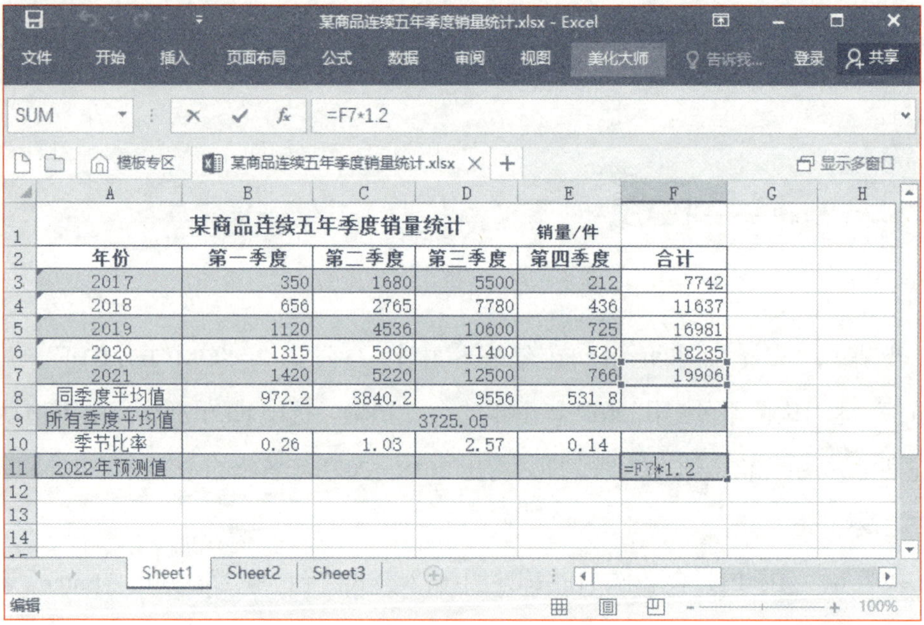

图 4-26　计算 2022 年预测合计值

步骤 7，选择 B11 单元格，在编辑栏中输入公式“= F11/4*B10”，并按“Enter”键确认，计算 2022 年第一季度的预测值，即为 2022 年预测合计值在四个季度的均值与各季度比率的乘积，如图 4-27 所示。

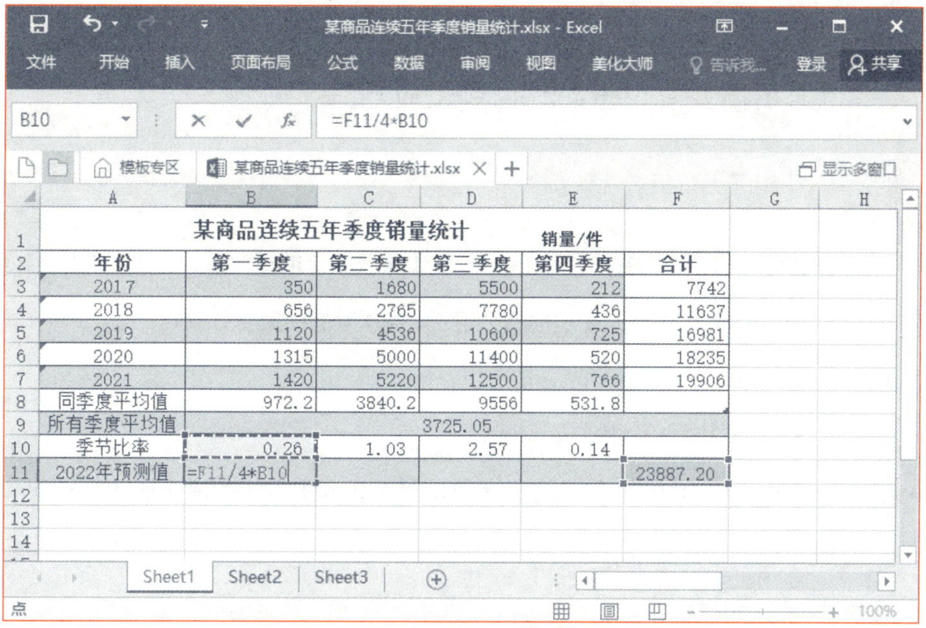

图 4-27 计算 2022 年季度预测值

步骤 8，选中 B11 单元格，向右拖动 B11 单元格填充柄至 E11 单元格，即可完成 2022 年的季度预测计算，结果如图 4-28 所示。

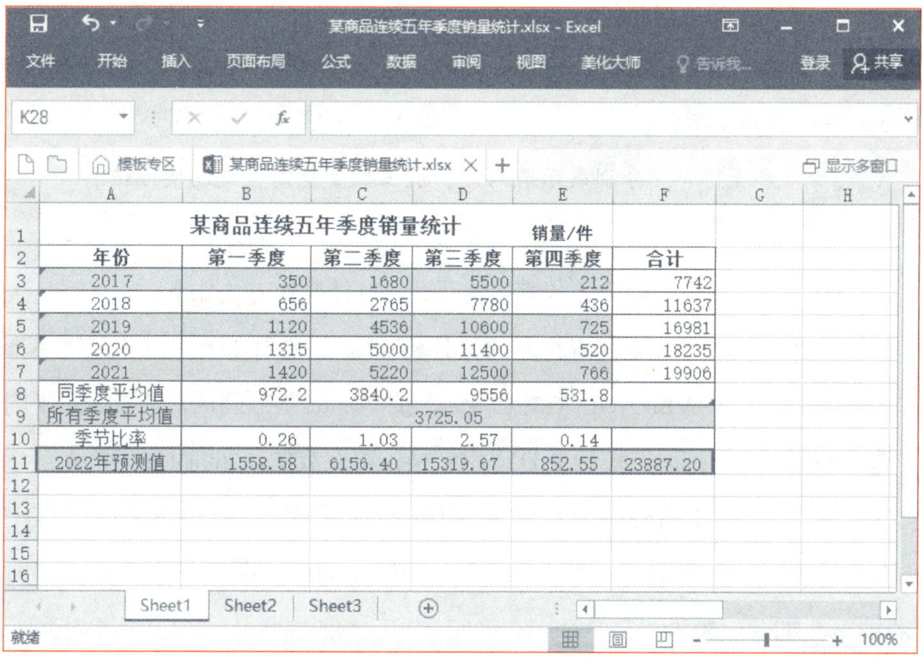

图 4-28 填充预测值

想一想

日常生活中有哪些商品销量受季节的影响比较大，请举例说明。

实训专区 4-6

调取源数据 4-4，可知某店铺 2018—2021 年各季度销量数据，预计在 2022 年提高 15% 的销量，请利用季节波动法预测 2022 年各季度的销量。

2. 利用移动平均法预测店铺利润

某店铺 2020 年与 2021 年各月的利润数据已知，预利用移动平均趋势线分析该店铺全年各月的利润走势。

知识链接

移动平均法计算公式如下：

$$y_t = (x_{t-1} + x_{t-2} + x_{t-3} + \cdots + x_{t-n})/n$$

式中，y_t——对下一期的预测值；

n——移动平均的时期个数；

x_{t-1}——前期实际值；

x_{t-2}、x_{t-3} 和 x_{t-n}——分别表示前两期、前三期直至前 n 期的实际值。

视频：利用移动平均法预测店铺利润

（1）利用移动平均公式预测店铺利润。具体操作方法如下：

步骤 1，打开“某店铺利润预测分析 .xlsx”，选择 D14 单元格，在编辑栏中输入公式“=AVERAGE(C3:C14)”，按“Enter”键确认，计算一次平均值。选中 D14，向下拖动填充柄至 D26 单元格，填充数据，如图 4-29 所示。

步骤 2，选择 E15 单元格，在编辑栏中输入公式“=AVERAGE(D14:D15)”，并按“Enter”键确认，计算二次平均值。选中 E15，向下拖动填充柄至 E26 单元格，进行数据填充，如图 4-30 所示。

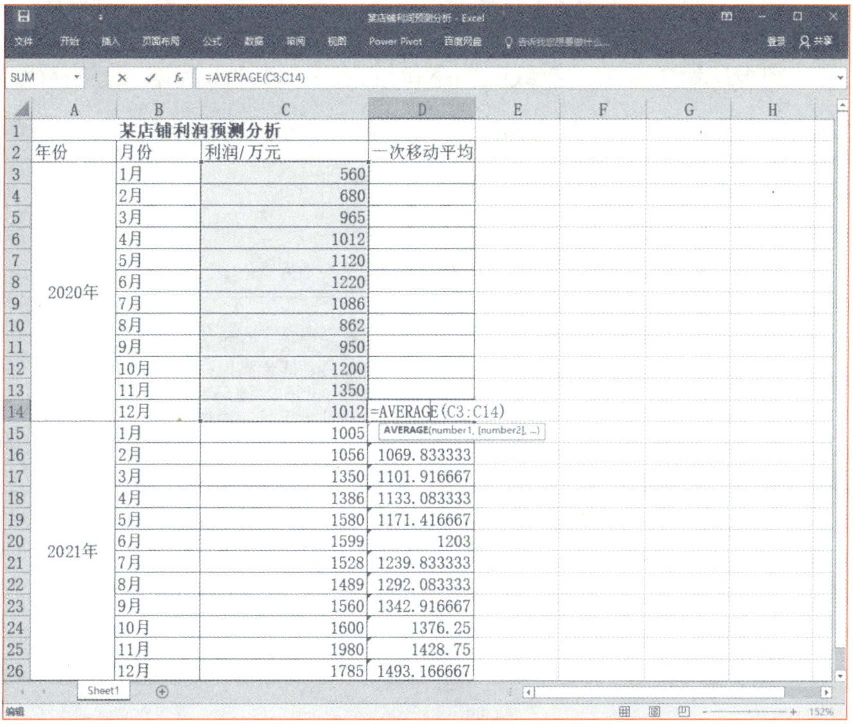

=AVERAGE(C3:C14)

	A	B	C	D
1		某店铺利润预测分析		
2	年份	月份	利润/万元	一次移动平均
3	2020年	1月	560	
4		2月	680	
5		3月	965	
6		4月	1012	
7		5月	1120	
8		6月	1220	
9		7月	1086	
10		8月	862	
11		9月	950	
12		10月	1200	
13		11月	1350	
14		12月	1012	=AVERAGE(C3:C14)
15	2021年	1月	1005	
16		2月	1056	1069.833333
17		3月	1350	1101.916667
18		4月	1386	1133.083333
19		5月	1580	1171.416667
20		6月	1599	1203
21		7月	1528	1239.833333
22		8月	1489	1292.083333
23		9月	1560	1342.916667
24		10月	1600	1376.25
25		11月	1980	1428.75
26		12月	1785	1493.166667

图 4-29　计算一次平均值

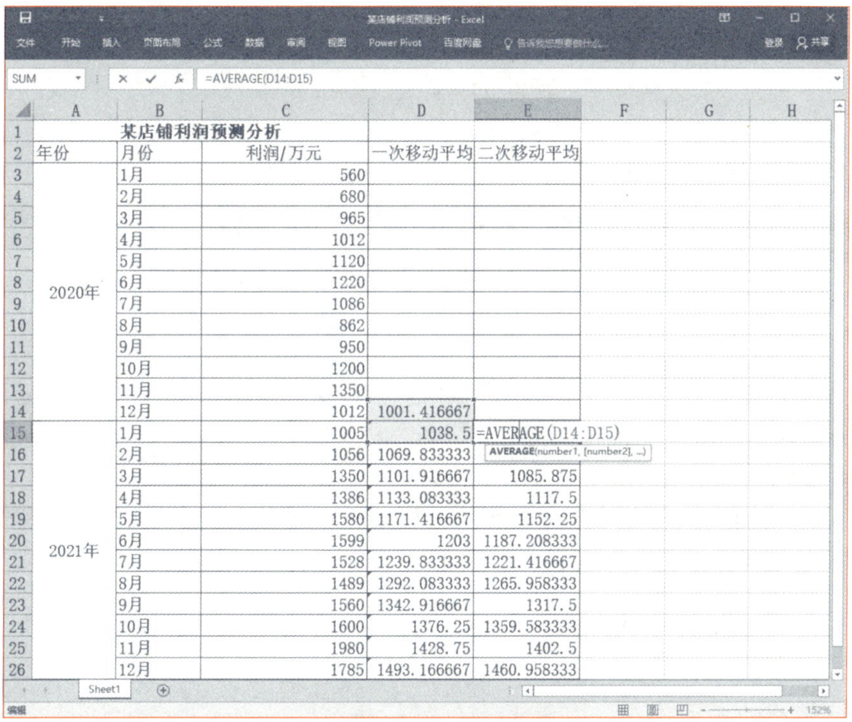

=AVERAGE(D14:D15)

	A	B	C	D	E
1		某店铺利润预测分析			
2	年份	月份	利润/万元	一次移动平均	二次移动平均
3	2020年	1月	560		
4		2月	680		
5		3月	965		
6		4月	1012		
7		5月	1120		
8		6月	1220		
9		7月	1086		
10		8月	862		
11		9月	950		
12		10月	1200		
13		11月	1350		
14		12月	1012	1001.416667	
15	2021年	1月	1005	1038.5	=AVERAGE(D14:D15)
16		2月	1056	1069.833333	
17		3月	1350	1101.916667	1085.875
18		4月	1386	1133.083333	1117.5
19		5月	1580	1171.416667	1152.25
20		6月	1599	1203	1187.208333
21		7月	1528	1239.833333	1221.416667
22		8月	1489	1292.083333	1265.958333
23		9月	1560	1342.916667	1317.5
24		10月	1600	1376.25	1359.583333
25		11月	1980	1428.75	1402.5
26		12月	1785	1493.166667	1460.958333

图 4-30　计算二次平均值

步骤 3，按住“Ctrl”键选择 C2: C26 和 E2: E26 单元格区域，选择“插入”选项卡，在“图表”组中单击“折线图”下拉按钮，选择“带数据标记的折线图”选项。调整图表的大小和位置，添加图表标题，完成图表的基本设置。此时，卖家即可查看预测出的店铺利润及其变化趋势，如图 4-31 所示。

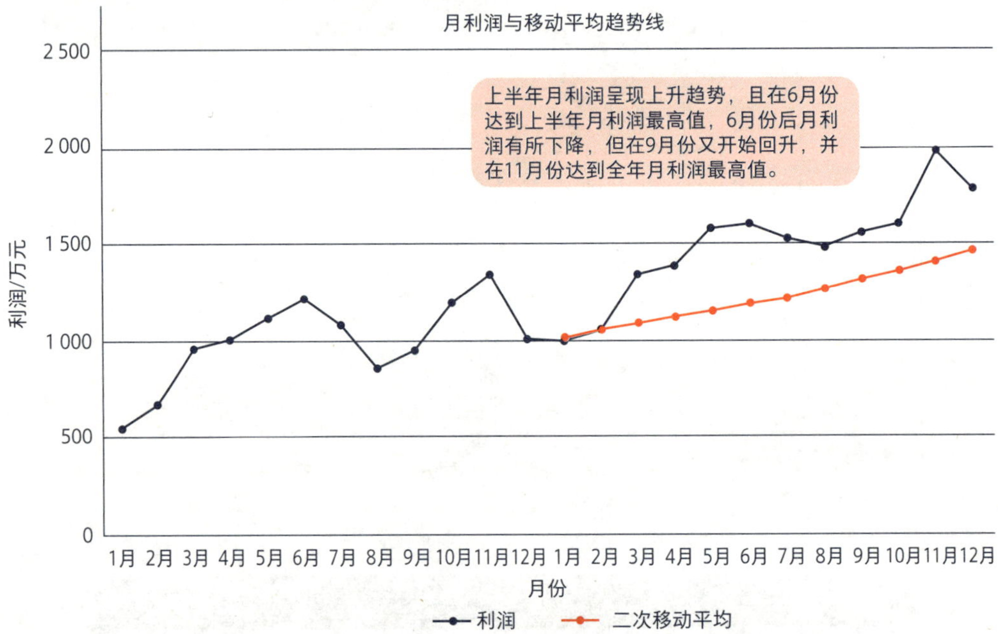

图 4-31 完成图表制作

（2）利用“移动平均”分析工具预测店铺利润。具体操作方法如下：

步骤 1，打开“某店铺利润预测分析 .xlsx”，选择“数据”选项卡，单击“数据分析”按钮，在弹出的“数据分析”对话框中选择“移动平均”分析工具，然后单击“确定”按钮，如图 4-32 所示。

步骤 2，在弹出的“移动平均”对话框中设置参数，选中“标志位于第一行”“图表输出”“标准误差”（标准误差是实际数据与预测数据即“移动平均数据”的标准差，用以显示预测值与实际值的差距，这个数据越小，表明预测数据越准确）复选框，然后单击“确定”按钮，如图 4-33 所示，即可输出移动平均数值及移动平均趋势线，分别如图 4-34 和图 4-35 所示。

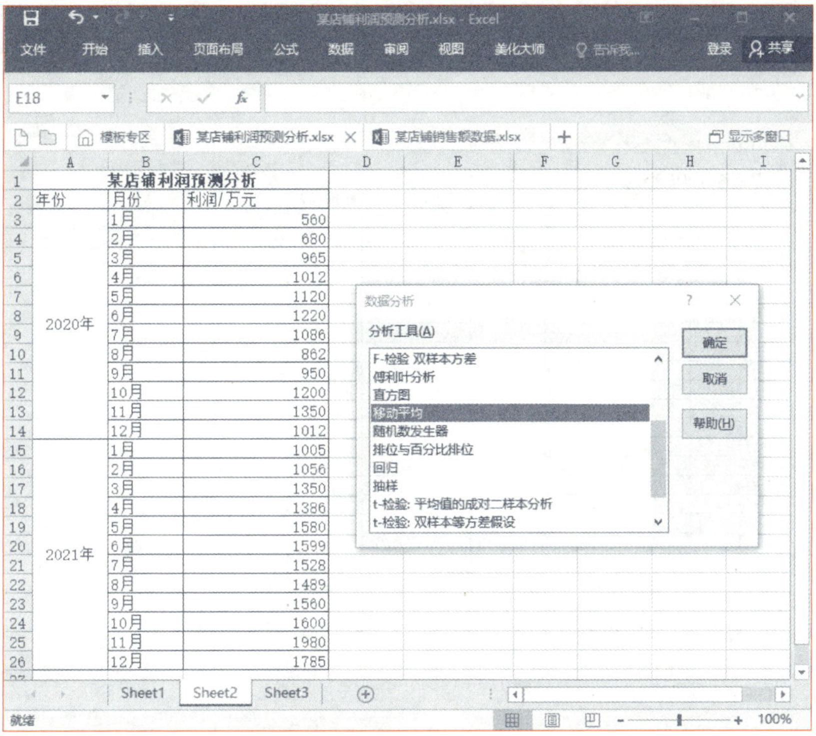

图 4-32　选择"移动平均"分析工具

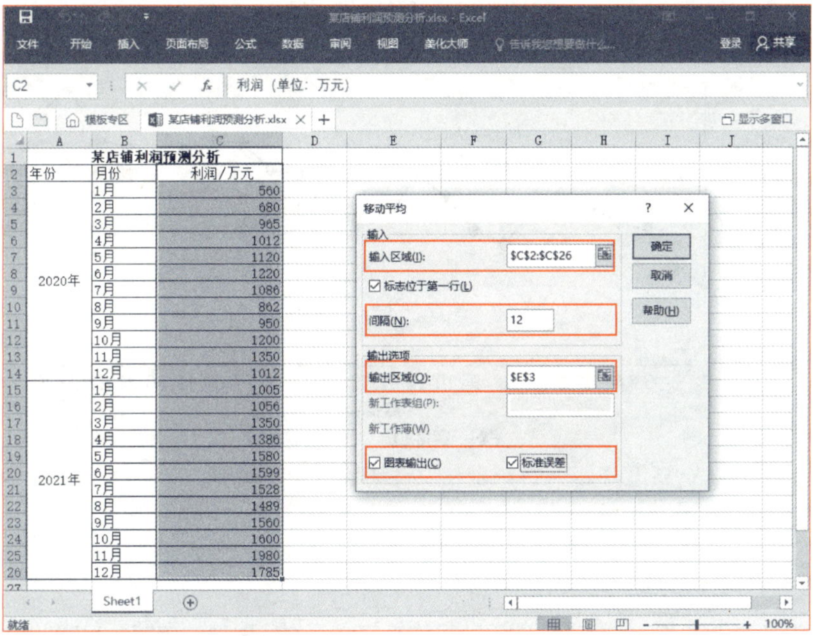

图 4-33　设置"移动平均"参数

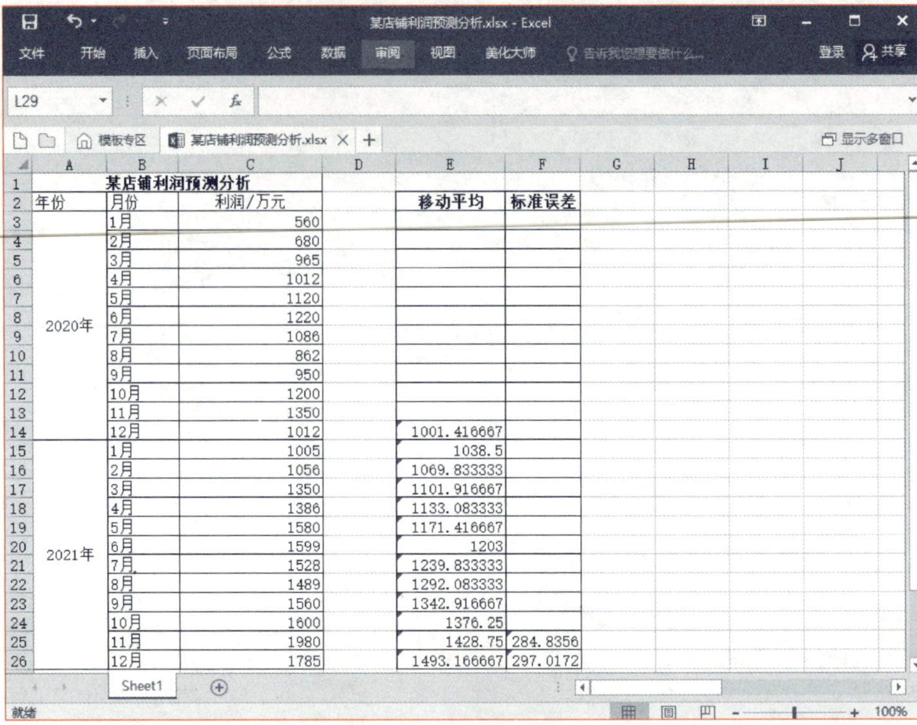

年份	月份	利润/万元		移动平均	标准误差
2020年	1月	560			
	2月	680			
	3月	965			
	4月	1012			
	5月	1120			
	6月	1220			
	7月	1086			
	8月	862			
	9月	950			
	10月	1200			
	11月	1350			
	12月	1012		1001.416667	
2021年	1月	1005		1038.5	
	2月	1056		1069.833333	
	3月	1350		1101.916667	
	4月	1386		1133.083333	
	5月	1580		1171.416667	
	6月	1599		1203	
	7月	1528		1239.833333	
	8月	1489		1292.083333	
	9月	1560		1342.916667	
	10月	1600		1376.25	
	11月	1980		1428.75	284.8356
	12月	1785		1493.166667	297.0172

图 4-34　移动平均数值

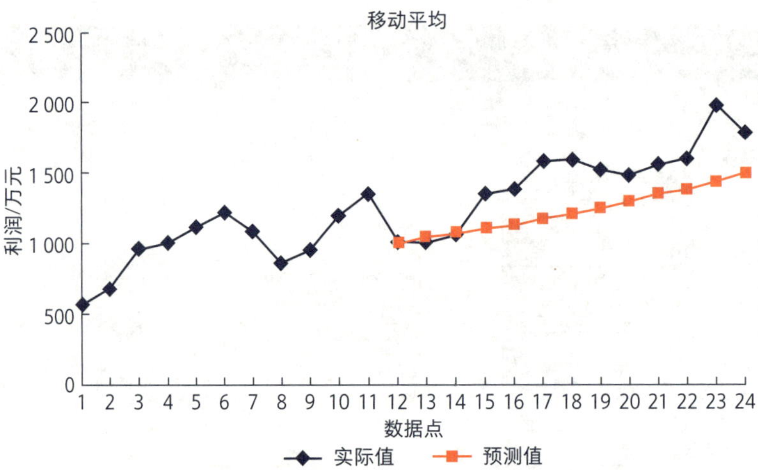

图 4-35　移动平均趋势线

想一想

通过查看图 4-35 的店铺利润移动平均趋势线，你能发现该店铺各月利润数据的哪些变化趋势？并分析这些变化趋势的内在原因。

实训专区 4-7

调取源数据 4-5，利用移动平均公式和 Excel 的“移动平均”分析工具两种方法，完成数据移动平均趋势线的制作，并分析数据的趋势变化。

3. 利用指数平滑法预测产品生产量

不含趋势和季节成分的时间序列，即平稳时间序列，由于只含随机成分，因此只要通过平滑就可以消除随机波动，这类预测方法称为指数平滑法。指数平滑法使用以前的全部数据来确定一个特别时间序列的平滑值。指数平滑法可以分为一次指数平滑法、二次指数平滑法及三次指数平滑法。这里主要介绍一次指数平滑法。

视频：利用指数平滑法预测产品生产量

知识链接

指数平滑法计算公式：

$$y_t=\alpha x_{t-1}+(1-\alpha)y_{t-1}=(1-\beta)x_{t-1}+\beta y_{t-1}$$

式中，y_t——时间 t 的平滑值；

x_{t-1}——时间 $t-1$ 的实际值；

y_{t-1}——时间 $t-1$ 的平滑值；

α——平滑系数；

β——阻尼系数。

已知某产品 1—11 月份的生产量统计数据，假设平滑系数为经验值 0.4，现在需要预测出 12 月的生产量。具体操作步骤如下：

步骤 1，打开“某产品 1—11 月生产量数据”文件，在“数据”选项卡的“分析”选项组中单击“数据分析”按钮，弹出“数据分析”对话框，在“分析工具”列表框中选择“指数平滑”选项，如图 4-36 所示。

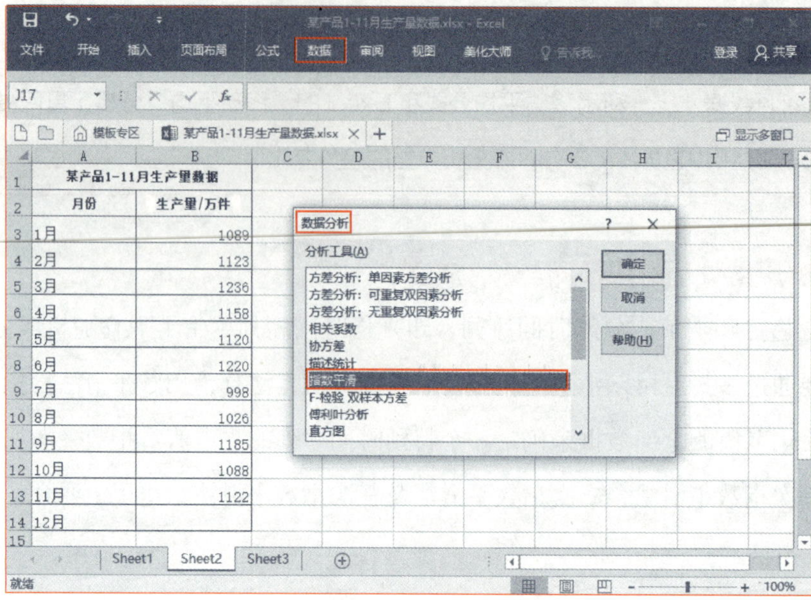

图 4-36 选择“指数平滑”选项

步骤 2，单击“确定”按钮，弹出“指数平滑”对话框。设置“输入区域”为 B3:B13 单元格区域，在“阻尼系数”文本框中输入“0.6”，设置“输出区域”为 C3 单元格，如图 4-37 所示。单击“确定”按钮，返回工作表中，即可得出一次指数预测结果，如图 4-38 所示。

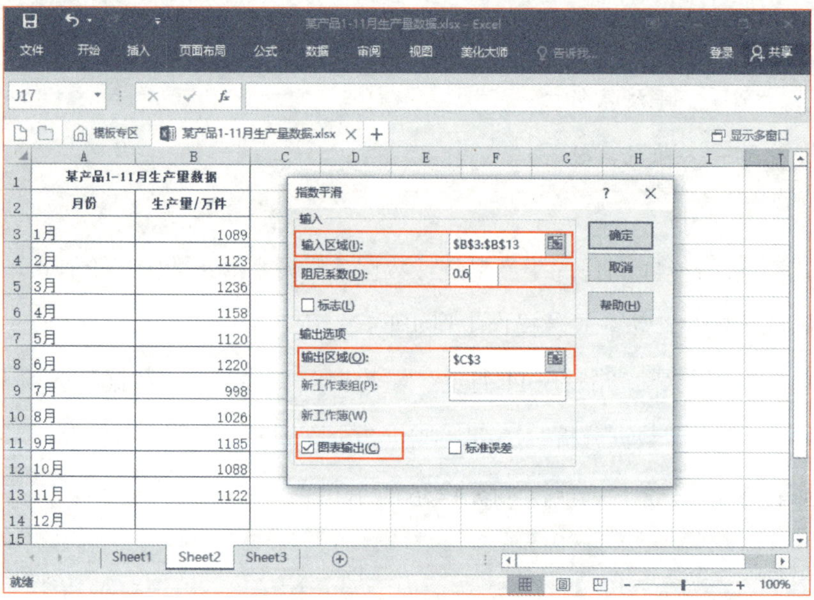

图 4-37 设置分析参数

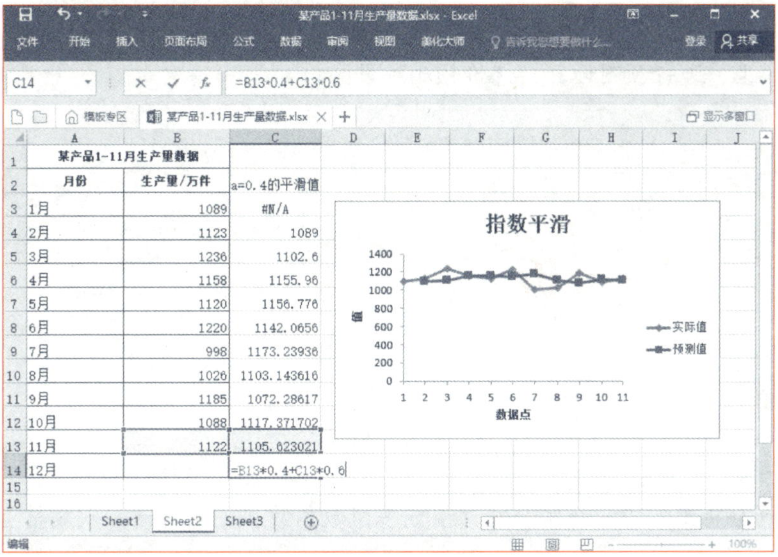

图 4-38　分析结果

如图 4-38 所示，11 月生产量的真实值为 1 122 万件，$\alpha=0.4$ 的平滑值约为 1 105.62 万件，根据指数平滑法计算公式，可以算出某产品 12 月的生产量预测值为：

$$1\ 122\times0.4+1\ 105.62\times0.6\approx1\ 112.17\text{（万元）}$$

实训专区 4-8

调取源数据 4-6，可知某产品 1—11 月份的生产量统计数据，假设阻尼系数为 0.3，利用二次指数平滑法预测店铺 12 月的生产量（二次指数平滑法是建立在一次指数平滑法的基础上的，即利用一次指数平滑法得出的预测结果再进行一次平滑，三次指数平滑法也是同样的道理）。

1+X 考证提要

本单元需重点理解与掌握的内容

（1）图表趋势预测法主要趋势线类型：线性趋势线、指数趋势线、多项式趋势线、对数趋势线、乘幂趋势线、移动平均趋势线等。

（2）图表趋势预测法的基本流程：制作数据图、添加趋势线、计算预测值。

（3）时间序列预测法的主要方法：季节波动法、移动平均法、指数平滑法等。

（4）时间序列预测法的一般步骤：收集、整理历史资料，编制时间序列；绘制图形；建立预测模型，进行预测计算；评价预测结果。

单元三　对比分析

引导案例

在数据分析工作中，经常会将两组或多组数据放在一起对比，从数量上展示和说明这几组数据的关系与差距，常用到的对比分析方法有同比分析法、环比分析法。例如，拼多多2022年3月21日发布的2021年四季度及全年财务业绩中显示，拼多多总营业收入939.49亿元，同比增长58%；归属于普通股股东的净利润为77.68亿元，2020年同期为71.79亿元；归属于普通股股东的净利润为138.29亿元，2020年同期为亏损29.65亿元。

图4-39是拼多多2021年各季度总营业收入同比增长率，从图中可知，2021年各季度总营业收入较2020年均有增长，尤其是第一季度，2021年总营业收入较2020年同比增长238.89%。

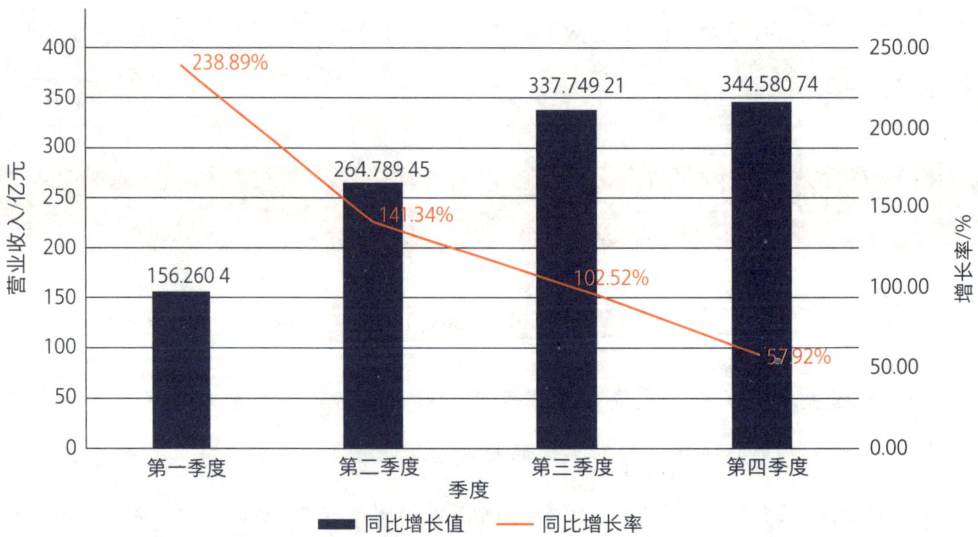

图4-39　拼多多2021年各季度营业收入较2020年同比增长分析图

结合案例，思考并回答以下问题：

（1）请结合图 4-39 提供的数据，全面分析拼多多 2021 年各季度营业收入较 2020 年同比增长情况。

（2）运用同比分析法有什么好处？

一、认识对比分析

1. 对比分析的含义

对比分析也叫比较分析，是将两个或两个以上有关联的指标进行对比，从数量上展示和说明这几个指标的规模大小、速度快慢、关系亲疏、水平高低等情况。使用对比分析，可以直观地看到被比较指标之间的差异或变动，并通过数据量化的方式呈现出被比较指标之间的差距值。

2. 对比分析的使用场景

作为数据分析的方法之一，对比分析以其使用简单、展现明了的特点被广泛使用，其中最常被使用到的场景有四类：竞争对手对比、目标与结果对比、不同时期对比、活动效果对比。

（1）竞争对手对比。竞争对手对比是采用企业自身指标数据与竞争对手指标数据进行行业上的对比，目的是通过了解竞争对手的信息、发展策略及行动，并将其与企业自身情况进行对比后做出合理的应对措施，以达到企业优化和提升的效果。比如，对比竞争对手同类产品的销售状况，可以判断企业在行业中所处的地位，进而找到下一步发展目标。

（2）目标与结果对比。目标与结果对比是指标目标与实际完成值进行对比，以此分析出两者之间的差距以及差距的数值等情况。比如，对比企业年实际销售业绩与目标销售业绩，可以得出两者之间的具体差异点，企业可以总结产生这些差异的原因，并以此为基础进行优化。

（3）不同时期对比。不同时期对比是对指标在不同时期的数据进行对比，以了解同一指标的发展情况。比如，对 2019 年、2020 年和 2021 年的数据进行对比，可以了解该指标在这三年的变化情况及变化趋势，企业可以据此对该指标进行优化。

（4）活动效果对比。活动效果对比是对指标在活动开展前后的情况进行对比，以反映活动产生的效果。比如，对比一场营销活动前后指标变化的情况，可以看出活动开展得是否有效果以及效果是否明显。

3. 对比分析的注意事项

进行对比分析时，要选择具有可比性的多个指标进行比较，这样才能得出具有价值的分析结果。如果所选指标不具有可比性，比如用客单价与订单响应时长进行对比，所获得的比较结果一定是无意义的。具体来看，在选择指标时，要遵循以下原则：

（1）指标的类型一致。

（2）指标的计量单位一致。

（3）指标的计算方式一致。

（4）指标的内涵及外延具有可比性。

（5）指标的时间范围具有可比性。

（6）指标的整体性质具有可比性。

二、对比分析的方法

对比分析的方法主要有两种：同比分析法和环比分析法。

1. 同比分析法

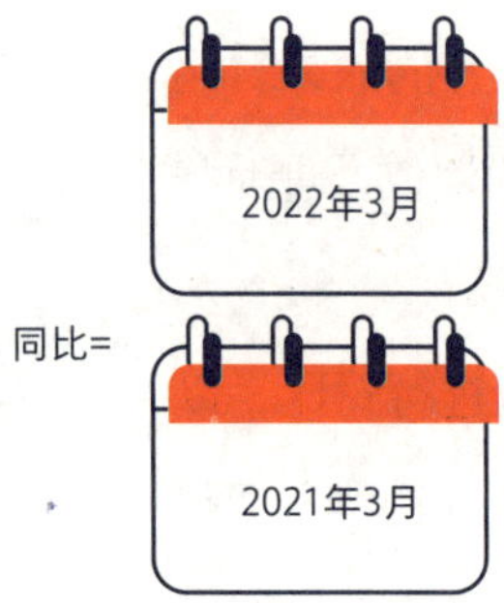

图 4-40　同比示例

（1）同比分析法及其计算。同比分析法是对同类指标本期数据与同期数据进行比较，企业数据分析时常用来比较本期与上年同期的数据，比如 2022 年 3 月对比 2021 年 3 月（见图 4-40）、本期前半年对比去年同期前半年等。通过比较，可以看到指标在不同时间跨度所产生的变化。

同比增长率的计算公式是：

同比增长率 =（本期数 − 同期数）÷ 同期数 ×100%

视频：同比分析

比如：某企业 2022 年 3 月的访客数为 1 896 人，2021 年 3 月的访客数为 1 359 人，其同比增长率 =（1 896 − 1 359）÷ 1 359 × 100% = 39.51%。

（2）在 Excel 中进行同比分析。图 4-41 是某企业 2020 年和 2021 年各月份销售额数据，使用 Excel 工具，对该企业 2020 年和 2021 年各季度的销售额进行同比分析。

步骤 1，依次点击“插入”“数据透视图”按钮。

步骤 2，在“创建数据透视表”编辑框中的“选择一个表或区域”中，输入需要进行处理的数据区域，然后选中“现有工作表”，并在“现有工作表”中点击具体单元格，确定数据透视表将要放置的位置。

步骤 3，在右侧“数据透视图字段”编辑区，选择“销售额”“季度”“年”这几个需要呈现在数据透视图中的指标。随后，将“销售额”拖拽至“值”，将“季度”拖拽至“行”，将“年”拖拽至“列”。

步骤 4，选中数据透视表中的某一个数据并右击鼠标，然后依次单击“值显示方式”“差异”按钮。

步骤 5，在“值显示方式”编辑框中设置“基本字段”为“年”，设置“基本项”为“上一个”。

步骤 6，经过以上操作，得到 2020 年和 2021 年各季度的同比增长值，如图 4-42 所示。

	A	B
1	时间	销售额/万元
2	2020年1月	166
3	2020年2月	185
4	2020年3月	180
5	2020年4月	200
6	2020年5月	199
7	2020年6月	182
8	2020年7月	198
9	2020年8月	196
10	2020年9月	194
11	2020年10月	221
12	2020年11月	256
13	2020年12月	253
14	2021年1月	258
15	2021年2月	279
16	2021年3月	321
17	2021年4月	333
18	2021年5月	358
19	2021年6月	368
20	2021年7月	342
21	2021年8月	332
22	2021年9月	339
23	2021年10月	341
24	2021年11月	350
25	2021年12月	366

图 4-41　某企业 2020 年和 2021 年各月份销售额数据

求和项:销售额/万元	年		
季度	2020年	2021年	总计
第一季		327	
第二季		478	
第三季		425	
第四季		327	
总计		1557	

图 4-42　2020 年和 2021 年各季度的销售额同比增长值

步骤 7，接下来，进行同比增长百分比的计算。首先在“数据透视表”的编辑区内新增一个“销售额”求和项，操作方法是：单击“销售额”，将其拖拽至“值”。

步骤 8，选中数据透视表中的某一个数据并右击鼠标，依次单击“值显示方式”“差异百分比”按钮。

步骤 9，在“值显示方式”编辑框内设置“基本字段”为“年”，设置“基本项”为“上一个”。

步骤 10，经过以上操作，得到 2020 年和 2021 年各季度的同比增长率。为了方便区分，需要对数据透视表里同比增长值和同比增长率对应的表头重新命名，命名方式为：双击鼠标需要重新命名的表头，在出现的编辑框的“自定义名称”里输入新的表头名称，单击“确定”按钮，完成重命名。

步骤 11，至此得到 2020 年和 2021 年各季度销售额的同比增长值和同比增长率，如图 4-43 所示。

	年	数据		
	2020年		2021年	
季度	同比增长值	同比增长率	同比增长值	同比增长率
第一季			327	61.58%
第二季			478	82.27%
第三季			425	72.28%
第四季			327	44.79%
总计			1557	64.07%

图 4-43　2020 年和 2021 年各季度销售额同比增长值和同比增长率

通过查看分析结果，可以明确企业 2020 年和 2021 年销售额的变化情况，如果同比呈正增长，说明企业的销售态势良好；如果同比呈负增长，则要探究出现负增长的原因，以便企业在日后运营过程中规避同类问题。

2. 环比分析法

（1）环比分析法及其计算。环比分析法是对同类指标本期与上期数据进行比较，企业在数据分析时常用来对同年不同时期的数据进行比较，比如 2022 年 4 月对比 2022 年 3 月（见图 4-44）、同年第三季度对比同年第二季度等。通过比较，可以看到指标在某一时间段随着时间产生的变化情况和趋势。

环比增长率的计算公式是：

$$环比增长率 =（本期数 - 上期数）\div 上期数 \times 100\%$$

比如：某企业 2022 年 4 月的成交额为 13 658 元，2022 年 3 月的成交额为 12 534 元，其环比增长率 =（13 658 − 12 534）÷ 12 534 × 100% = 8.97%。

（2）在 Excel 中进行环比分析。图 4-45 为某企业 2021 年各月份销售额汇总的数据，可以使用 Excel 工具，对该企业 2021 年各月的销售额进行环比分析。和同比分析一样，环比分析也需要使用到数据透视图表功能。

视频：环比分析

步骤 1，依次单击“插入”“数据透视图”按钮。

步骤 2，在“创建数据透视表”编辑框中的“选择一个表或区域”中，输入需要处理的数据区域，然后选中“现有工作表”，并在“位置”中输入数据透视表将要放置的位置。

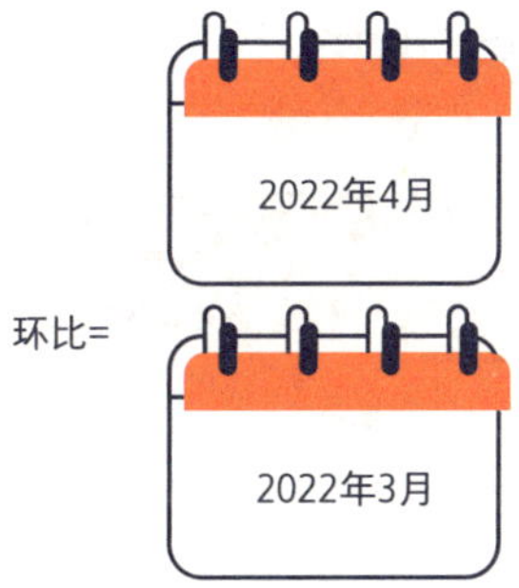

图 4-44　环比示例

	A	B
1	时间	销售额/万元
2	2021年1月	166
3	2021年2月	185
4	2021年3月	180
5	2021年4月	200
6	2021年5月	199
7	2021年6月	182
8	2021年7月	198
9	2021年8月	196
10	2021年9月	194
11	2021年10月	221
12	2021年11月	206
13	2021年12月	199

图 4-45　某企业 2021 年各月份的销售额数据

步骤 3，在右侧“数据透视图字段”编辑区中选择“时间”“销售额”“月”这几个需要呈现在数据图中的指标。随后，将“销售额”拖拽至“值”，将“月”和“时间”拖拽至“行”。

步骤 4，选中汇总的某一个数值并右击鼠标，然后单击“值显示方式”按钮。

步骤 5，单击“差异百分比”按钮，在“值显示方式”编辑框的“基本项”中选择“上一个”。

步骤 6，经过以上操作，可以自动生成企业 2021 年各月销售额环比增长率数值及图表，如图 4-46 所示。

求和项：销售额		
月	时间	汇总
⊞1月		
⊞2月		11.45%
⊞3月		-2.70%
⊞4月		11.11%
⊞5月		-0.50%
⊞6月		-8.54%
⊞7月		8.79%
⊞8月		-1.01%
⊞9月		-1.02%
⊞10月		13.92%
⊞11月		-6.79%
⊞12月		-3.40%
总计		

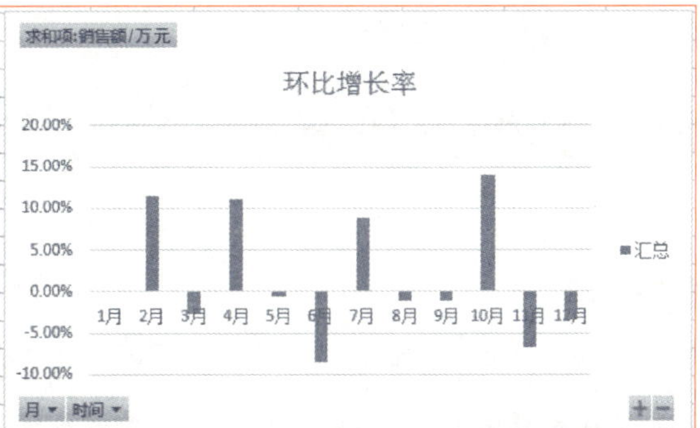

图 4-46　企业 2021 年各月销售额环比增长率

通过环比分析结果，可以直观地看到企业2021年各月销售额的变化趋势与具体差异数值。企业需要分析产生这些差异的原因。比如，为什么6月份的环比增长率为−8.54%，产生负增长的原因是正常还是异常的，如果是异常的，在今后的经营中企业要如何规避同类情况的发生。

实训专区 4-9

A企业经营跨境出口业务，调取源数据4-7，获取企业2020年和2021年各月的出口额数据，结合所学内容，对该企业近两年的出口额分别进行同比分析和环比分析。

1+X 考证提要

本单元需重点理解与掌握的内容

对比分析包括同比分析法与环比分析法，重点需掌握的内容如表4-3所示。

表 4-3　对比分析方法

项目	同比分析法	环比分析法
适用范围	同比分析法是对同类指标本期数据与同期数据进行比较，企业数据分析时常用来比较本期与上年同期的数据	环比分析法是对同类指标本期与上期数据进行比较，企业在数据分析时常用来对同年不同时期的数据进行比较
计算公式	同比增长率 =（本期数 − 同期数）÷ 同期数 ×100%	环比增长率 =（本期数 − 上期数）÷ 上期数 ×100%
图表技能	数据透视图 / 表	数据透视图 / 表

单元四　其他分析方法

引导案例

除了描述性统计分析、趋势分析和对比分析三类数据分析方法外，还有若干其他数据分析方法，如频数分析法、分组分析法、结构分析法、平均分析法、交叉分析法、漏斗图分析法，这些方法共同搭建起企业数据分析的方法体系，为企业运营优化提供支持。图 4-47 是对天猫某产品按不同价格进行分组分析的结果，从图中能够看到 2019 年、2020 年、2021 年各价格区间销售额的变化情况。整体来看，价格越低，销售额越大，且销售额主要集中在 0～150 元的区间。

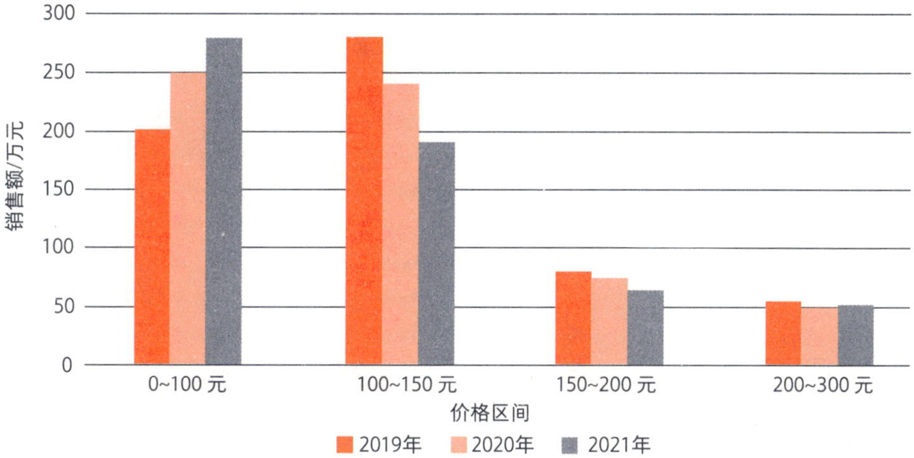

图 4-47　天猫某产品按不同价格进行分组分析

结合案例，思考并回答以下问题：

（1）2019 年、2020 年、2021 年该产品的销售额有什么变化？

（2）采用分组分析法的好处是什么？

（3）是否可以采用其他分析方法对该产品的价格与销售额进行分析？

一、频数分析法

1. 频数与频数分析法

频数也叫次数，是变量值出现在某个类别或区间中的次数。与频数相关的百分比数值是频率，频率是对象出现的次数与总次数的比值。比如，企业日总客户数为 10 人，其中男客户数为 6 人，那么这一天企业的男客户频数为 6，频率为 60%，如图 4-48 所示。

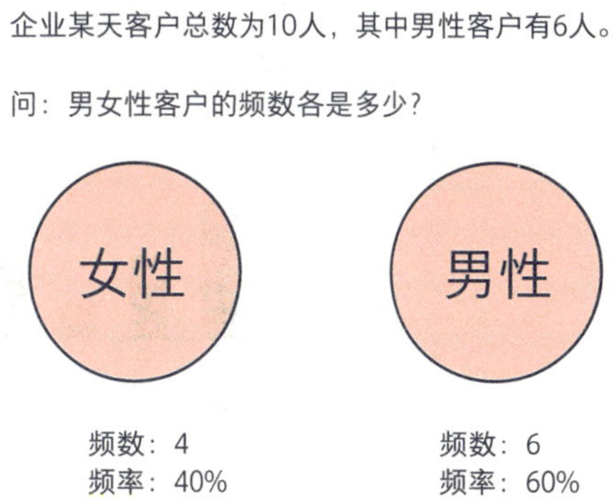

图 4-48　频数示例图

频数分析法是对变量的情况进行分析，通过频数分析能够了解变量取值的状况及数据的分布特征。频数分析主要针对分类变量指标进行，如性别、职业、人数等，从而了解这类指标的频数变化情况。比如，运用频数分析法分析某年每个月客户数的分布频数，可以从整体上了解企业这一年客户数的月分布情况，如图 4-49 所示，可以通过客户频数变化曲线，直观看到该企业 2 月客户频数最高，5 月客户频数跌至谷底，随后逐渐回升。

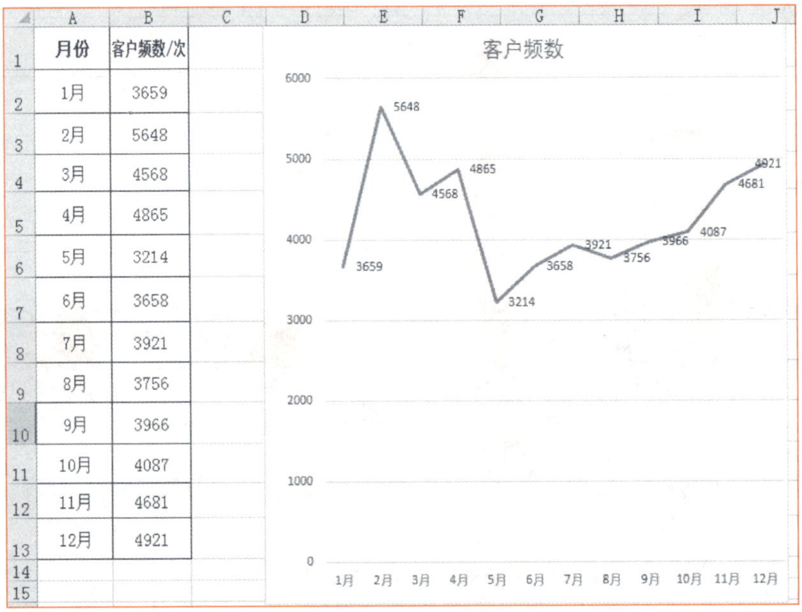

图 4-49　频数分布及趋势

2. 频数分析中常用的统计图类型

频数分析时，常用到直方图、条形图和饼状图三种统计图。

（1）直方图。直方图是用矩形面积来表示频数分布情况的图形，一般在直方图上还会加上展现频数累积变化率的趋势线，如图 4-50 所示。

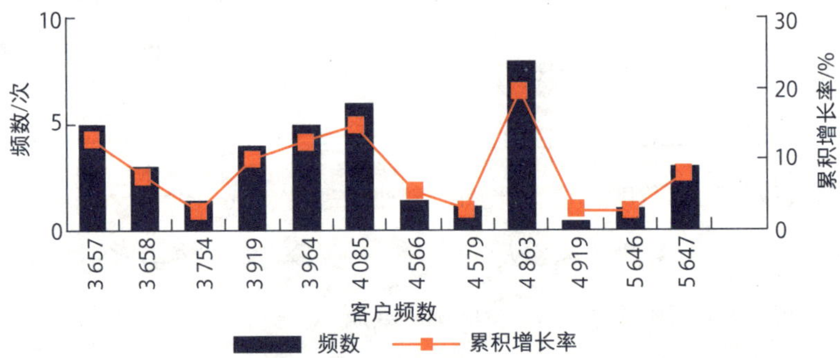

图 4-50　客户频数直方图

（2）条形图。条形图是用宽度相同的矩形的长短或高低来表示频数的变化情况。条形图的横坐标或纵坐标都可以用来表示频数，也可以用来表示频率，如图 4-51 所示。

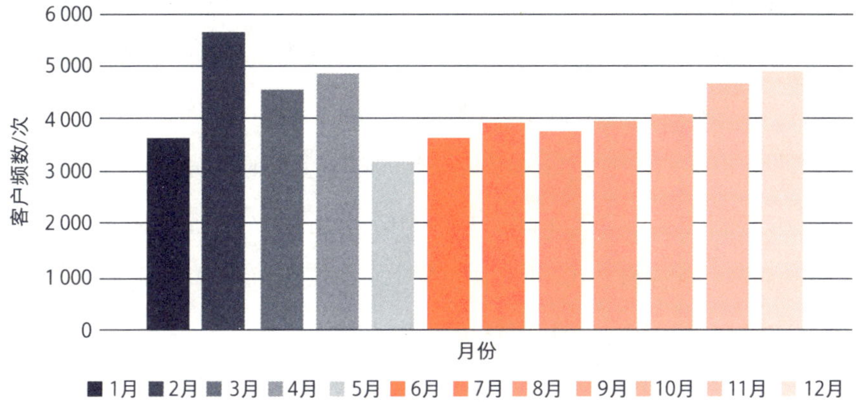

图 4-51　客户频数条形图

（3）饼状图。饼状图是用圆形里面的扇面来表示频数变化和分布情况的图形，饼状图中的扇面可以表示频数也可以表示频率，如图 4-52 所示。

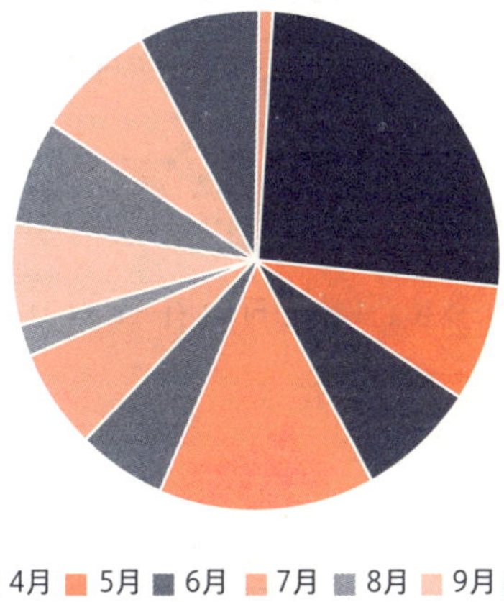

图 4-52　客户频数饼状图

3. Excel 中频数分析的操作要点

Excel 中频数分析的操作要点包括排序、分组、分组上限设置。

（1）排序。排序是对原始数据按照数值大小进行排序，包括从小到大（升序）和从大到小（降序）两种排序方式。通过排序，能够明确待分析数据的最大值与最小值，为分组提供依据。

（2）分组。分组是对将要进行频数分析的指标进行分组，所分的组即指标需要落到的区间。比如，对数值 1-100 进行分组，可以将其分组设定为 1-10、10-20、20-30 等，即所有大于等于 1 小于 10 的数值都会落在 1-10 的分组中，依此类推。

（3）分组上限设置。分组上限即在 Excel 做频数分布表时，某分组频数对应的上限值。当相邻两组的上下限重叠时，分组上限可以设置为分组最大数值 -1，比如分组“90-100”的上限与其相邻分组“100-110”的下限都为 100，分组“90-100”的分组上限值即为 100 - 1 = 99。当相邻两组上下限不重叠时，分组上限可设置为分组最大数值，比如相邻分组“90-100”“101-110”，这两个分组上下限不重叠，则分组“90-100”的上限可设置为 100。

4. 在 Excel 中进行频数分析

视频：频数分析

图 4-53 是某企业网站月度客户购买人数统计表，以下使用 Excel 工具对这组数据进行频数分析。

步骤 1，将企业日期和月度客户购买人数依次列在单元格 A 列和单元格 B 列中。

步骤 2，添加排序。复制“购买人数”中的数据粘贴在新的一列，之后选中复制好的“购买人数”数据列，右击鼠标，依次单击“排序”和“升序”按钮，完成排序（也可直接在 B 列排序）。

步骤 3，添加分组与分组上限。在 E 列中添加 6 个分组，依次为：90-100、100-110、110-120、120-130、130-140、140-150；在 D 列中添加分组上限，依次为：99、109、119、129、139、149，如图 4-54 所示。

	A	B	C	D
1	日期	购买人数/人	日期	购买人数/人
2	7月1日	120	7月16日	99
3	7月2日	126	7月17日	96
4	7月3日	123	7月18日	101
5	7月4日	140	7月19日	120
6	7月5日	134	7月20日	128
7	7月6日	135	7月21日	130
8	7月7日	133	7月22日	142
9	7月8日	128	7月23日	144
10	7月9日	136	7月24日	152
11	7月10日	129	7月25日	141
12	7月11日	141	7月26日	120
13	7月12日	139	7月27日	115
14	7月13日	100	7月28日	106
15	7月14日	112	7月29日	99

图 4-53 某企业网站月度客户购买人数统计表（部分）

	A	B	C	D	E
1	日期	购买人数/人	排序	分组上限	分组
2	7月1日	120	96	99	90-100
3	7月2日	126	98	109	100-110
4	7月3日	123	99	119	110-120
5	7月4日	140	99	129	120-130
6	7月5日	134	100	199	130-140
7	7月6日	135	101	149	140-150
8	7月7日	133	106		
9	7月8日	128	112		
10	7月9日	136	115		
11	7月10日	129	120		
12	7月11日	141	120		
13	7月12日	139	120		

图 4-54 添加分组与分组上限

步骤 4，依次单击“数据”“数据分析”按钮。

步骤 5，依次单击“数据分析”编辑框中的“直方图”和“确定”按钮。

步骤 6，在“直方图”编辑框中的“输入区域”输入排序的数值区域，在“接收区域”输入分组上限的数值区域，在“输出区域”输入将要形成表格的起始位置，最后选中“累积百分率”和“图表输出”两个选项并单击“确定”按钮。

接收	频数/次	累计%
99	4	13.33%
109	3	23.33%
119	2	30.00%
129	9	60.00%
139	6	80.00%
149	6	100.00%
其他	0	100.00%

图 4-55　累积百分率

步骤 7，以上操作完成后，会自动生成频数累积统计表与直方图，如图 4-55 和图 4-56 所示。

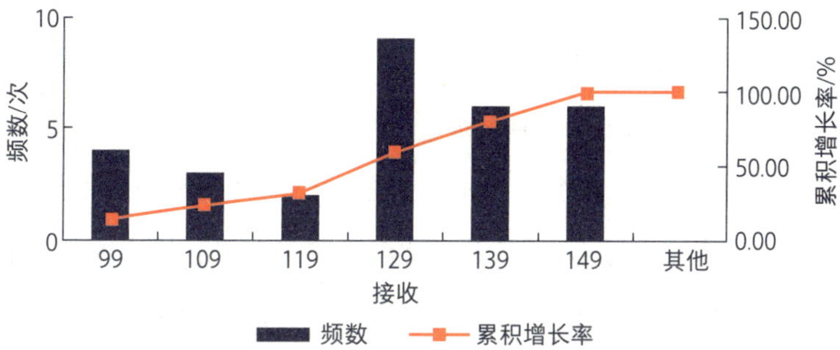

图 4-56　直方图

从累积统计表与直方图中能够清晰地看到企业客户购买人数在各个分组中出现的频数与累积增长率，并能够直观地看到频数的变化曲线和变化趋势。企业可以据此看出客户购买人数的频数最高的数值出现在分组上限 129 对应的区间，购买人数的频数最低的数值出现在分组上限 119 对应的区间，并从整体上了解月度客户数量的变化情况。

实训专区 4-10

调取源数据 4-8，结合以上所学内容进行频数分析，得出这三天活动期间每个省份出现的频数并形成直方图。需要注意的是，在进行频数分析时，文字不能直接输入表格处理工具中，需要用数字代替，如山西代号为 1、陕西代号为 2 等。在设置分组上限时，输入对应省份的数字代号即可。

二、分组分析法

1. 分组分析法的含义

分组分析法是根据分析对象的特征，按照一定的指标，将对象划分为不同类别进行分析的方法，这种分析方法能够揭示分析对象内在的联系和规律。

分组分析的目的是了解指标数据的内在关系，其实现方式是将总体中同一性质的对象合并于同一分组，将总体中不同性质的对象放置在其他分组，之后进行对比，得出分析结果。

2. 分组分析法的类型与原则

（1）分组分析法的类型。

① 数量分组分析。数量分组分析是研究总体内结构及结构间相互关系的分析方法，比如，计算分类指标占总体的比重。一般来说，占比越大，其在总体中就越重要，越能够影响甚至决定指标的总体性质。

② 关系分组分析。关系分组分析是对关系紧密的变量与自变量进行分析，由此得出其依存关系的分析方式。比如，对企业产品单价、销售额、利润进行分组分析，可以得出三者之间的关系。一般来说，作为自变量，商品单价的变化会引起销售额、利润这两个变量的变化，商品单价低，则相应变量数值高。

③ 质量分组分析。质量分组分析是将指标内复杂的数据按照质量进行分组，以此找出规律的分析方式，常用来分析行业经济现象的类型特征和相互关系等。

（2）分组分析法的原则。在进行分组分析时，需要遵循以下两个原则：

① 无遗漏原则。无遗漏原则指在进行分组时，总体中的每个单位都需要归属于一组，所有组中应包含所有单位，不能有遗漏。

② 排他性原则。排他性原则指进行分组的每一个单位都只能属于一个分组，不能同时属于两个或两个以上的分组。

3. Excel 中分组分析的操作要点

（1）组数。组数是分组的个数。确定组数时，需要通过总体数据的多少确定。组数不能太多，太多会使数据分布分散；组数也不能太少，太少会缺少分析的单位数据，影响最终分析结果。如图 4-57 所示，其组数为 8 个，以年龄区分为：20 ~ 25 岁、25 ~ 30 岁、30 ~ 35 岁、35 ~ 40 岁等。

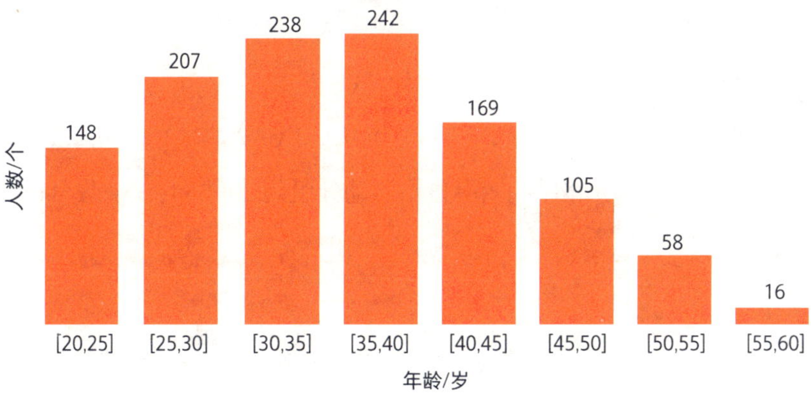

图 4-57　客户年龄分布情况

（2）组限。组限是用来表示各组范围的数值，包括各组的上限和下限。如图 4-57 所示，20-25、25-30、30-35、35-40 等都是组限，其中左边是下限，右边是上限。同时，在分组时，如果相邻两组上下限重叠，遵循“上组限不在内”的原则，即每个分组的上限不包含在本组内。

（3）组距。组距是一个分组中最大值与最小值的差额，可以根据全部分组的最大值、最小值和组数来计算，其计算公式是：

$$组距 =（最大值 - 最小值）\div 组数$$

如图 4-57 所示，组距 $=(60-20)\div 8=5$。

（4）VLOOKUP 函数分组。在表格处理工具中进行分组分析，需要用到 VLOOKUP 函数。VLOOKUP 是一个纵向查找函数，其功能是按列查找，最终返回该列所需查询序列对应的值。比如，将需要进行分组分析的数据排列成一列后，VLOOKUP 函数可以快速将这些数据分配到对应的分组中。

4. 在 Excel 中进行分组分析

以 19 个月同款商品的价格为例，运用 VLOOKUP 函数进行分组分析，如图 4-58 所示。

	A	B	C
1	商品价格/元	价格分组/元	
2	30		
3	30		
4	31		
5	32		
6	28		
7	26		
8	27		
9	35		
10	34		
11	29		
12	25		
13	38		
14	35		
15	30		
16	24		
17	29		
18	30		
19	34		
20	29		

图 4-58　19 个月同款商品的价格表

步骤 1，利用 Excel 的 D、E、F 列制作分组表格，在 D 列设置分组下限（价格最小值）、E 列设置分组并标记组限（各组名称）、F 列设置分组价格区间。

步骤 2，设置分组表，此处设置组限为 20-25、25-

30、30–35、35–40，对应分组下限分别为 20、25、30、35，对应的价格区间分别为 $20 \leqslant X < 25$、$25 \leqslant X < 30$、$30 \leqslant X < 35$、$35 \leqslant X < 40$。

步骤 3，选中 B2 单元格，输入“=VLOOKUP（A2, $D$2: $E$6, 2, 1）”，单击键盘“Enter”键，将 A2 单元格中的商品价格自动分组到 30–35 中，如图 4–59 所示。

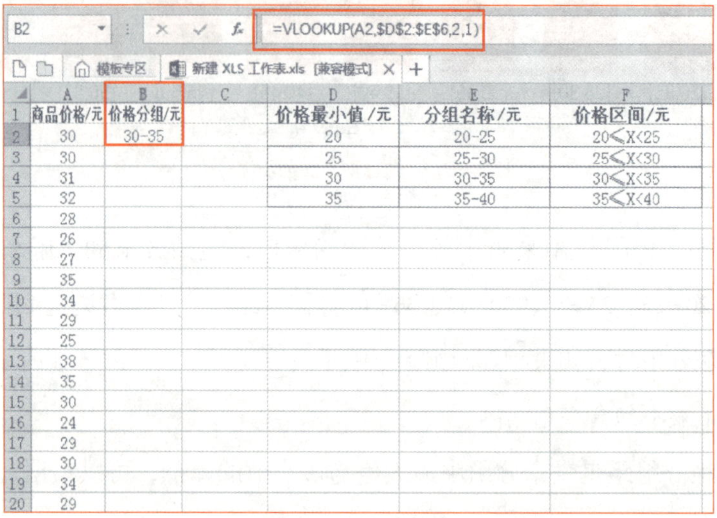

	A	B	C	D	E	F
1	商品价格/元	价格分组/元		价格最小值/元	分组名称/元	价格区间/元
2	30	30-35		20	20-25	20≤X<25
3	30			25	25-30	25≤X<30
4	31			30	30-35	30≤X<35
5	32			35	35-40	35≤X<40
6	28					
7	26					
8	27					
9	35					
10	34					
11	29					
12	25					
13	38					
14	35					
15	30					
16	24					
17	29					
18	30					
19	34					
20	29					

图 4–59　输入 VLOOKUP 函数，初步分组

视频：分组分析

VLOOKUP（A2, $D$2: $E$6, 2, 1）公式的含义为：

“A2”为需要分组的数值；“$D$2: $E$6”为分组的区间。“2”表示引用序列为分组区间的第二列；“1”表示模糊查找。

步骤 4，将鼠标移动到 B2 单元格右下角，等到出现“+”后，单击鼠标拖动至 B20 单元格。

步骤 5，完成上一步操作后，Excel 会自动套用公式快速完成分组，如图 4–60 所示。

通过以上方法，将商品价格分配到对应的价格分组中，接下来只需要使用“筛选”功能自动计数或数据透视表功能，就能够轻易得出每个价格分组中对应的商品价格数量：20–25 区间出现了 1 次商品价格，25–30 区间出现了 7 次商品价格，30–35 区间出现了 8 次商品价格，35–40 区间出现了 3 次商品价格。由此可见，该商品的价格通常集中在 25–30 和 30–35 这两个区间内，这个数据可以为企业产品定价提供参考。

	A	B	C	D	E	F
1	商品价格/元	价格分组/元		价格最小值/元	分组名称/元	价格区间/元
2	30	30-35		20	20-25	20≤X<25
3	30	30-35		25	25-30	25≤X<30
4	31	30-35		30	30-35	30≤X<35
5	32	30-35		35	35-40	35≤X<40
6	28	25-30				
7	26	25-30				
8	27	25-30				
9	35	35-40				
10	34	30-35				
11	29	25-30				
12	25	25-30				
13	38	35-40				
14	35	35-40				
15	30	30-35				
16	24	20-25				
17	29	25-30				
18	30	30-35				
19	34	30-35				
20	29	25-30				

图 4-60　自动完成分组

想一想

在分组分析案例操作时，将价格区间定为 $20\leqslant X<25$、$25\leqslant X<30$、$30\leqslant X<35$、$35\leqslant X<40$，请结合案例中出现的商品价格，分析为什么要这样制定价格区间？是否可以制定其他的价格区间？

三、结构分析法

结构分析又叫比重分析，是测定某个指标各个构成部分在总体中的占比情况并加以分析的方法。该方法能够说明各部分在总体中的地位和作用，一般而言，占比越大，重要程度越高，对总体的影响越大。此外，通过结构分析也可以了解企业生产经营活动的效果，如分析产品成本结构的变化，可以挖掘降低成本的途径。

结构分析的计算公式为：

结构相对占比（比例）=（总体某部分的数值 ÷ 总体总数值）×100%

以市场占有率为例，市场占有率是衡量企业在行业中的竞争情况、企业自身运营情况的重要指标之一，市场占有率高，说明企业经营状况好且在整个市场上具有较强的竞争力。套用结构分析的计算公式，可以得出某产品市场占有率的计算公式为：

某产品市场占有率 =（企业某产品销量 ÷ 市场某产品总销量）×100%

图 4-61 为某企业 A 产品在 2020 年和 2021 年的销量及市场总销量，根据市场占有率计算公式，可以计算出该企业 A 产品 2020 年和 2021 年市场占有率及每年各个季度的市场占有率。实际计算如下：

以 2021 年第一季度为例，计算该企业 A 产品的季度市场占有率：

该企业 A 产品的季度市场占有率 =（企业第一季度 A 产品销量 ÷ 市场第一季度 A 产品总销量）× 100% =（30 ÷ 93）× 100% = 32.26%。

年份	时间	企业A产品销量	市场A产品总销量
2021年	第一季度	30万件	93万件
	第二季度	42万件	96万件
	第三季度	40万件	96万件
	第四季度	38万件	98万件
2020年	第一季度	32万件	96万件
	第二季度	43万件	113万件
	第三季度	39万件	110万件
	第四季度	40万件	103万件

图 4-61　A 产品 2020 年和 2021 年的销量及市场总销量

以 2021 年为例，计算该企业 A 产品的年市场占有率：

该企业 A 产品的年市场占有率 =（企业 2021 年 A 产品销量 ÷ 市场 2021 年 A 产品总销量）× 100% =（30 + 42 + 40 + 38）÷（93 + 96 + 96 + 98）× 100% = 39.16%。

通过以上方法计算得出，该企业 A 产品的市场占有率后，可以分析出该企业 2020 年到 2021 年 A 产品市场占有率的变化情况，该企业可以通过对比这些数据，了解自身的运营和市场竞争力状况。

实训专区 4-11

调取源数据 4-9，结合上面所学内容，为企业计算各流量渠道一天中的占比。

四、平均分析法

1. 平均分析法的作用与类型

平均分析法是通过计算平均值的方式，呈现总体在一定时间内在特定地点某一分析指标一般水平的方法。

平均分析法的作用有：

（1）比较同类指标在不同地区、行业、企业的差异。

（2）比较某些指标在不同时间单位内的情况，以说明其发展规律和趋势。

（3）分析指标之间的依存关系。

平均分析法的类型主要有数值平均值和位置平均值，如图 4-62 所示。平均值主要有算术平均值、调和平均值、几何平均值、众数和中位数，其中最常被用到的是算术平均值，即人们常说的平均值或平均数，如图 4-62 所示。

算术平均值是重要的基础性数值之一，它可以被分为两种类型：简单算术平均值（计算未分组数据）和加权算术平均值（计算已分组数据），如图 4-63 所示。

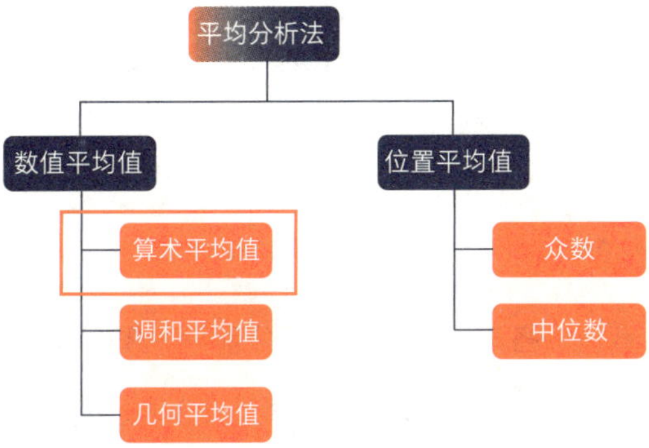

图 4-62　平均分析法类型

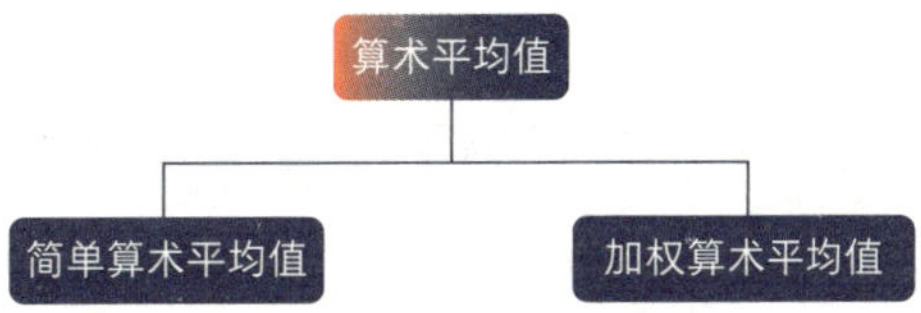

图 4-63　算术平均值分类

其中，简单算术平均值是用来计算未分组指标算术平均值的方法，可以直接使用指标各分组数值总和与指标单位个数来计算平均值；加权算术平均值是用来计算分组指标算术平均值的方法，需要先将指标各分组数值总和与指标单位个数计算出来后，再进行平均值的计算。

2. 算术平均值的计算公式

（1）简单算术平均值的计算公式是：

简单算术平均值 = 指标各单位数值的总和 ÷ 指标单位个数

举例说明：某企业单日成交了 5 个客户的订单，订单金额分别是：3 560 元、5 809 元、6 935 元、5 731 元、8 865 元。计算其客单价的方式为：客单价 =（3 560 + 5 809 + 6 935 + 5 731 + 8 865）÷ 5 = 6 180（元）。

（2）加权算术平均值的计算公式是：

加权算术平均值 =（分组 A 指标总和 + 分组 B 指标总和 + 分组 C 指标总和 + ……）÷（分组 A 指标个数 + 分组 B 指标个数 + 分组 C 指标个数 + ……）

举例说明：图 4-64 为某企业三种产品的日成交客户数与单笔订单平均价，计算企业客单价的方式为：企业整体客单价 =（12 × 305 + 8 × 413 + 23 × 377）÷（12 + 8 + 23）= 15 635 ÷ 43 = 363.6（元）

产品	日成交客户数/人	单笔订单平均价/元
产品A	12	305
产品B	8	413
产品C	23	377

图 4-64　某企业三种产品的日成交客户数与单笔订单平均价

通过以上计算，可以获得企业的客单价。企业可以据此考虑是否需要通过调整客单价的方式来促成销售额的提升。

实训专区 4-12

某企业旗下有 5 款产品，2022 年 4 月 8 日，各产品单日成交额分别为 1 356 元、2 634 元、963 元、4 325 元和 3 321 元，各产品该日的成交客户数分别为 3 人、5 人、3 人、8 人、5 人，请计算该企业 2022 年 4 月 8 日的客单价。

五、交叉分析法

1. 交叉分析法的含义与用法

交叉分析法也叫立体分析法，通常用来分析某两个变量之间的关系，如产品销量和地区的关系。该分析方法将两个有所关联的变量及其数值同时呈现在一个表格内，然后通过在 Excel 中创建透视表形成交叉表。在交叉表中，可以快速明确两个变量之间的关系。

图 4-65 是西安四个区县 2022 年 3 月水果的销售情况（单位：吨），交叉表中的第一行依次为五种水果的类型，左侧第一列依次为四个区县的名称。从这张图中，可

以通过交叉点快速看出每个区县每种水果的销量，如蓝田猕猴桃的销量为 21 吨。

总的来看，在交叉表中能够快速获取到以下信息：

销量/吨

地区	核桃	香蕉	苹果	猕猴桃	水蜜桃	行总计
周至	23	30	21	22	24	120
鄠邑区	18	26	19	23	23	109
蓝田	9	21	19	21	17	87
高陵	22	23	18	20	19	102
列总计	72	100	77	86	83	418

图 4-65　西安四个区县 2022 年 3 月水果的销售情况

（1）总数据，如 2022 年 3 月西安四个区县五种水果总销量。

（2）各自总数据，如 2022 年 3 月西安四个区县核桃总销量。

（3）各自数据，如 2022 年 3 月蓝田猕猴桃销量。

通过快速获取这些数据，企业能够优化运营策略，提升竞争力。

2. 交叉分析的常见维度

交叉分析是从多个维度对数据进行分析，其常见维度有时间、客户、地区和流量来源。

（1）时间。时间是看指标数据在不同时间段的变化情况，如产品单价在春季和秋季的变化情况。

（2）客户。客户是看指标数据在不同客户类型中的变化情况，如产品销量在新客户和老客户中的变化情况。

（3）地区。地区是看指标数据在不同地区的变化情况，如产品销量在不同省份的数值变化情况。

（4）流量来源。流量来源是看指标在不同流量渠道的变化情况，如某日成交客户来源在微信、微博、直通车等中数量的变化情况。

3. 在 Excel 中进行交叉分析

图 4-66 是 2022 年 A、B、C、D 四个地区两种水果（葡萄、桃子）的销售情况，接下来在 Excel 中使用交叉分析法对这组数据进行分析。

视频：交叉分析

步骤 1，单击 Excel 菜单栏“插入”按钮，随后单击“数据透视图表”按钮。

月份	地区	产品	销量/吨
6月	A地区	葡萄	28
6月	B地区	葡萄	36
6月	B地区	桃子	42
6月	C地区	葡萄	37
6月	C地区	桃子	29
6月	A地区	桃子	43
6月	D地区	葡萄	35
6月	D地区	桃子	41
7月	B地区	葡萄	27
7月	C地区	葡萄	38
7月	B地区	桃子	39
7月	A地区	葡萄	48
7月	C地区	桃子	52
7月	A地区	桃子	46
7月	D地区	葡萄	38
7月	D地区	桃子	33

图 4-66　2022 年 A、B、C、D 四个地区 2 种水果（葡萄、桃子）的销售情况

步骤 2，单击“数据透视图和数据透视表”按钮，进入创建数据透视表的编辑框。

步骤 3，在“创建数据透视图表”编辑框中的“选择一个表或区域”中，输入需要处理的数据区域。

步骤 4，选择“现有工作表”，在“位置”中输入将要放置新表的位置。

步骤 5，在右侧“数据透视图字段”编辑区，选择“地区”“产品”“销量”这几个需要呈现在数据图表中的指标。随后，自动生成数据透视图表。

步骤 6，选中已经生成的数据表，在右侧“数据透视表字段”编辑区，左击鼠标，将“产品”字段拖动到“列”的下方。随后自动生成新的数据透视表，新的数据透视表生成后，数据透视图同时完成更新。

步骤 7，通过以上操作，表格中会同时出现原始数据、数据透视表和数据透视图，如图 4-67 所示。

月份	地区	产品	销量/吨
6月	A地区	葡萄	28
6月	B地区	葡萄	36
6月	B地区	桃子	42
6月	C地区	葡萄	37
6月	C地区	桃子	29
6月	A地区	桃子	43
6月	D地区	葡萄	35
6月	D地区	桃子	41
7月	B地区	葡萄	27
7月	C地区	葡萄	38
7月	B地区	桃子	39
7月	A地区	葡萄	48
7月	C地区	桃子	52
7月	A地区	桃子	46
7月	D地区	葡萄	38
7月	D地区	桃子	33

求和项:销量/吨	产品		
地区	葡萄	桃子	总计
A地区	76	89	165
B地区	63	81	144
C地区	75	81	156
D地区	73	74	147
总计	287	325	612

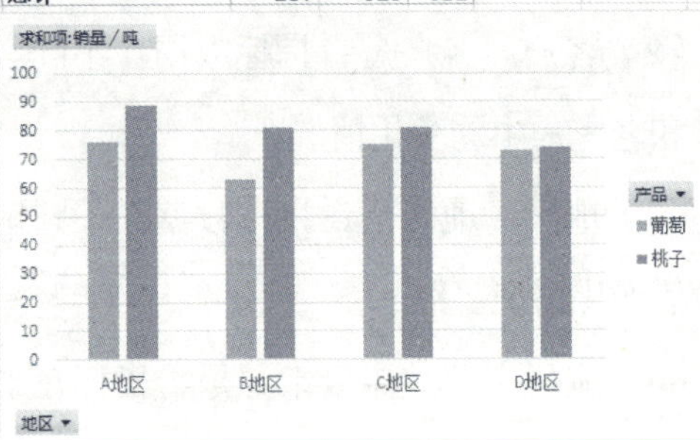

图 4-67　完成操作后的表格效果

结合数据透视图和数据透视表，可以得到以下信息：

（1）B 地区在 2022 年 6 月和 7 月，葡萄销量在四个地区中最少，为 63 吨，可见四个地区中，B 地区在 6 月和 7 月较不适合销售葡萄。

（2）A 地区在 2022 年 6 月和 7 月，桃子销量在四个地区中最多，为 89 吨，可见四个地区中，A 地区在 6 月和 7 月较适合销售桃子。

（3）在 2022 年 6 月和 7 月，葡萄和桃子总销量最多的依次为 A 地区、C 地区，销量分别为 165 吨、156 吨，可见这两个地区在四个地区中较为适合同时销售葡萄和桃子。

（4）除以上分析结果外，还可以清楚看到 A、B、C、D 四个地区在 2022 年 6 月和 7 月葡萄和桃子的销量、总销量，以及四个地区的整体销量。

实训专区 4-13

调取源数据 4-10，就该数据对客户来源进行交叉分析，得出每个来源的客户数量并进行简单分析。

六、漏斗图分析法

1. 了解漏斗图分析法

漏斗图分析是使用漏斗图展示数据分析过程和结果的数据分析方法。该方法适合分析业务周期长、流程规范且环节多的指标，比如网站转化率、销售转化率等。

2. 漏斗图分析法的适用场景

漏斗图分析法的适用场景包括：

（1）电子商务网站和 App 的转化率。通过漏斗图分析法，展现网站或 App 转化率的变化情况，即客户从进入网站到实现购物的最终转化率。企业可以对各个环节的转化情况进行分析，并及时优化或处理问题。

（2）营销推广。通过漏斗图分析法，展现营销各环节的转化情况，包括展现量、点击率、访问量等直到订单形成所产生的客户流量数据。企业可以分析各个环节客户数量情况及流失情况，并进行优化和问题处理。

（3）CRM。通过漏斗图分析法，展现客户各个阶段的转化情况，包括潜在客户、意向客户、谈判客户、成交客户、签约客户等。企业可以分析客户的转化数据并对其进行优化。

3. 漏斗图分析法的作用

（1）漏斗图分析法可以直观展示问题。漏斗图分析法能够直观展示业务流程及其相应数据，同时说明数据规律。通过漏斗图分析法，企业可以快速发现业务环节中存在的问题，并及时优化和解决问题。

（2）漏斗图是端到端的重要部分。漏斗图能实现完整闭环的数据分析，比如对企业网站浏览产品、加入购物车、生成订单、支付订单、完成交易这个购物闭环数据进行分析。通过图 4-68 可以了解每个购物环节中的客户人数情况、占比情况及相应数据的变化情况。

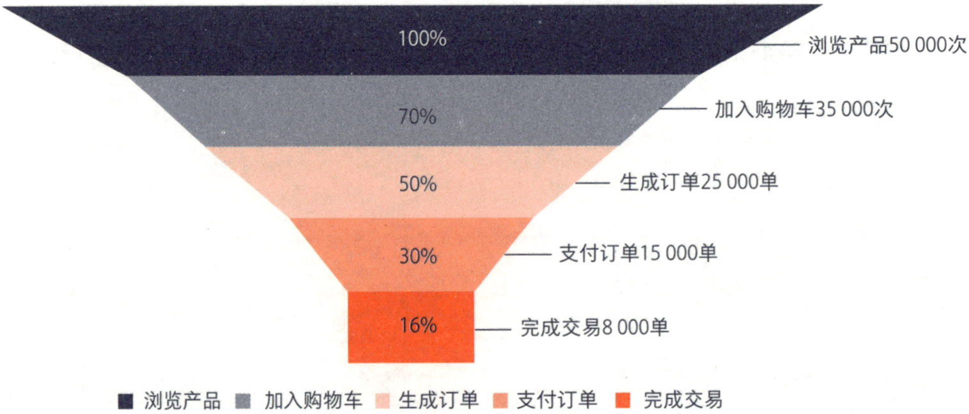

图 4-68　漏斗图图示

视频：漏斗图分析法

4. 在 Excel 中进行漏斗图分析

可以使用 Excel 制作漏斗图。在进行漏斗图制作之前，首先需要获取数据。图 4-69 是某企业网站客户转化率的统计数据。

	A	B	C	D
1	步骤环节	客户数/人	上一环节转化率	总体转化率
2	浏览产品	2000	0	100%
3	加入购物车	1050	52.50%	52.50%
4	生成订单	600	57.14%	30%
5	支付订单	430	71.67%	21.50%
6	完成交易	350	81.40%	17.50%

图 4-69　某企业网站客户转化率的统计数据

步骤 1，添加“占位数据”。在 B 列添加“占位数据”，如图 4-70 所示。

	A	B	C	D	E
1	步骤环节	占位数据	客户数/人	上一环节转化率	总体转化率
2	浏览产品	0	2000	0	100%
3	加入购物车	475	1050	52.50%	52.50%
4	生成订单	700	600	57.14%	30%
5	支付订单	785	430	71.67%	21.50%
6	完成交易	825	350	81.40%	17.50%

图 4-70　添加“占位数据”

占位数据的计算公式是：

占位数据 =（最初环节数据 − 正在进行环节数据）÷ 2

该案例中的占位数据 =（C2 − Cn）÷ 2。

如生成订单对应的占位数据 =（浏览产品客户数 − 生成订单客户数）÷ 2=（2 000 − 600）÷ 2 = 700。

步骤 2，添加条形图。选中表格中 A1：C6 区域。

步骤 3，鼠标选择“图表”按钮后，单击“堆积条形图”按钮。

步骤 4，单击鼠标，选中数据线条，然后删除线条。

步骤 5，单击鼠标，选中“占位数据”显示条。

步骤 6，在右侧“设置数据系列格式”编辑框中选择填充图标下的“无填充”按钮。

步骤 7，单击鼠标，选中图标左侧文字框，右击鼠标并选择“设置坐标轴格式”按钮。

步骤 8，在右侧“设置坐标轴格式”编辑区，勾选“逆序类别”按钮。

步骤 9，经过以上操作后，得到成型的漏斗图，如图 4-71 所示。

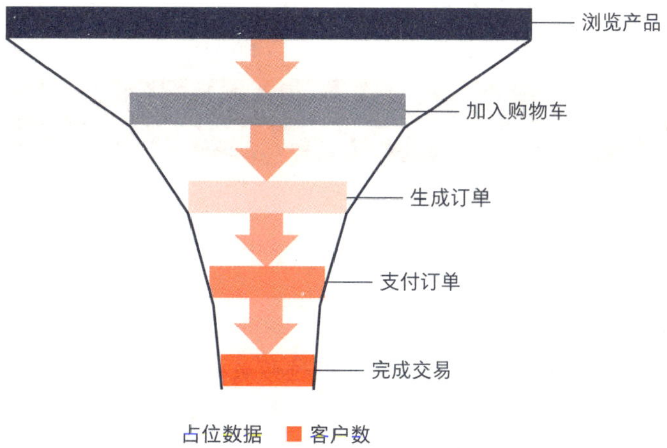

图 4-71　漏斗图

步骤 10，如果需要，可以使用 Excel 插入选项框下的“形状”按钮，对漏斗图进行美化。比如，利用线条将漏斗图各部分进行连接或插入图形及文字进行数值标记，如图 4–72 所示。（除以上漏斗图制作方法外，部分版本的表格处理工具可一键插入漏斗图）

通过制作完成的漏斗图，可以很直观地看到转化率与流失率的变化情况。在进行数据分析时，可以通过对比网站前后转化的漏斗图，对同一环节优化前后的数据、同一环节客户转化情况、同行业类似产品等多种情况的转化率进行比较分析。

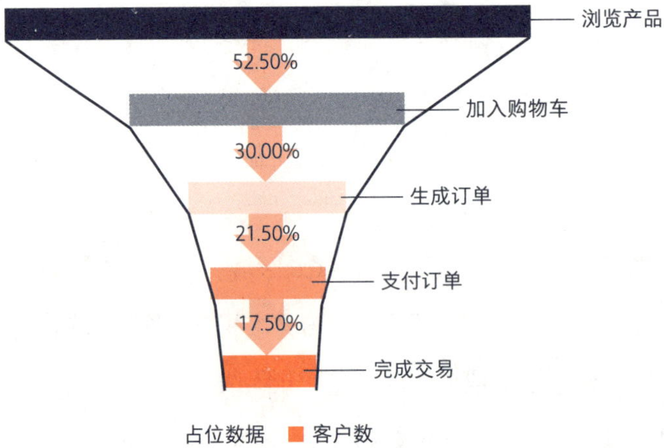

图 4–72　美化后的漏斗图

想一想

已知浏览商品的客户数为 1 200 人，生成订单数为 360 人，在进行漏斗图分析时，生成订单对应的占位数据是多少？

1+X 考证提要

本单元需重点理解与掌握的内容

（1）频数分析法。

① 频数分析法是对变量的情况进行分析，通过频数分析能够了解变量取值的状况及数据的分布特征。

② 在 Excel 中频数分析法的操作要点包括排序、分组、分组上限设置等。

（2）分组分析法。

① 分组分析法的类型包括数量分组分析、关系分组分析、质量分组分析。

② 在进行分组分析时，需要遵循无遗漏原则和排他性原则。

③ 在 Excel 中，使用 VLOOKUP 函数与数据透视图表完成数据分组。

（3）结构分析法。

① 结构分析法是测定某个指标各个构成部分在总体中的占比情况并加以分析的方法。

② 使用数据透视表、饼状图进行结构分析。

（4）平均分析法。

① 简单算数平均值 = 指标各单位数值的总和 ÷ 指标单位个数。

② 加权算数平均值 =(分组 A 指标总和 + 分组 B 指标总和 + 分组 C 指标总和 +……) ÷ (分组 A 指标个数 + 分组 B 指标个数 + 分组 C 指标个数 +……)。

（5）交叉分析法。

① 在 Excel 中，创建数据透视表形成交叉表。

② 在交叉表中，可以快速明确两个变量之间的关系。

竞赛直达

赛题一：客服响应数据描述性统计分析

背景：某网店为了制定店铺客服首次响应时长的达标标准，收集了 100 位买家到店的客服首次响应时长数据，计划通过对该组数据的分析，结合分析结果对客服的首次响应时长进行设置。说明：客服首次响应时长是指买家联系客服，客服第一次回复买家的响应时间，自动回复除外。

要求：调取源数据 4-11，请对该数据样本进行描述性统计分析。通过查看描述性统计结果“客服首次响应时长参照平均数值设置在 30 秒之内”该结论是否合理？请说明理由；目前各客服人员首次响应速度是否还需要优化？请说明原因。

赛题二：店铺热销商品销量趋势分析

背景：在电商企业经营过程中，商家可以通过图表趋势法选择合适的趋势线预测店铺销量。已知某店铺一款热销商品历年的销量数据，现需要分析该款商品销量的发展趋势，进而预测下一年的销量，为下一年的销售计划制订做准备。

要求：某网店通过统计2007年到2021年热销商品的销量数据，发现其销量逐年呈平稳增长态势，调取源数据4-12，利用线性趋势线预测出2022年该款商品的销量。

赛题三：店铺销量对比分析

背景：已知某零食电商企业近两年的销量数据，部门经理安排运营人员对两年同一时期的销量进行分析，考察销量的增长速度，分析销量的变动情况，进而支撑销售策略的优化。

要求：由表格数据可知该企业2020年、2021年各月份销量数据，要求对比本年与上年同月的销量，从对比结果分析本年相比上年相同月份销量的变化情况。下载源数据4-13，根据表中提供的店铺销量数据完成以下操作：计算2021年销量下滑最大月的同比增长率，销量增长最大月同比增长率，分析企业2020年和2021年销量变化情况。

赛题四：产品销量频数分析

背景："胖娃娃零食店"是淘宝一家主营蛋糕、麻薯、曲奇、糖果等各类点心的旗舰店，为了了解该网店核心产品的销量频数分布情况，网店采集了近6个月店内核心产品的销量数据，展开频数分析。

要求：下载源数据4-14，使用表格工具中的"直方图"功能，分析网店核心产品(产品A、产品B、产品C、产品D、产品E、产品F、产品G、产品H、产品I)各自近6个月的销量频数及其分布情况。

数据赋能

以数据创新赋能基层治理

2021 年 6 月，浪潮卓数大数据项目组来到三涧溪，帮助村里建设智慧乡村。不到一个月时间，三涧溪村两委依托浪潮边缘云、大数据等先进技术，建成“数字三涧溪治理体系”，让数据成为提升治理水平的“源”动力。

三涧溪村有效整合本地数据资源，进行全区数据共享，构建“基层治理数据库”，借助数据模型，建立人、事、地、物、情、组织的动态数字档案，为乡村精细化管理和服务提供数据支撑。

三涧溪村在管理上实现了数据化管理，做到人口清、户数清、产业清、问题清，全村动态一目了然。在产业振兴上实现“数实融合”，依靠工业互联网、区块链、大数据等数字技术，搭建智慧黑猪产业平台，开展智慧风机产业建设，为章丘铁锅赋码验真伪……现代化信息技术推动三涧溪三大产业深度融合发展，在致富道路上大步向前。

三涧溪打造了“业务台账”“低保查询”“老年人补贴发放”等一系列数字化智慧工具，创新智慧管理，让基层工作人员得以快速反应，提供精准服务，在日常工作减负增效的同时，也提升了村民的幸福感与满意度。

党的二十大报告指出：“统筹乡村基础设施和公共服务布局，建设宜居宜业和美乡村。”作为乡村公共服务布局的一部分，数据赋能让三涧溪村做到“党务”“村务”“财务”数字化管理。让乡村治理“动”“静”结合，“静”能用一个乡村治理大屏纵观全村各项工作动态，“动”能将便民服务、网格管理、村务工作都“装”进手机，实现了“随身随时随地”微网络治理服务。

法治导航

系列法律法规破解“大数据杀熟”

“大数据杀熟”已经成为社会公众关切的热点话题。北京市消费者协会调查发现，近九成人认为“大数据杀熟”现象普遍存在。大数据杀熟的现象在线上零售、在线旅游、酒店住宿、网约车、外卖、影视等消费场景中尤为显著。

2020 年 10 月 1 日,《在线旅游经营服务管理暂行规定》率先在旅游行业对“大数据杀熟”进行规制，拉开了对大数据管理的序幕。

2021 年发布的《国务院反垄断委员会关于平台经济领域的反垄断指南》(国反垄发〔2021〕1 号)明确指出差别待遇情形下滥用市场支配地位的行为包括基于大数据和算法，根据交易相对人的支付能力、消费偏好、使用习惯等，实行差异性交易价格或者其他交易条件。

2021 年 8 月 20 日颁布的《中华人民共和国个人信息保护法》第七十三条对“自动化决策”明确规定：自动化决策，是指通过计算机程序自动分析、评估个人的行为习惯、兴趣爱好或者经济、健康、信用状况等，并进行决策的活动。而为了规制算法权力下的算法歧视,《个人信息保护法》第二十四条明确否定了大数据杀熟的行为，即“个人信息处理者利用个人信息进行自动化决策，应当保证决策的透明度和结果的公平、公正，不得对个人在交易价格等交易条件上实行不合理的差别待遇。通过自动化决策方式向个人进行信息推送、商业营销，应当同时提供不针对其个人特征的选项，或者向个人提供便捷的拒绝方式。

通过自动化决策方式作出对个人权益有重大影响的决定，个人有权要求个人信息处理者予以说明，并有权拒绝个人信息处理者仅通过自动化决策的方式作出决定。”

2022 年新年伊始，国家互联网信息办公室、工业和信息化部、公安部、国家市场监督管理总局联合发布《互联网信息服务算法推荐管理规定》，剑指互联网信息服务算法推荐活动，自 2022 年 3 月 1 日起施行。

党的二十大报告明确指出：“必须发挥法治固根本、稳预期、利长远的保障作用，在法治轨道上全面建设社会主义现代化国家。”随着相关法律法规日益成熟，数字经济领域的监管不断加强，大数据杀熟、自动化决策、算法歧视等消费者困境得到有效破解。

资料来源：腾讯网，有改写

职业技能训练

一、单项选择题

1. 数据的集中趋势分析用来反映数据的一般水平。其中（　　）是一组数据中出现频率最高的数据值。

A. 平均值　　B. 中位数　　C. 众数　　D. 和

2. 趋势线是一种直观的预测分析工具，通过这个工具，用户可以很方便地从图表中获取预测数据信息。其中，（　　）适用于增长或降低波动幅度较大的数据集合，它可用于分析大量数据的偏差，如居民消费价格指数波动情况。

A. 线性趋势线　　B. 多项式趋势线　　C. 指数趋势线　　D. 乘幂趋势线

3. 指数平滑法指以某种指标的本期实际数和本期预测数为基础，引入一个简化的加权因子，即平滑系数，以求得平均数的一种指数平滑预测法。平滑系数必须（　　）。

A. 小于 0　　B. 大于 0 且小于 1

C. 大于 1 且小于 10　　D. 大于 10 且小于 100

4.《个人信息保护法》第七十三条规定：（　　），是指通过计算机程序自动分析、评估个人的行为习惯、兴趣爱好或者经济、健康、信用状况等，并进行决策的活动。

A. 数据信息获取　　B. 大数据算法

C. 自动化决策　　D. 大数据杀熟

5. 频数分析时，常用到直方图、条形图和饼状图三种统计图。其中，（　　）是用矩形的面积来表示频数分布情况的图形。

A. 饼状图　　B. 折线图　　C. 气泡图　　D. 直方图

二、多项选择题

1. 在统计分析中，通常要假设样本的分布属于正态分布，因此，需要用

（　　　）两个指标来检查样本是否符合正态分布。

A. 偏度　　B. 偏角　　C. 峰度　　D. 峰角

2. 线性趋势线适用于（　　　），数据点构成趋势近乎是直线的预测，如某企业产量与用电量数据。

A. 增长或降低的速度比较平稳　　B. 增长或降低持续增加

C. 关系稳定　　D. 增加幅度比较恒定

3. 时间序列预测法的基本特点是（　　　）。

A. 假设事物发展趋势会延伸到未来　　B. 收集整理历史资料，建立预测模型

C. 预测所依据的数据具有不规则性　　D. 不考虑事物发展中的因果关系

4. 在进行对比分析时，要选择具有可比性的多个指标。下列选项中，属于选择指标需遵循原则的有（　　　）、指标的内涵及外延具有可比性。

A. 指标的类型一致　　B. 指标的计量单位、计算方式一致

C. 指标的时间范围具有可比性　　D. 指标的整体性质具有可比性

5. 下列场景中，适合漏斗图分析法的包括（　　　）。

A. 电子商务网站和 App 的转化率　　B. 营销推广

C. CRM　　D. 市场占有率

三、判断题

1. 指数趋势线适用于增长或降低的速度持续增加，且增长幅度越来越大的数据集合，数据点构成趋势为曲线的预测，如某地不同高度的大气压数据。（　　）

2. 分组分析法是根据分析对象的特征，按照一定的指标，将对象划分为不同类别进行分析的方法，这种分析方法能够揭示分析对象总体占比情况。（　　）

3. 结构分析又叫比重分析，是测定某个指标各个构成部分在总体中的占比情况并加以分析的方法。（　　）

4. 平均分析法是通过计算平均值的方式，呈现总体在一定时间内在特定地点某一分析指标的一般水平的方法。（　　）

5. 交叉分析法也叫立体分析法，通常用来分析某两个变量之间的关系。在交叉表中，可以快速明确两个变量之间的关系。（　　）

四、案例分析题

1. 某电商品牌新入职运营人员接到领导指示，需要对 2022 年品牌累计在天猫、京东、苏宁易购及其他线上平台产生的网络销售额各自的占比进行分类统计并制作图表，以便在后期数据报告中使用。

运营人员采集完原始数据并进行统计后，列出统计数据表，请协助运营人员分析图表中数据，并计算相应数据。

（1）如表 4–4 所示，某品牌 2022 年 9 月的访客数为 2 896 人，2021 年 9 月的访客数为 1 833 人。2022 年 9 月，该品牌访客数同比增长率是多少？

表 4–4　某品牌 2021 年和 2022 年 6—9 月访客数

时间	2021 年 6 月	2021 年 7 月	2021 年 8 月	2021 年 9 月
访客数 / 人	1 543	1 622	1 770	1 833
时间	2022 年 6 月	2022 年 7 月	2022 年 8 月	2022 年 9 月
访客数 / 人	2 106	2 338	2 624	2 896

（2）如表 4–5 所示，某品牌 2022 年 9 月的成交额为 22 524 元，2022 年 8 月的成交额为 18 584 元，2022 年 9 月该品牌成交额的环比增长率是多少？

表 4–5　某品牌 2022 年 6—9 月成交额

时间	6 月	7 月	8 月	9 月
成交额 / 元	12 106	16 338	18 584	22 524

（3）某品牌店铺单日成交了 6 个客户的订单，订单金额分别是：4 560 元、3 809 元、5 235 元、7 531 元、9 001 元、10 086 元，该店铺单日客单价为多少？

（4）表 4–6 为该店铺三种产品的日成交客户数与单笔订单平均价，请计算该店铺整体客单价为多少？

表 4–6　三种产品的日成交客户数与单笔订单平均价

产品	日成交客户数 / 人	单笔订单平均价 / 元
产品 A	25	188
产品 B	10	255
产品 C	15	450

2. 某品牌在某电子商务平台开设有专营店，对该店铺一款商品 2022 年 4 月的浏览产品、加入购物车、生成订单、支付订单、完成交易的整个购物闭环数据进行分析，如表 4-7 所示。运营人员采集完原始数据并进行统计后，列出统计数据表，从而了解客户在每个购物环节中的人数情况与占比情况及相应数据的变化情况。

表 4-7 某品牌店铺 2022 年 4 月某产品的运营数据

步骤环节	占位数 / 人	客户数 / 人	上环节转化率 /%	总体转化率 /%
浏览产品	0	2 100	0	100
加入购物车	540	1 020	48.57	48.57
生成订单	705	690	67.65	32.86
支付订单	810	480	69.57	22.86
完成交易		320	66.67	

（1）已知浏览产品的客户数为 2 100 人，完成交易客户数为 320 人，请计算完成交易对应的占位数与总体转化率，并填至表 4-7 中。

（2）根据表 4-7 的数据，完成客户转化率统计数据的漏斗图绘制。

模块五

基础数据监控与报表制作

学习目标

知识目标

- ◆ 熟悉电子商务日常运营重点监控的数据指标
- ◆ 了解数据异常的常见原因及解决办法
- ◆ 了解数据报表的制作流程
- ◆ 熟悉数据图表的类型及不同类型图表的适用场景

技能目标

- ◆ 能够结合日常运营需要完成数据监控
- ◆ 能够完成日常及专项数据报表的制作
- ◆ 能够进行常见图表的制作和美化

素养目标

- ◆ 具有安全意识、质量意识、工匠精神、创新思维，在数据监控和分析过程中具有严谨的工作态度和社会责任感
- ◆ 具备遵守《中华人民共和国统计法》等相关法律法规及电商平台规则的职业操守
- ◆ 具备审美意识，在报表制作过程中培养美学素养

思维导图

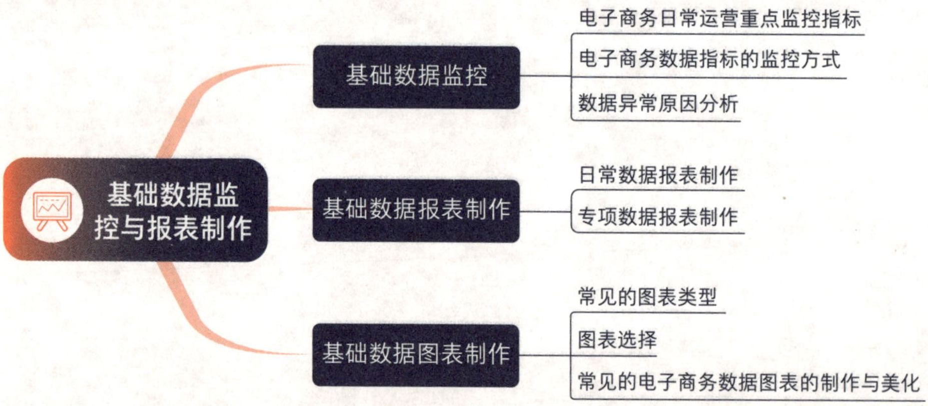

基础数据监控与报表制作
基础数据监控
电子商务日常运营重点监控指标
电子商务数据指标的监控方式
数据异常原因分析
基础数据报表制作
日常数据报表制作
专项数据报表制作
基础数据图表制作
常见的图表类型
图表选择
常见的电子商务数据图表的制作与美化

单元一　基础数据监控

引导案例

某厨具品牌在淘宝网和京东网分别开设了专营店，为了优化运营效果，提高产品销量，现计划首先监控淘宝网不同流量来源渠道的下单转化率。

运营人员确定监控的流量渠道为淘内免费（淘宝搜索、淘宝首页）、付费流量（直通车、智钻、淘宝客）、自主访问（我的淘宝、商品收藏、购物车），随后确定下单转化率的波动范围，即低于同行平均值，并确定以“日”为单位进行监控数据的汇报。2022 年 8 月 1 日，提示监控数据异常，如表 5-1 所示。

表 5-1　不同流量渠道下单转化率对比

流量来源	来源明细	下单转化率（本店）/%	下单转化率（同行平均）/%
淘内免费	淘宝搜索	1.57	3.90
淘内免费	淘宝首页	1.02	2.58
付费流量	直通车	0.56	2.79
付费流量	智钻	0.27	1.64
付费流量	淘宝客	0.23	1.99
自主访问	我的淘宝	14.59	20.32
自主访问	宝贝收藏	9.38	18.39
自主访问	购物车	17.71	26.71

通过监控到的数据可以清晰地发现该店铺各流量渠道的下单转化率远远低于同行水平，运营人员随后分析数据异常的原因，以付费流量为例，该店铺的付费流量来源主要为直通车、智钻和淘宝客。由于直通车流量最高，运营人员重点分析直通车流量的精准性问题，主要看关键词的点击量、转化率、投资收益率指标是否达到预期效果，结合数据分析得知，店铺直通车部分关键词展现量尚可，但点击率很低，对于此

类关键词应重点进行主图优化、创意标题优化，以提高吸引力；而对于缺乏基本展现量的关键词，需要更换。

结合案例，思考并回答以下问题：

（1）在开展电商数据监控前，需要进行哪些准备工作？

（2）是否能够通过监控了解到店铺数据的异常情况？

（3）如何分析数据异常的原因？

一、电子商务日常运营重点监控指标

在电子商务日常运营过程中，通过对各类数据指标的监控，可以了解店铺的运营状况。但是，可监控的数据指标众多，若对每一类都持续追踪，既加大了工作量，也不容易快速识别异常数据，有可能错过问题修正的关键时期，带来不必要的损失。由此，应明确日常运营中需要重点监控的基础数据指标。在电子商务企业发展的不同阶段，监控的数据指标可灵活调整。在进行电子商务数据监控前，需要确定每个数据指标正常波动的范围，可查看同比数据和环比数据，也可根据所处行业相关数据进行设定。

（一）流量指标

流量指标是数据监控的核心，即对访问电子商务网站的访客数、访客行为等指标进行分析，其中需要重点监控的流量指标如表5-2所示。

表5-2　流量指标

流量规模类指标	访客数
	浏览量
流量质量类指标	跳失率
	访问深度
	平均停留时间

流量指标中的跳失率可以反映页面内容的受欢迎程度，跳失率越高，页面内容越需要调整。而平均停留时间与跳失率、访问深度三者之间是高度相关的，是衡量店铺

流量精准与否、详情页是否吸引客户的重要依据。

（二）销售及转化指标

客户进入电子商务网站后，是否按照预期完成下单及支付，需对这个过程中涉及的重点指标进行分类监控，销售及转化指标如表 5–3 所示。

表 5–3　销售及转化指标

成交指标	成交金额
	成交数量
	成交用户数
	成交转化率
订单指标	有效订单数
	无效订单数
退货指标	退货金额
	退货数量
	退货用户数
效率指标	客单价
	动销率
客服指标	咨询量
	咨询成交率

在表 5–3 所示的指标中，成交转化率是电商运营的核心指标，也是用来判断营销效果的指标。客单价影响店铺的利润，与销售额及成交人数密切相关。动销率是指店铺内有销量的商品占店铺内所有商品的百分比，影响店铺权重。

（三）商品指标

商品是电子商务运营的基础，商品的销售表现可为运营人员调整销售策略提供数据支撑，其中需要重点监控的商品指标如表 5–4 所示。

表 5-4　商品指标

流量相关	商品访客数
	商品浏览量
访问质量	详情页跳出率
转化效果	加购件数
	支付件数
	异常商品数
	商品收藏次数

在表 5-4 所示的指标中，详情页跳出率高可反映出客户购物体验不好，进而影响成交转化率。异常商品数提示店铺中商品存在的异常情况，如类目设置错误或商品涉嫌违规。

（四）客户指标

客户指标主要用于分析客户的价值，可以建立 RFM 价值模型。其中需要重点监控的客户指标如表 5-5 所示。

表 5-5　客户指标

客户质量指标	活跃客户数
	复购率
	流失率
	留存率
新客户指标	新客户数量
	新客户获取成本
老客户指标	老客户数量
	消费频率
	最近一次购买时间
	消费金额
	重复购买次数

在表 5-5 所示的指标中，复购率反映了客户对品牌的忠诚度，影响店铺的销售

量及人气。新客户获取成本是指为了争取新客户的点击、注册或购买，电商企业需要投入足够的营销费用。RFM 价值模型中涉及的消费金额、消费频率可以被用来衡量客户价值，有助于识别优质客户，可以据此制定个性化的沟通和营销服务，为更多的营销决策提供有力支持，增加店铺的利润创收空间。

知识链接

RFM 价值模型

RFM 价值模型可用来衡量客户价值和客户转化能力。该模型通过一个客户的近期购买行为、消费频率、消费金额三项指标来描述该客户的价值状况。

R（Recency）：指客户最近一次交易的时间，可以反映客户的回购率。

F（Frequency）：指客户在最近一段时间内交易的频率，可以反映客户的亲密度。

M（Monetary）：指客户在最近一段时间内的累计购买金额，可以反映客户的忠诚度。

（五）供应链指标

在电子商务运营体系中，供应链管理涉及环节众多，其中需重点监控采购类、物流类、仓储类、库存类指标，如表 5-6 所示。

表 5-6　供应链指标

类别	指标
采购类指标	采购单价
	采购数量
物流类指标	订单满足率
	订单响应时间
	平均送货时间
仓储类指标	仓储费用
库存类指标	库存周转率
	残次库存比
	售罄率

供应链指标中的仓储费用属于运营成本，影响店铺的毛利率。售罄率则反映了某一种单品销售情况的好坏。

（六）营销推广指标

此类指标主要是监控开展的营销推广活动所带来的效果，其中需要重点监控的营销推广指标如表 5-7 所示。

表 5-7　营销推广指标

营销推广指标	展现量
	点击量
	投资回报率

为了保证数据监控的高效性、实用性，数据监控的指标并非一成不变，还需要在上述已经确定的指标基础上，结合电子商务企业的发展阶段进行适当的调整。

1. 电商运营初期

这个阶段旨在积累数据，协助找准运营方向，需重点关注流量指标，包括访客数、访客来源、浏览量、平均停留时长、跳失率、成交转化率等。

2. 电商运营中期

这个阶段的重要任务是通过数据分析提高商品销量，需重点关注流量和成交指标，包括访客数、浏览量、转化率、客单价、动销率、销售额等。

3. 电商已成规模

这个阶段利用数据提升整体运营水平是关键，相比较而言，此阶段需要关注的维度比较广，包括流量、销售、转化、客户、供应链、营销推广活动等维度下的各类重点监控指标。

二、电子商务数据指标的监控方式

明确了电子商务数据监控的重要指标，如何有效监控和记录，及时发现异常情况是重点。电子商务数据指标的监控方式分为人工监控和工具自动监控。

1. 人工监控

人工监控首先需要根据店铺历史数据，如同比、环比数据，以及所处的行业设定各类关键数据的正常波动范围，随后根据运营人员采集制作的日、周、月报表，确定异常数据。

在数据量较小的时候可以进行人工监控，当数据量扩大到人工难以负荷的时候，就需要借助工具进行自动监控。

2. 工具自动监控

数据自动监控工具分为电子商务平台自有数据分析工具和第三方数据分析工具。平台自有数据分析工具如淘宝的生意参谋、京东的京东商智等，其中生意参谋的付费版还可以添加竞争店铺监控，有利于获取更全面的数据信息。第三方数据分析工具即借助第三方开发的数据监控工具或购买第三方的监控服务。市场上诸如此类的工具较多，如安托价格监控分析系统，可对线上产品价格、销量、评价进行采集监控。

无论是人工监控还是工具自动监控，数据的有效监控都需要遵循一定的流程进行规范化操作，但具体实现需要依据选定的监控方式和工具。

步骤 1，确定每个数据指标的正常波动范围。

这是数据监控前的准备工作，正常的电子商务数据每天都会发生波动，想要判定异常数据，就需要设定一个正常的波动范围。

步骤 2，触发条件的确定。

确定监控周期内数据预警的条件，通常低于或高于正常波动范围就会发出预警，如跳失率高于同行水平，就会发出异常预警。

步骤 3，预警频次的确定。

根据不同指标的重要程度，确定预警频次，通常是一天，也可以根据自身需求设定为半个小时一次或一个小时一次。

步骤 4，确定预警方式。

对于相关运营人员，可通过哪种有效途径快速通知到个人，需要结合企业实际。一般的预警方式包括短信通知、微信群 /QQ 群通知、钉钉群通知和 E-mail 通知。

三、数据异常原因分析

运营人员通过每日或每周监控获取到的电子商务数据，需要结合监控情况对异常数据出现的原因进行初步分析与判断，并给出相应的处理措施。

需要明确的是，不同的数据指标之间存在着密切的联系，如客服服务、发货速度等数据指标对销售额会产生重要影响，在分析异常原因时，需要综合考虑、全面分析。这里针对电子商务数据异常的常见原因展开讲解，并给出相应的处理措施。

1. 访客数异常

访客数可根据店铺所在行业的平均水平进行判断，也可对比店铺不同时期的访客数变化。若访客数持续走低，可能导致异常的原因包括：

（1）所在行业进入淡季，如经营羽绒服的店铺在夏季访客数会有季节性下跌。

（2）商品主图吸引力不够，需要及时优化或更换主图。

（3）竞争对手开展了促销打折活动，对店铺造成了冲击，需开展相应的推广活动。

2. 浏览量异常

浏览量是指店铺每个页面被查看的次数。如果访客数增加，浏览量增长不明显或呈现下降趋势，可能导致异常的原因包括：

（1）商品关键词与商品属性的吻合度不够，需要优化关键词。

（2）店铺中缺少关联销售活动。

（3）商品卖点不够突出。

（4）店铺装修不够美观，类目划分不够清晰。

3. 跳失率异常

跳失率需要根据店铺的规模及经营商品的类型进行判断，如淘宝网中皇冠级别的店铺，店铺首页跳失率达到60%以上为异常，而心级店铺跳失率70%较为正常；以商品类型进行判断，如女装类目的跳失率超过30%就说明存在问题。其中，可能导致异常的原因包括：

（1）商品价格设置过高，导致店铺有流量引入但跳失率高，需要对商品价格进行调整。

（2）商品详情页粗糙，商品卖点展现不够全面，没有凸显商品优势，吸引力不足。

（3）主图整体展现效果不好，如图片太大，加载速度慢。

（4）客服回复不及时或回复速度慢，需对客服工作进行优化。

4. 支付转化率异常

转化率对于电子商务日常运营至关重要。转化率每天都会上下波动，若转化率持续下降，则需要考虑导致异常的原因：

（1）季节性因素，商品处于销售的淡季导致转化率下降。

（2）标题与商品属性不匹配。这是引发跳失率高的重要原因，也可能导致店铺转化率低，需要对标题进行优化。

（3）商品价格上升。推广商品的前期，可能通过低价实现动销引流；后期为了盈利，选择提价，转化率随之转低。若影响较大，需要恢复原来的价格，并加大付费流量，推广引流。

（4）同行竞争。如果是标品，应分析价格差异；如果是非标品，应完善细节，丰富款式，提升价格优势。

5. 客单价异常

客单价是影响店铺盈利的因素之一，在流量相同的前提下，客单价越高，销售额就越高，若客单价持续下降，导致异常的原因包括：

（1）店铺活动结束，属于周期性下降，无须过多干预。

（2）活动期优惠券设置不够合理，设置第一阶梯的优惠门槛时，需要考虑店铺的实际情况，不可设置得过高。

（3）客服因素。在询单转化过程中，客服没有推荐其他相关商品或推荐成功的商品价位相对较低。

6. 退款金额异常

当店铺退款金额超过店铺营业额的一定比例时视为异常，如某店铺设置超过 10% 为异常并提醒，此时需要特别留意，分析退款原因。

（1）产品质量问题，此类产品需停止出售，待质量问题解决后继续出售。

（2）服务问题，如发错商品，发错尺码，可免费更换或补偿商品差价。

7. 支付老客户数异常

支付老客户数可以反映出店铺整体的服务、产品质量，以及粉丝的维护情况。若是支付老客户数持续下降，导致异常的原因包括：

（1）店铺长时间没有商品上新，对老客户吸引力不够，对此，需要保持店铺商品的持续上新率。

（2）对收到商品的老客户关怀程度不够，没有刺激老客户购买后的活动。需要加强老客户关怀，告知店铺活动预告。

1+X 考证提要

本单元需重点理解与掌握的内容

（1）电子商务日常运营重点监控指标：流量指标、销售及转化指标、商品指标、客户指标、供应链指标、营销推广指标。

（2）电子商务数据指标的监控方式：人工监控、自动监控。

（3）数据异常原因分析：访客数、浏览量、跳失率、支付转化率、客单价、退款金额、支付老客户数等各类数据指标的异常情况及异常原因需要明确区分和判断。

单元二　基础数据报表制作

引导案例

某电商企业于 2022 年 7 月 25 日—7 月 31 日开展满减促销活动，活动结束一周后，运营人员计划对活动期间及活动后一周的各项关键数据进行统计，形成周报表，如图 5-1 所示。

此次报表制作的目的是对比活动前后各项数据的变化，查看活动效果，需要展现的关键指标有：访客数、浏览量、客单价、支付买家数、支付转化率、PC 端跳失率、无线端跳失率等。因要展现的是统计数据，运营人员搭建矩阵式报表框架，并对采集到的活动周和活动后一周的数据根据数据间的关系进行求和、求平均值操作，得出统计数据。

某店铺促销活动周报表

访客数/人	活动周	4 672	浏览量/次	活动周	16 806
	本周	4 069		本周	15 959
客单价/元	活动周	↓ 63.29	平均停留时长/分钟	活动周	18.24
	本周	↑ 72.38		本周	17.98
PC端客单价/元	活动周	↓ 10.34	移动端客单价/元	活动周	↓ 65
	本周	↑ 12.8		本周	↑ 74.21

图 5-1　周报表

运营人员为了突出显示其中的异常数据，使用图标集对数据进行注释，如开展活动后，店铺的客单价反而比平时低，可用图标集在报表中强调。

运营人员对周报表中的异常数据进一步分析，了解到此次店铺的满减优惠活动设置不合理，虽然优惠力度较大，但活动门槛太高，不能够有效激发客户的购买欲望，且在活动期间取消了店铺原有的无门槛优惠券，再次使得成交量下降。运营人员总结经验，计划在即将迎来的中秋节调整活动方案，提升店铺产品销量及客单价。

结合案例，思考并回答以下问题：

（1）制作报表之前，需要明确哪些内容？

（2）在制作数据报表时，有哪些注意事项？

一、日常数据报表制作

报表是用表格的形式呈现电商企业运营过程中特定时间段的各项数据。报表作为一种信息组织和分析的有效手段，一方面有利于了解经营动态，进行整体评估；另一方面可以统计数据，便于随时查找，也能够为经营策略的调整提供系统的参考信息。

为了使报表的功能最大化，在报表制作过程中，需要保证报表框架的合理性，以及统计数据的准确性、及时性。其具体过程如下：

步骤 1，明确数据汇报的需求。数据报表的制作需要围绕电子商务日常数据汇报需求展开，明确需要达成的分析目标，如网店运营分析、销售分析、用户分析、竞品分析等，据此形成日、周、月报表。

步骤 2，构思报表的大纲。针对确定的分析目标，构思报表的大纲，即从哪些维度来构建数据分析逻辑。

步骤 3，进行报表数据指标的选择。确定了报表的维度后，需要选择其中的重要数据指标。此外，还需要结合报表的目标用户选择数据指标。目标用户的职业决定了其关注数据指标的差异，如一线运营人员更关注有利于开展工作的具体而细致的指标，决策层领导相比较而言更关注结论性指标。

步骤 4，搭建报表框架。根据报表的分析目标和选定的指标，确定相适应的展现形式，在 Excel 中完成报表框架的搭建。

知识链接

报表根据展现形式的不同，可以分为以下两种：

1. 列表式

报表内容按照表头顺序平铺式展示，便于查看详细信息。

2. 矩阵式

主要用于多条件数据统计。矩阵式报表多用于数据汇总统计，更适合在进行数据分析时使用。

日、周、月报表各有不同的侧重点。在搭建报表框架时，需要分别体现各自的特色：

（1）日报表框架搭建。日报表是对电商企业每日各类数据指标的持续追踪，可在报表中综合体现各个维度的关键指标，如流量、销售、转化等；也可结合汇报需求，就某个维度，单独搭建日报表框架，如广告投入日报表，营销活动日报表等。

日报表建议采用列表式，各类数据指标按照表头顺序平铺式展示，便于查看，日报表框架参考如表 5-8 所示的某店铺基础数据日报表。

（2）周报表框架搭建。周报表相对于日报表而言，需要体现一周的统计数据，并与上周数据进行比较，计算环比增长率，对其中的异常数据进行分析，可将分析结果简单呈现在报表中，搭建的周报表框架参考如表 5-9 所示的某店铺运营周报表。

表 5-8　某店铺基础数据日报表

日期	流量					销售				转化			
	访客数	浏览量	平均访问深度	平均停留时长	跳失率	成交用户数	成交商品数	客单价	销售额	成交转化率	咨询转化率	收藏转化率	购物车转化率
2022/7/1													
2022/7/2													
2022/7/3													
2022/7/4													
2022/7/5													
2022/7/6													
2022/7/7													
2022/7/8													
2022/7/9													

表 5-9　某店铺运营周报表（2022 年 7 月 4 日—2022 年 7 月 10 日）

	时间	访客数	浏览量	跳失率	支付买家数	支付金额	转化率	客单价	退款金额
本周概况	上周（2022/6/27—2022/7/3）								
	本周（2022/7/4—2022/7/10）								
	环比								
本周工作总结									
下周工作计划									

（3）月报表框架搭建。月报表需要展现月度运营的重要信息，包括销售、流量、转化、推广等信息。月报表一般提交给管理层，其更关注结果性指标。这里以结果性指标为例，搭建月报表框架参考如表 5-10 所示的某店铺运营月报表。

表 5-10　某店铺运营月报表（2022 年 8 月）

日期	访客数	浏览量	跳失率	转化率	客单价	销售额	毛利率
2022 年 7 月							
2022 年 8 月							
环比							
分析总结							
访客数							
浏览量							
跳失率							
转化率							
客单价							
销售额							
毛利率							
其他							

步骤 5，进行数据的采集与处理。报表的展现依赖于数据，原始数据的采集可以借助平台自身或第三方工具，如淘宝网的生意参谋提供了日常运营中的各类数据信息，可根据分析目标进行数据指标的勾选，并进一步完成数据的处理。

步骤 6，报表的制作与美化。将采集到的数据导入搭建好的报表框架，并可根据展现的需要设置突出显示单元格，即把报表中需要突出的数据单元格用不同的颜色背景显示出来，如报表中突出显示访客数高于平均值的，如图 5-2 所示。也可设置数据条，帮助查看某个单元格相对于其他单元格的值，数据条越长，表示值越大；数据条越短，表示值越小，如图 5-3 所示。此外，为了使统计的数据信息更为直观，可在报表中适当插入图表，图表的制作将在单元三中详细讲解。

日期	访客数/人	浏览量/次
2022/7/1	582	2 511
2022/7/2	615	2 510
2022/7/3	598	1 901
2022/7/4	535	1 956
2022/7/5	528	2 420
2022/7/6	701	2 835
2022/7/7	566	2 526

图 5-2　突出显示单元格

日期	访客数/人	浏览量/次
2022/7/1	582	2 511
2022/7/2	615	2 510
2022/7/3	598	1 901
2022/7/4	535	1 956
2022/7/5	528	2 420
2022/7/6	701	2 835
2022/7/7	566	2 526

图 5-3　设置数据条

二、专项数据报表制作

相比较常规的日、周、月报表，专项数据报表更为聚焦，旨在单独呈现出某个维度的数据，做到有的放矢，为电子商务日常运营提供决策建议。根据电子商务发展的需要，专项数据报表的制作将围绕市场、运营、产品这三个维度展开。

专项数据报表与日常数据报表制作的步骤类似，同样需要明确分析需求、构思大纲、选择指标、搭建框架，并完成数据的采集与处理。

1. 市场分析报表

市场分析报表需要结合行业发展数据、市场需求数据、目标客户数据、竞争对手销售及活动数据展开，各类数据采集的方法已在模块二中进行了详细讲解，这里需要结合分析需求，选中数据指标并搭建框架，某店铺市场分析报表如表 5-11 所示。

表 5-11　某店铺市场分析报表

<table>
<tr><td rowspan="5">行业数据</td><td>时间</td><td>行业总销售额</td><td>行业平均利润</td><td>行业增长率</td><td>行业访客数</td><td>行业搜索点击率</td><td>行业加购人数</td><td>行业卖家数</td><td>行业客单价</td></tr>
<tr><td>2022 年 5 月</td><td></td><td></td><td></td><td></td><td></td><td></td><td></td><td></td></tr>
<tr><td>2022 年 6 月</td><td></td><td></td><td></td><td></td><td></td><td></td><td></td><td></td></tr>
<tr><td>2022 年 7 月</td><td></td><td></td><td></td><td></td><td></td><td></td><td></td><td></td></tr>
<tr><td>2022 年 8 月</td><td></td><td></td><td></td><td></td><td></td><td></td><td></td><td></td></tr>
<tr><td>行业分析</td><td colspan="9"></td></tr>
<tr><td rowspan="6">竞争对手数据</td><td rowspan="2">时间</td><td colspan="4">竞争对手一</td><td colspan="4">竞争对手二</td></tr>
<tr><td>销售额</td><td>客单价</td><td>热销商品数</td><td>毛利率</td><td>销售额</td><td>客单价</td><td>热销商品数</td><td>毛利率</td></tr>
<tr><td>2022 年 5 月</td><td></td><td></td><td></td><td></td><td></td><td></td><td></td><td></td></tr>
<tr><td>2022 年 6 月</td><td></td><td></td><td></td><td></td><td></td><td></td><td></td><td></td></tr>
<tr><td>2022 年 7 月</td><td></td><td></td><td></td><td></td><td></td><td></td><td></td><td></td></tr>
<tr><td>2022 年 8 月</td><td></td><td></td><td></td><td></td><td></td><td></td><td></td><td></td></tr>
<tr><td>竞争对手数据分析</td><td colspan="9"></td></tr>
</table>

2. 运营分析报表

运营分析报表需要综合呈现客户行为数据、推广数据、交易数据、服务数据、采购数据、物流数据、仓储数据，与日、周、月报表类似，在制作报表时需要结合分析目标灵活选择数据指标。

如某店铺在2022年2月1日—2022年2月7日开展了周年店庆活动，在活动结束后，需要统计活动期间无线端不同流量来源的各项数据，查看活动效果，如表5-12所示。

表5-12　某店铺周年店庆活动无线端流量报表（2022年2月1日—2022年2月7日）

流量来源	来源明细	访客数	下单买家数	下单转化率	支付买家数	支付转化率	支付金额	UV价值
付费流量	淘宝客							
付费流量	直通车							
付费流量	智钻							
自主访问	购物车							
自主访问	我的淘宝							
淘内免费	手淘淘金币							
淘内免费	淘内免费其他							
淘内免费	手淘首页							
淘内免费	手淘搜索							
淘内免费	手淘消息中心							
淘内免费	手淘拍立淘							
淘内免费	手淘找相似							
淘内免费	手淘其他店铺							
淘内免费	手淘我的评价							
淘内免费	手淘微淘							

3. 产品分析报表

产品分析报表的制作围绕相关产品的行业数据、产品盈利能力数据展开，产品分析框架搭建参考如表5-13所示的某店铺产品分析报表。

表 5-13　某店铺产品分析报表

品类	时间	行业数据			店铺产品数据						
		访客数	搜索指数	交易指数	访客数	详情页跳出率	销售数量	销售金额	退货率	客单价	毛利率
毛衣	2022 年 6 月										
	2022 年 7 月										
	2022 年 8 月										
外套	2022 年 6 月										
	2022 年 7 月										
	2022 年 8 月										
T 恤	2022 年 6 月										
	2022 年 7 月										
	2022 年 8 月										

1+X 考证提要

本单元需重点理解与掌握的内容

（1）报表制作的步骤。

步骤 1，明确数据汇报的需求。

步骤 2，构思报表大纲。

步骤 3，进行报表数据指标的选择。

步骤 4，搭建报表的框架。

步骤 5，进行数据的采集与处理。

步骤 6，报表的制作与美化。

（2）市场分析报表需要结合行业发展数据、市场需求数据、目标客户数据、竞争对手销售及活动数据展开。

（3）运营分析报表需要综合呈现客户行为数据、推广数据、交易数据、服务数据、采购数据、物流数据、仓储数据，与日、周、月报表类似。

（4）产品分析报表的制作围绕相关产品行业数据、产品盈利能力数据展开。

单元三　基础数据图表制作

引导案例

数据可视化是将数据的内在规律直观展现的一种形式，其中图表是数据可视化中最常用的方式之一。例如，某网店主要经营坚果炒货、糖果糕点、饼干膨化等零食类商品，近期运营人员统计了上半年的销售数据，为了能够在汇报过程中清晰有效地传达数据背后的运营状况和数据分析的结论，该运营人员借助图表，直观地传达关键内容。如运用柱形图和折线图的复合图表，展现了 1—6 月份店铺销售额的变化趋势，如图 5-4 所示。

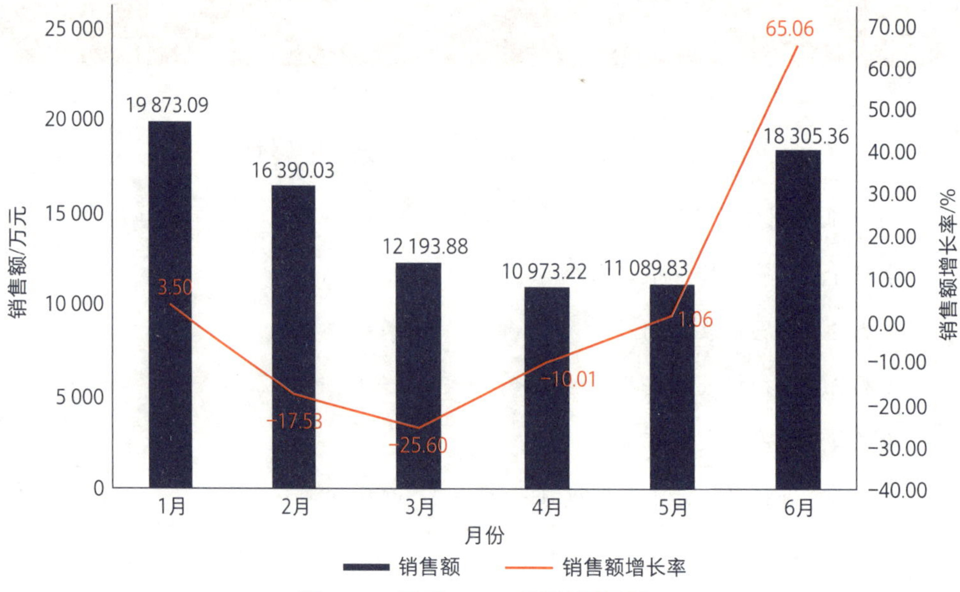

图 5-4　网店 1—6 月份销售数据

结合案例，思考并回答以下问题：

（1）是否能够快速明确该网店上半年每月销售额呈现的变化趋势？

（2）上述两组数据，还可以通过哪种类型的图表展现？

（3）在该案例图标中，图表元素应包括哪些？

一、常见的图表类型

图表是指直观展示统计数据的图形结构，由表头和数据区两部分组成。在数据报告中，使用图表可以化冗长为简洁，化抽象为具体，使得想要传达的重要信息清晰明了，通俗易懂，更容易为受众所接受。图表类型多种多样，各有不同的适用场景。

1. 柱形图

柱形图是由一系列高度不等的长方形柱子表示数据差异、时间趋势的统计报告图，如图 5-5 所示。

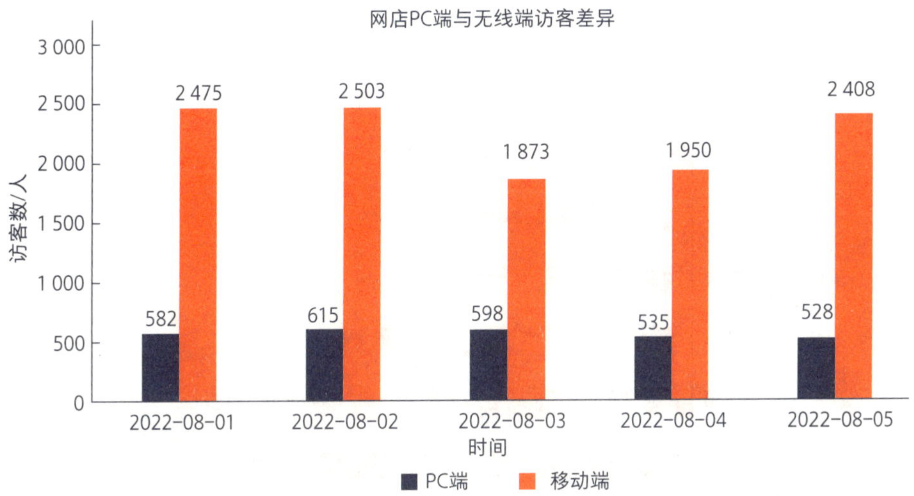

图 5-5　柱形图

（1）适用场景：柱形图适用于展示二维数据集，但只有一个维度需要比较。文本维度或时间维度通常作为 X 轴，数值维度作为 Y 轴。柱形图用于显示特定时间内的数据变化或各分类项目之间的比较情况，也可以用来反映时间趋势。

（2）优势：柱形图利用柱子的高度，可直观反映数据的差异。

柱形图还延伸出其他类型的图表，如堆积柱形图、瀑布图等，堆积柱形图如图 5-6 所示，它不仅可以直观地看出每个系列的值，而且能够反映系列的总和。

2. 条形图

条形图的本质是旋转后的柱形图，如图 5-7 所示。

（1）适用场景：常用于类别标签过长或较多的情况，显示分类项目之间的数据比较情况。

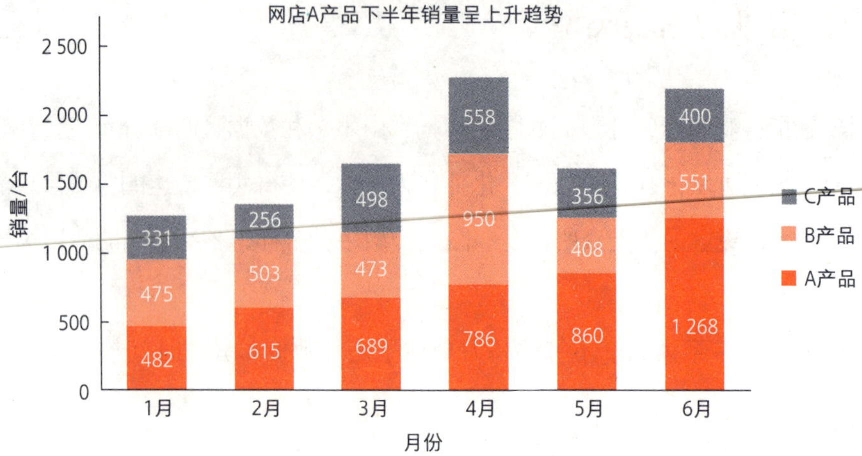

图 5-6　堆积柱形图

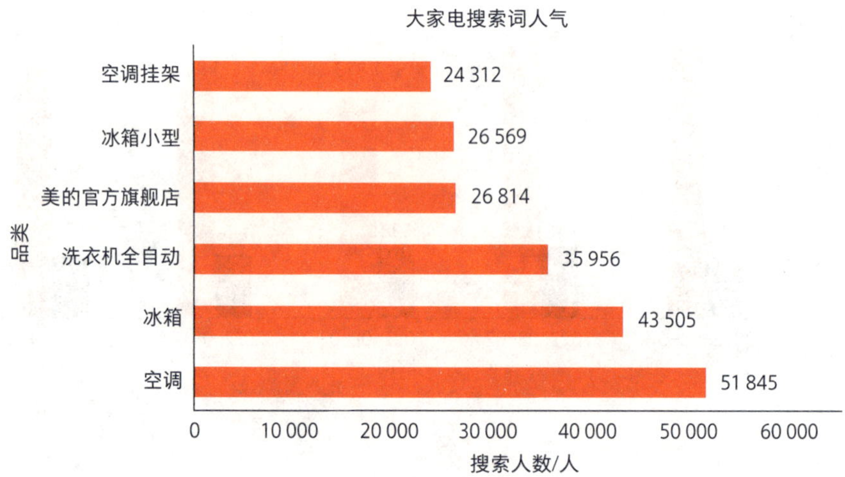

图 5-7　条形图

（2）优势：每个类别数据的差异清晰、直观。

3. 折线图

折线图是将数值标注成点，并通过直线将这些点按照顺序连接起来形成的数据趋势图，折线图一般使用时间维度作为 X 轴，数值维度作为 Y 轴，如图 5-8 所示。

（1）适用场景：折线图适合二维的大数据集，还适合多个二维数据集的比较。与柱形图不同，折线图更适合那些趋势比单个数据点更重要的场景。

（2）优势：折线图能很好地展现某个维度的变化趋势，并且可以比较多组数据在同一维度上的变化趋势。

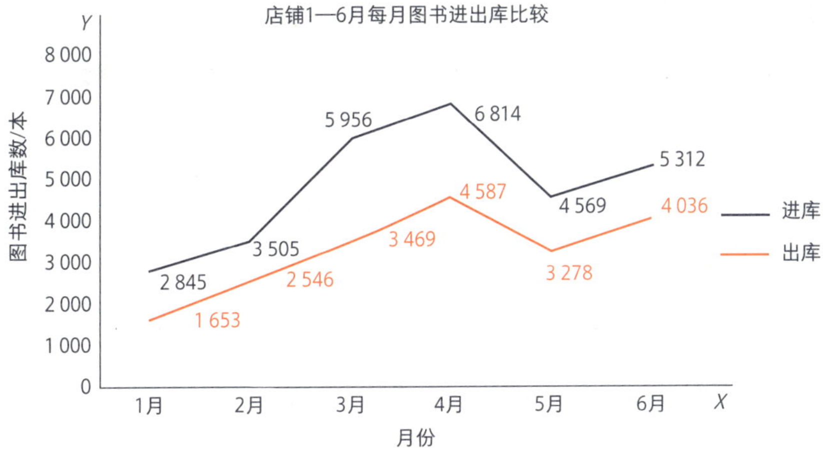

图 5-8　折线图

4. 饼状图

饼状图是以饼状图形显示数据构成及占比，也称扇形统计图。为了表示占比，饼状图需要数值维度，如图 5-9 所示。

（1）适用场景：饼状图适用于单维度多项数据占总数据比重情况的对比，以及展示各项数据大小的分布情况。

（2）优势：可展现各项数据的占比情况，反映单项与单项、单项与整体的数据关系，如图 5-10 所示。

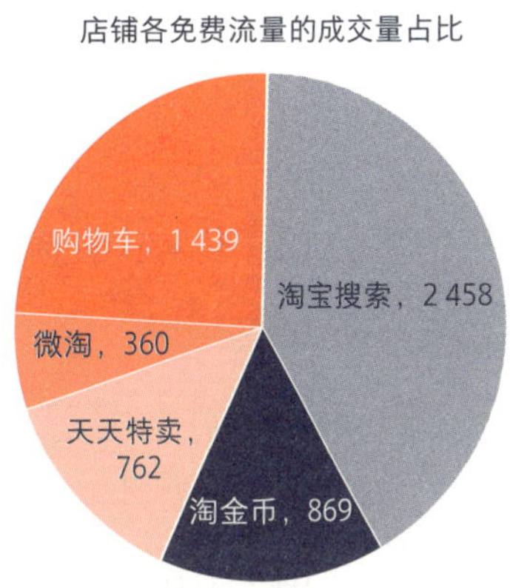

图 5-9　饼状图

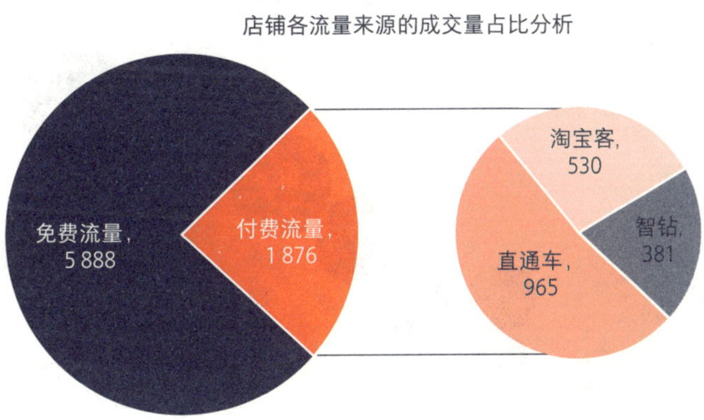

图 5-10　复合饼图

5. 散点图

散点图将数据以点的形式展现，以显示变量间的相互关系或者影响程度，点的位置由变量的数值决定。

（1）适用场景：散点图适用于三维数据集中只有两维数据需要展示和比较的场景，如图 5-11 所示。

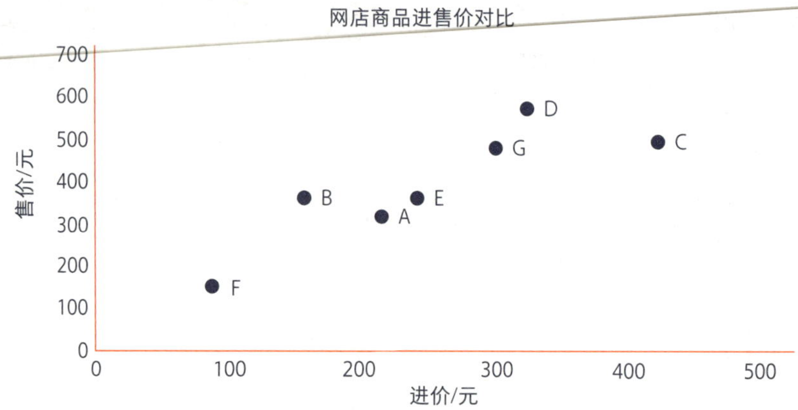

图 5-11　散点图

（2）优势：散点图可以展示数据的分布和聚合情况，适合展示较大的数据集。

6. 气泡图

气泡图是一种变形的散点图，绘制时将一个变量放在横轴，另一个变量放在纵轴，第三个变量用气泡的大小来表示数值的变化。

（1）适用场景：适用于展示三维数据之间的关系，如图 5-12 所示。

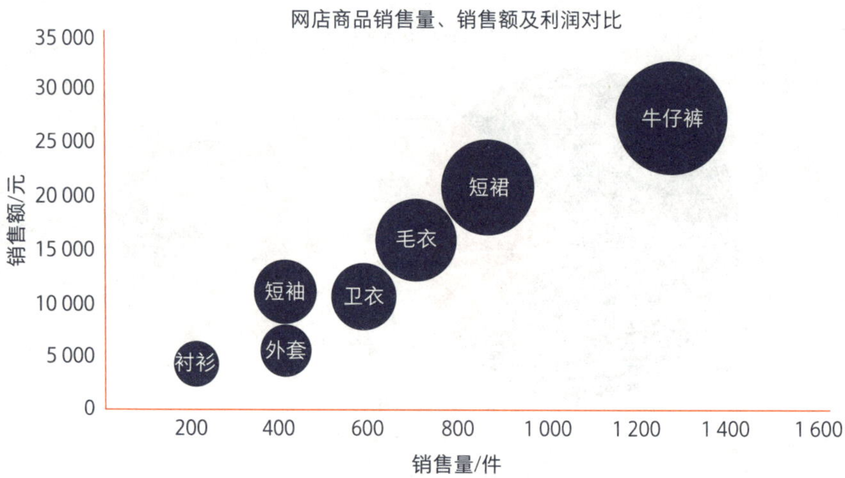

图 5-12　气泡图

（2）优势：可从多维度展示数据信息。

7. 热力图

热力图是以高亮的形式展示数据信息。

（1）适用场景：用于显示访客热衷的页面区域和访客所在的地理区域。

（2）优势：可以清楚直观地看到页面上每个区域的访客兴趣焦点。

8. 雷达图

雷达图又称蛛网图，是将多个维度的数据映射到起始于同一个圆心的坐标轴上。

（1）适用场景：适用于多维数据（四维以上），且每个维度必须可以排序，主要用来了解各项数据指标的变动情况及其好坏趋向，如图 5-13 所示。

（2）优势：有利于展现某个数据集的多个关键特征。

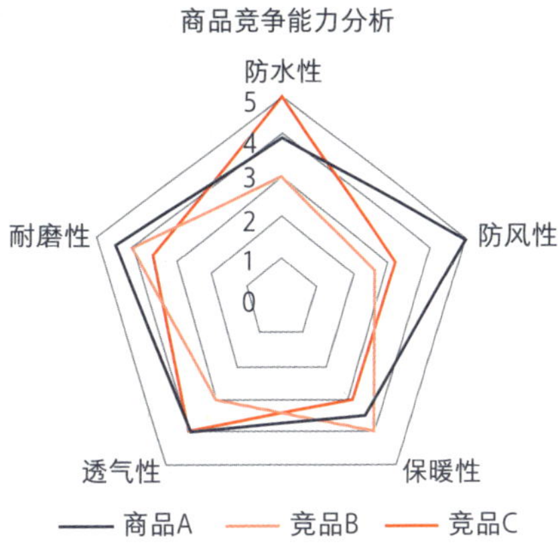

图 5-13　雷达图

9. 交叉表

交叉表是由行、列、汇总字段三个元素组成的网状表格，是一种特殊的透视表。

（1）适用场景：使用交叉表可以对数据进行多种汇总计算，如求和、求平均值等，并可以重新组织数据的结构，通常用于分析两个或两个以上分组变量之间的关系。

（2）优势：可以高效率地展现各种数据，并且可以灵活查询数据。

二、图表选择

1. 图表数据关系

图表有利于直观地呈现数据之间的关系，数据关系包括构成、比较、分布、趋势和联系。

（1）构成。了解占比构成，展现不同类别数据相对于总体的占比情况。如果想表达的数据信息包括“份额”“百分比”等，可以用饼状图、堆积柱形图、漏斗图等。

（2）比较。比较可以展示不同项目、类别间的数据比较，并区分不同的场景，例如：与计划目标的比较；进度完成情况；项目与项目的比较；地域间的数据比较。比较关系可选用柱形图、条形图等。

（3）分布。分布展示各数值范围内分别包含了多少项目，典型的信息包括“集中”“频率”“分布”等，在这种情况下可以选用散点图、气泡图等。此外，还可以根据地理位置数据，通过热力图展示不同的分布特征。

（4）趋势。趋势是较为常见的一种时间序列关系，展示数据如何随着时间的变化而变化，如每周、每月、每年的变化趋势是增长、减少、上下波动还是基本不变。使用折线图可以更好地表现各项指标随着时间变化的趋势。

（5）联系。主要查看两个变量之间是否表达出所要证明的模式关系，用于表达“与……有关”“随……而增长”“随……而不同”等变量间的关系，可以选用散点图、气泡图、雷达图等。

2. 图表选择的原则

同样一份数据，因为不同的立场和价值判断，不同的运营人员所发现的信息、得出的观点各有差异，所以所选用的图表类型也是不同的。为了使所选用的图表清晰地表现数据、传递信息，需要结合以下原则进行操作：

（1）客观性原则。梳理并分析已统计的电子商务数据。图表的绘制依赖于数据，但仅有数据是不够的，还需要理解并分析数据，从数据中提炼出关键信息，保持数据的客观性和真实性，不可造假或人为干预。

（2）准确性原则。明确想表达的数据关系。即结合数据中提炼出的关键信息，明确通过图表想要突出展示的数据关系，如销售额比较、经营收入结构、目标客户地域分布等。

（3）一致性原则。根据想表达的数据关系选择相应的图表类型。每种图表都有相适应的数据维度和场景，例如，想要分析目标客户的地域分布，就可以选用能展示数据分布关系的热力图。并且同样的场景和数据关系要使用同样的图表类型，以保持展现形式的一致性。

想一想

某电商企业想要分析直通车投放区域对访客数和浏览量的影响，选用哪类图表较为合适?

三、常见的电子商务数据图表的制作与美化

图表的目的在于更清晰地表现和传递数据中的信息，在制作图表的过程中，需要规避误区，制作出既符合规范又美观大方，并且能够准确传达信息的各类图表。

1. 图表制作要点

不同类型的图表在制作过程中有不同的注意事项，但其中存在一些共性。

视频：散点图制作

（1）图表信息完整。图表需要包含完整的元素，包括标题、图例、单位、脚注、资料来源等。其中，标题介绍图表的主题；图例展示不同项目的标识；单位是对图表中数据单位的说明；脚注是对图表中某一元素的说明；资料来源赋予数据可信度。

（2）图表的主题应明确，在标题中清晰体现。在图表的标题中直接说明观点或者需要强调的重点信息，切中主题，可以用一句话提炼标题，如“公司销售额翻了一番”“A 区产量居第二位”。

（3）避免生成无意义的图表。在某些情境下，表格比图表更能有效传递信息，避免生成无意义的图表。

（4）Y 轴刻度从 0 开始。若使用非 0 起点坐标，必须有充足的理由，并且要添加截断标记。

在图表制作过程中，错误的坐标轴选择或者关键元素的缺失，会使得图表的准确性下降，表意不明。需要结合各类图表的特性及表达的主题进行图表的制作，下面就 Excel 中的图表类型——柱形图、条形图、折线图、饼状图分别阐述。

（1）柱形图。

① 柱形图强调数据的准确性，柱形图的 Y 轴刻度无特殊原因需要从 0 开始，即有清晰的零基线，如图 5-14 所示。

② 比较分类项目时，若分类标签文字过长，导致重叠或倾斜，改用条形图。

③ 同一数据系列的柱子使用相同的颜色。

④ 图表 X 轴不要使用倾斜的标签，避免增加阅读难度。

（2）饼状图。

① 饼状图的制作应按照用户的阅读习惯，数据从大到小排序，最大的扇区以时钟的 12 点为起点，顺时针旋转，如图 5-15 所示。

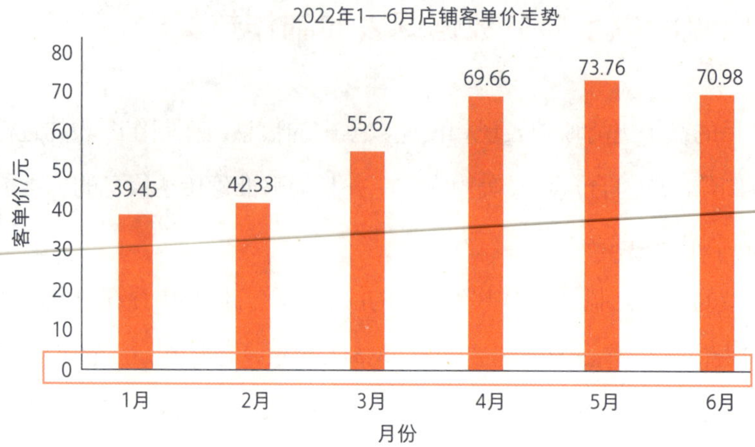

图 5-14　柱形图零基线

② 饼状图的数据项不应过多，尽量保持在 5 项以内。

③ 不要使用爆炸式的“饼图分离”，对于想要强调的扇区，可以单独分离出来，如图 5-16 所示。

图 5-15　饼状图

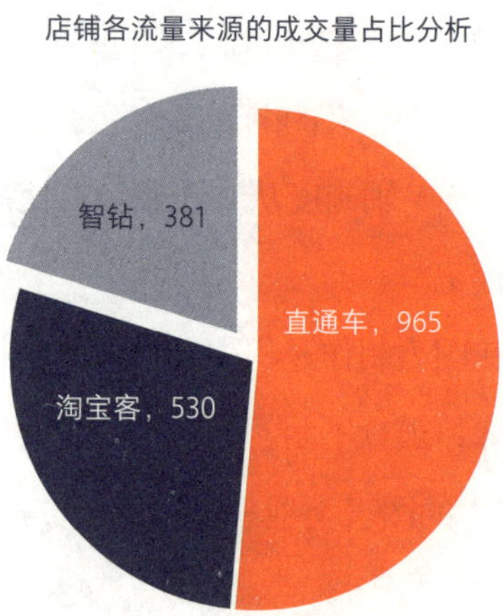

图 5-16　分离后的图表

④ 饼状图不建议使用图例，阅读不方便，可将标签直接标在扇区内或旁边。

⑤ 当扇区内使用不同颜色填充时，推荐使用白色的边框线，以具有较好的切割感。

（3）条形图。

① 制图前首先将数据由大到小进行排列，方便阅读。

② 分类标签特别长时，可放在数据条与条之间的空白处。

③ 同一数据系列使用相同的颜色。

④ 添加数据标签，方便阅读和理解。

（4）折线图。

① 折线图选用的折线线型要相对粗一些，需要比坐标轴、网格线更为突出。

② 折线一般不超过 5 条，同一图表中折线过多容易显得凌乱，数据系列过多时建议分开制图。

③ 图表 X 轴不要使用倾斜的标签，避免增加阅读难度。

④ Y 轴刻度一般从 0 开始。

实训专区 5-1

调取源数据 5-1，对图表中的数据进行整理，制作 2022 年 1—6 月销售额及销售成本对比的折线图。

2. 图表美化要点

图表制作完成后，还需要对图表进行美化，使得所呈现的图表简约大方，美化要点如下：

（1）最大化数据墨水比。最大化数据墨水比是指图表中每一滴墨水都要有存在的理由。数据墨水比并不是真的要计算出一个比例，而只是一个观念，它要求考虑每个图表元素的使用目的和最佳呈现方式，即好的图表要尽可能将墨水用在数据元素上，而不是非数据元素上。

图表的数据元素是组成该图表数据的基本单元，通常以曲线、直线、图形等不同的形式进行呈现；而图表中的非数据元素是指起辅助用途，不具备数据含义的图标元素，如标题、装饰图片、网格线、坐标轴、填充图等。

想要最大化图表的数据墨水比，可以从以下 4 个方面出发：

① 去除所有不必要的非数据元素。若非某种特殊需要，应尽可能去除不必要的非数据元素，如：

a. 去掉图表网格线，如图 5-17 为去除网格线前后呈现效果的对比。

b. 去掉不必要的背景填充色。

c. 去掉无意义的颜色变化。

d. 去掉装饰性的图片。

e. 去掉不必要的图标框。

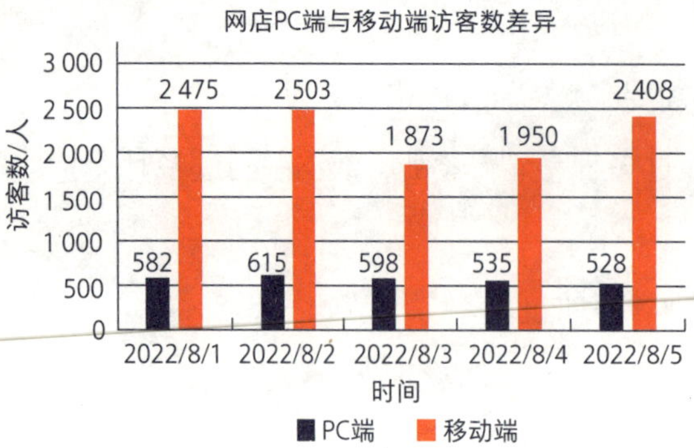

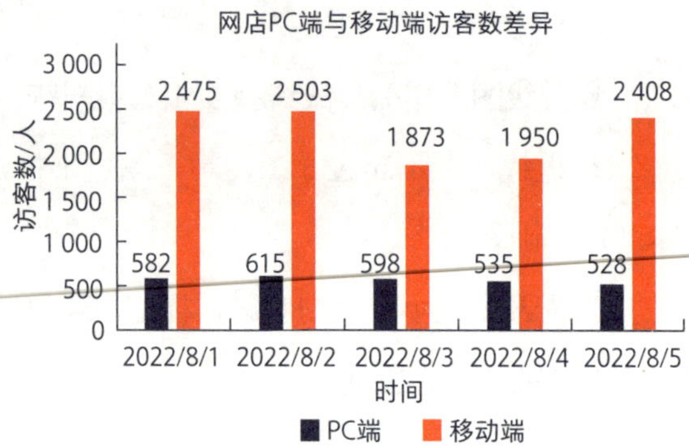

图 5-17　去掉图表网格线

② 弱化和统一剩下的非数据元素。如果出于数据展现的需要，需保留某些非数据元素，如坐标轴、网格线、填充色等，注意使用淡色弱化。

③ 去除所有不必要的数据元素。不要在一幅图表中放入太多的数据系列，只抽取关键的、重要的数据。

④ 强调最重要的数据元素。即对图表中最重要的数据元素进行突出标识，如图 5-18 所示。

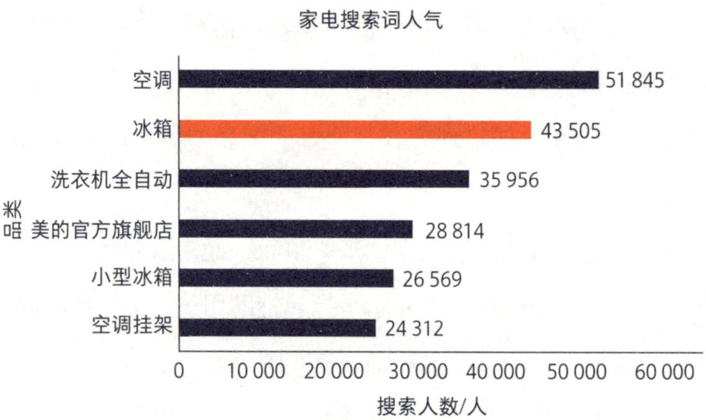

图 5-18　突出标识

（2）选择合适的字体及数字格式。选用合适的字体可以增加图表的整洁感和美观度，一般情况下，图表中的中文字体推荐使用黑体或宋体，数字和字母标注使用 Arial 字体更为美观。

（3）图表的色彩应该柔和、自然、协调。图表的色彩运用得当可以有力增强图表的信息传递效果，建议在图表中使用同一色调的不同饱和度，保证配色协调、自然。此外，在表示强调和对比时可选用对比色，如表示店铺产品的盈亏情况，可选用对比色（如深色和浅色、暖色和冷色）。

1+X 考证提要

本单元需重点理解与掌握的内容

1. 常见图表类型及简介如表 5–14 所示。

表 5–14　图表适用场景及优势

图表	适用场景	优势
柱形图	展示二维数据，只需比较其中的一维数据	可直观反映数据的差异以及系列的总和
折线图	展示二维的大数据集，以及需要对比多个二维数据趋势的场景	有利于展示某个维度的变化趋势，比较多组数据在同一纬度上的变化趋势
饼状图	展示单维度多项数据占总数据比重情况的对比，以及展示各项数据大小的分布情况	有利于展现各项数据占比情况，反映单项与单项、单项与整体的数据关系，展现整体与部分的关系
散点图	适用于三维数据集中只有两维数据需要展示和比较的场景	有利于展示数据的分布和聚合情况，适合较大的数据集
气泡图	展示三维数据之间的关系	有利于从多维度展示数据信息
雷达图	适用于四维以上数据，展示各项数据指标的变动情况及其好坏趋向	有利于展现某个数据集的多个关键特征

2. 不同的数据关系对应的图表如表 5–15 所示。

表 5–15　数据关系对应图表总结

数据关系	建议采用图表							
	柱形图	条形图	折线图	饼状图	散点图	气泡图	雷达图	热力图
构成		√		√				
比较	√	√		√			√	√
分布					√	√		√
趋势	√	√	√					
联系					√	√		

3. 图表的基本组成要素：标题、图例、单位、脚注、资料来源。

竞赛直达

赛题一：活动销售数据监控

背景：某网店主要经营牛排、羊腿等牛羊肉，9月28日为该网店的店庆日，网店决定举办一场网络促销活动，为期7天（2021年9月24日—2021年9月30日），并针对这场活动的销售数据进行了监控。

要求：调取源数据5-2，分析2021年9月24日—2021年9月30日期间的销售数据，监控较前一日的访客数、浏览量、支付买家数、支付转化率、销售额、客单价指标，判断是否有异常数据（根据本店铺基本情况，数据环比增长（减少）超过30%即可定为异常数据）需要上报？如果有，请指出具体的异常指标并分别说明指标异常的原因。另外，请从提升支付转化率的角度，提出至少4个维度的建议。

赛题二：专项流量数据报表制作

背景：某食品网店主营生鲜鸡肉、牛羊肉、火锅食材、杂粮等商品，现统计出该网店在2022年3月15日—2022年3月30日店铺流量来源相关数据。运营人员需要对该数据进行整理、统计，便于后期运营团队进行数据分析。

要求：调取源数据5-3，分析并制作数据报表，要求计算出无线端付费流量中直通车和淘宝客在2022年3月15日—2022年3月30日每日的下单转化率。

赛题三：店铺综合能力分析

背景：某食品网店主营生鲜鸡肉、牛羊肉、火锅食材、杂粮等商品，现统计了该网店在行业内的5个竞争店铺综合能力数据。运营人员需要对该数据进行整理、可视化，便于后期运营团队进行数据分析。

要求：调取源数据5-4，请选用适合的图表对5个竞争店铺的综合能力数据进行可视化，要求在图表中展现出各竞店的客服承载、活动促销、行业影响、供应链支撑、物流配送5个方面的综合能力，并通过可视化结果分析哪个店铺的客服承载能力和活动促销能力均较强。

数据赋能

数据可视化让李宁更“懂”消费者

李宁品牌成立于1990年，经过多年的探索，已逐步成为代表中国的国际领先运动品牌。

2015年，李宁联手阿里云等新零售技术提供商打造数字化平台，基于阿里大数据技术，进行全方位的消费者数据采集和分析，提供精准、有效、个性化的服务和体验，并指导门店运营。

2019年，李宁重新构想新零售，携手“袋鼠云”，打造了新型李宁经营数字大脑（见图5-19），以客户为中心，将线上线下融合，对产品更替、物流与供应链之间的联系迅速做出反应，通过建立数据可视化大屏，清晰直观地呈现出客户、产品和物流之间的关系。

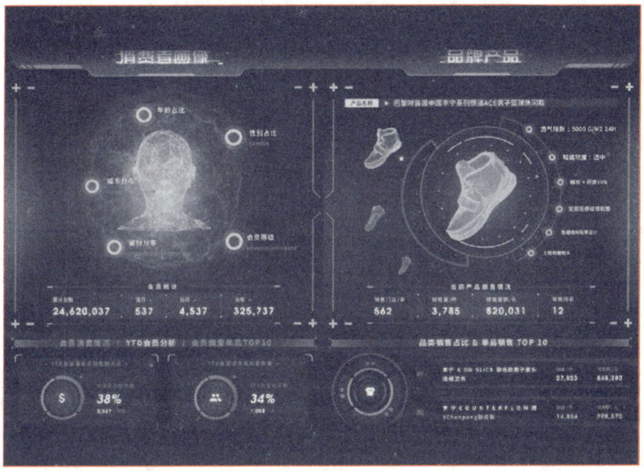

图5-19　李宁经营数字大脑

数据大屏呈现出新零售下的“人、货、场”概念，即清晰展示并对比串联了用户、产品、门店的数据。中心主屏利用地理空间可视化直观呈现所有门店分布情况，根据各地区销售数据和人流情况反映人与场的关系。左右两个子屏，对消费者画像和品牌产品进行多维展示，通过对人和货的分析将数据资源转化为业务能力。

数据可视化是一个涉及许多学科的巨大领域，通过数据可视化可以为消费者提供更加完善和个性化的服务，同时提高了商家的实际运营效果。正是由于这种跨学科的特点，数据可视化领域充满了活力和机遇。

法治导航

图表数据警惕造假

图表是数据可视化最基本的表现形式，所谓“一图胜千言”，在各类新闻报道及专业数据报告中，好的图表可以对数据进行更为直观的呈现与解读。但是，数据造假现象经常会发生，即数据本身不会“说谎”，但数据呈现的方式却可能“说谎”，进而使数据极具迷惑性和误导性。

在实际工作中，经常会遇到所获取源数据中的数值范围差异性过大的情况，若数据分析人员在对数据呈现时取对数，这时原来柱状图数据间的巨大差异就会被人为缩小，如图 5-20 所示。如不在数据汇报前告知，同样会迷惑受众。

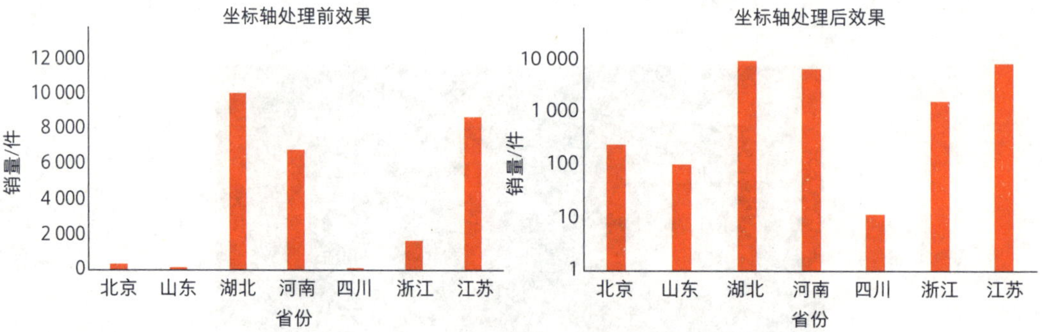

图 5-20　处理图表坐标轴

《中华人民共和国统计法》第九条规定：统计机构和统计人员对在统计工作中知悉的国家秘密、商业秘密和个人信息，应当予以保密。

第二十九条规定：统计机构、统计人员应当依法履行职责，如实搜集、报送统计资料，不得伪造、篡改统计资料，不得以任何方式要求任何单位和个人提供不真实的统计资料，不得有其他违反本法规定的行为。

统计人员应当坚持实事求是，恪守职业道德，对其负责搜集、审核、录入的统计资料与统计调查对象报送的统计资料的一致性负责。数据分析人员也应当采取必要措施，确保其收集的信息安全，防止信息泄露。在数据分析过程中，如实搜集，客观分析，不伪造、篡改统计资料，保证数据的真实性和客观性，避免数据呈现的误导性和迷惑性。

职业技能训练

一、单项选择题

1. 现计划对某款冲锋衣及其竞品从防水、防风、透气、保暖、耐磨 5 个维度进行比较，选用（　　）较为合适。

A. 柱形图　　B. 散点图

C. 雷达图　　D. 折线图

2. 关于电子商务数据监控，下列说法错误的是（　　）。

A. 在电子商务企业发展的不同阶段，监控的数据指标可灵活调整

B. 跳失率属于流量质量类指标

C. 在进行电子商务数据监控时，仅可借助电子商务平台自有数据分析工具

D. RFM 价值模型可用来衡量客户价值和客户转化能力

3. 现计划在图表中展现某店铺第四季度的销售额在全年销售额中的占比情况，适合选用（　　）。

A. 热力图　　B. 雷达图

C. 折线图　　D. 饼状图

4. 报表是用表格形式呈现电子商务运营过程中特定时间段的各项数据。关于报表制作，下列说法错误的是（　　）。

A. 报表根据展现形式的不同可分为列表式和矩阵式

B. 报表的目标用户对报表中数据指标的选择没有影响

C. 数据报表的制作根据电子商务日常数据汇报需求展开

D. 通过报表有助于运营人员了解电子商务经营动态，进行整体评估

5. 下列行为不符合数据分析人员职业道德的是（　　）。

A. 依法合规采集所需的各类数据

B. 不私自泄露企业的任何非公开数据

C. 在制作图表时，改变呈现方式，人为缩小数据间的巨大差异

D. 实事求是，对企业统计数据不瞒报、不谎报

二、多项选择题

1. 在规范的数据图表中，应包含的图表元素有（　　　　）及脚注。

A. 标题　　　　B. 图例

C. 单位　　　　D. 资料来源

2. 在进行电子商务数据监控前，需要做好的准备有（　　　　）。

A. 确定是采用人工监控还是工具自动监控

B. 确定每个数据指标正常波动的范围

C. 确定预警方式，如钉钉群通知、E-mail 通知

D. 根据不同指标的重要程度，确定预警频次

3. 下列属于图表中数据元素的是（　　　　）。

A. 曲线　　　　B. 网格线

C. 扇形　　　　D. 条形图

4. 运营人员通过监控发现店铺跳失率过高，造成跳失率过高的原因有（　　　　），以及主图整体展现效果不好，如图片太大，加载速度慢。

A. 商品价格设置过高，导致店铺有流量引入但跳失率高

B. 店铺访客数增加

C. 商品详情页粗糙，商品卖点展现不够全面，没有凸显商品优势，吸引力不足

D. 客服回复不及时或回复速度慢，需对客服工作进行优化

5. 下列属于数据报表制作流程的是构思报表的大纲、（　　　　）、报表的制作与美化。

A. 明确数据汇报的需求　　　　B. 进行报表数据指标的选择

C. 搭建报表框架　　　　D. 进行数据的采集与处理

三、判断题

1. 饼状图适用于二维数据，主要用来反映各个数值在总量中的比例。（　　）

2. 商品的关键词与商品属性的吻合度不够，有可能导致店铺浏览量下降。(　　)

3. 图表中的标题属于数据元素，曲线属于非数据元素。(　　)

4. 雷达图仅适用于四维数据，且每个维度必须可以排序。(　　)

5. 运营分析报表需要综合呈现客户行为数据、推广数据、交易数据、服务数据、采购数据、物流数据、仓储数据等。(　　)

四、案例分析题

1. 某电商品牌新入职运营人员接到领导指示，需要对 2022 年第一季度品牌累计在天猫、京东、苏宁易购及其他线上平台产生的网络销售额各自的占比进行分类统计并制作图表，以便在后期数据报告中使用。

运营人员采集完原始数据并进行统计后，列出统计数据表，如表 5-16 所示。

表 5-16　某品牌 2022 年第一季度网络销售额占比

平台	天猫	京东	苏宁易购	其他
第一季度网络销售额占比	43.98%	36.91%	12.56%	6.55%

因在图表中要体现数据指标的占比关系，适合选用饼状图，运营人员制作出的饼状图如图 5-21 所示。

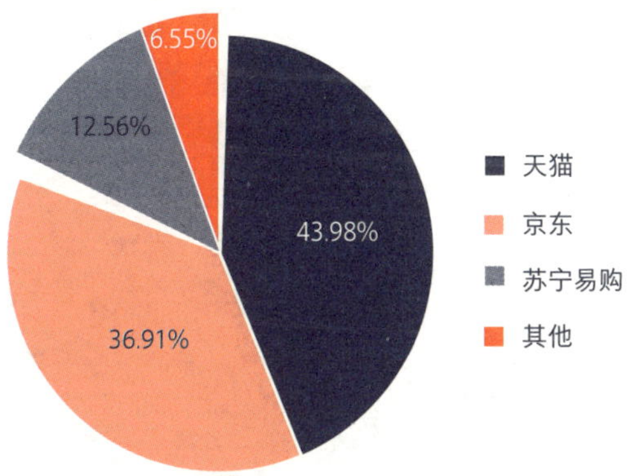

图 5-21　饼状图

整个饼状图采用高饱和度的色调区分类别，主管看后表示不妥，要求运营人员重新制作图表，请协助运营人员分析图表中存在的问题，并提出优化建议。

2. 小李是某小家电品牌的分销商，在某电子商务平台开设有专营店。暑假临近，小李的外甥小何过来帮忙，他是某职业院校电子商务专业的在校生，专业对口，想来小李这里实践一下，在开阔眼界的同时，巩固自己的课堂所学。

小李指派小何监控线上专营店的运营数据，小何记录了一周的监控数据，发现店铺的访客数整体稳中有升，但浏览量呈下降趋势，他不知道哪里出了问题，请协助小何分析浏览量出现异常的原因。

参考文献

[1] 吴洪贵．商务数据分析与应用［M］．北京：高等教育出版社，2019.

[2] 商玮，段建．网店数据化运营［M］．北京：人民邮电出版社，2018.

[3] 夏榕，高伟籍，胡娟．Excel 商务数据分析与应用［M］．北京：人民邮电出版社，2018.

[4] 胡华江，杨甜甜．商务数据分析与应用［M］．北京：电子工业出版社，2018.

[5] 刘万祥．Excel 图表之道［M］．北京：电子工业出版社，2017.

[6] 中国商业联合会数据分析专业委员会．数据分析基础［M］．北京：中国商业出版社，2021.

[7] 焦世奇，袁亮．商务数据分析基础［M］．北京：电子工业出版社，2020.

郑重声明

高等教育出版社依法对本书享有专有出版权。任何未经许可的复制、销售行为均违反《中华人民共和国著作权法》，其行为人将承担相应的民事责任和行政责任；构成犯罪的，将被依法追究刑事责任。为了维护市场秩序，保护读者的合法权益，避免读者误用盗版书造成不良后果，我社将配合行政执法部门和司法机关对违法犯罪的单位和个人进行严厉打击。社会各界人士如发现上述侵权行为，希望及时举报，我社将奖励举报有功人员。

反盗版举报电话 （010）58581999　58582371

反盗版举报邮箱 dd@hep.com.cn

通信地址 北京市西城区德外大街4号

高等教育出版社法律事务部

邮政编码 100120

读者意见反馈

为收集对教材的意见建议，进一步完善教材编写并做好服务工作，读者可将对本教材的意见建议通过如下渠道反馈至我社。

咨询电话 400-810-0598

反馈邮箱 gjdzfwb@pub.hep.cn

通信地址 北京市朝阳区惠新东街4号富盛大厦1座

高等教育出版社总编辑办公室

邮政编码 100029

防伪查询说明

用户购书后刮开封底防伪涂层，使用手机微信等软件扫描二维码，会跳转至防伪查询网页，获得所购图书详细信息。

防伪客服电话 （010）58582300

网络增值服务使用说明

授课教师如需获取本书配套教辅资源，请登录“高等教育出版社产品信息检索系统”（http://xuanshu.hep.com.cn/），搜索本书并下载资源。首次使用本系统的用户，请先注册并进行教师资格认证。

高教社高职电子商务专业教师交流及资源服务QQ群：218668588